全国高职高专计算机类专业规划教材

IT项目管理

（第二版）

毛志雄　谭武梁　曾　鸿　编著

中国铁道出版社有限公司
CHINA RAILWAY PUBLISHING HOUSE CO., LTD.

内容简介

本书以培养IT项目管理工程师为目标，学习本书后能够：掌握IT项目管理的知识体系；具备管理IT项目的能力（根据项目需求，组织制订可行的项目管理计划；组织项目实施，对项目进行监控并能根据实际情况及时做出调整，系统地监督项目实施过程的绩效，保证项目在一定的约束条件下达到既定的项目目标；分析和评估项目管理计划和成果；对项目进行风险管理，制订并适时执行风险应对措施；协调IT项目所涉及的相关单位和人员）；具有工程师的实际工作能力和业务水平。

本书突出学以致用、用以促学的双轮化理念，期望在较短的时间内达到教学基本目标。每章都附有案例分析、习题与思考，其内容丰富而不烦琐，概念简明扼要而易于理解，使学习者能保持浓厚的学习兴趣。

本书适合作为各类高等学校在校学生的教学用书，也可作为IT工程技术人员的学习辅导用书。

图书在版编目（CIP）数据

IT项目管理/毛志雄，谭武梁，曾鸿编著. —2版. —北京：中国铁道出版社，2012.6（2019.7重印）
全国高职高专计算机类专业规划教材
ISBN 978-7-113-14569-9

Ⅰ.①I… Ⅱ.①毛… ②谭… ③曾… Ⅲ.①IT产业－项目管理－高等职业教育－教材 Ⅳ.①F49

中国版本图书馆CIP数据核字（2012）第073727号

书　　名：IT项目管理（第二版）
作　　者：毛志雄　谭武梁　曾　鸿　编著

策　　划：翟玉峰　　　读者热线：(010)63550836
责任编辑：翟玉峰　冯彩茹
封面设计：白　雪
封面制作：刘　颖
责任印制：郭向伟

出版发行：中国铁道出版社有限公司（100054，北京市西城区右安门西街8号）
网　　址：http://www.tdpress.com/51eds/
印　　刷：北京虎彩文化传播有限公司
版　　次：2007年8月第1版　2012年5月第2版　2019年7月第9次印刷
开　　本：787mm×1092mm　1/16　印张：16.5　字数：406千
印　　数：15 501～16 000册
书　　号：ISBN 978-7-113-14569-9
定　　价：32.00元

FOREWORD

第二版前言

项目管理作为一次性创造活动的管理模式，已成为适应知识经济时代最具生命力的管理工具之一。项目管理的能力和水平将构成知识经济时代个人和组织的核心竞争力。

20 世纪广为人知的直线制、职能制组织结构正在逐步退出历史舞台，取而代之的是以任务为导向的，自我取向的工作团队和各种项目化组织形式。随着管理层级的减少，在许多组织中出现了一个准则：专业人员需要学会更聪明地工作，而不是更辛苦地工作。项目管理中包括的一些工具和技能，可帮助专业人员管理日益繁重的工作任务。

《IT 项目管理》第一版自 2007 年 8 月与读者见面以来，本人一直深感不安，因为第一次编写教材毫无经验，许多东西应该写进去而未能写进去，总有一种拣了芝麻丢了西瓜的感觉，幸好中国铁道出版社给了我一个弥补的机会。

在第二版教材编写中，首先，结合自己在项目管理中的实践经验以及教学过程中的感悟，对文章的结构编排做了较大的改变，内容选择更加合理，每章都有案例分析和习题与思考。其次，对第一版的内容进行了删改与增加，内容更丰富，实用性更强，也更易于阅读。

全书共分 12 章，内容包括项目管理综述、项目立项管理、项目整体管理、项目范围管理、项目进度管理、项目成本管理、项目质量管理、项目人力资源管理、项目沟通管理、项目风险管理、项目采购管理和项目收尾管理，并附有 IT 项目管理自测试题。

在此，还要对一些干系人表示感谢：第一版的合作者谭武梁先生、曾鸿先生，我们合作编写的那段时光是我人生中最美好的记忆之一；第一版和第二版的责任编辑的职业素养与敬业精神令人佩服；先前的同事左国才老师、周海珍老师、郑利清老师、文旭华老师，他们对“IT 项目管理”课程提出了合理化建议，对本书的编写做出了贡献。

此外，还要感谢我的家人和所有给我帮助、支持和关心的人。

最后，我想说的是：学习是必要的，改变是永恒的，进步是重要的。如果读者在阅读过程中，发现有谬误和不妥之处，可通过 E-mail:yyysmzx@163.com 与我联系，以便及时进行修订和补充。本书对读者来说，是检验、分析和发现；对我来说，是改进和提高的机会——这也正是项目管理的思想。

编 者

2012 年 2 月

第一版前言

FOREWORD

随着IT技术的不断发展，要开发的IT项目越来越多，IT项目的国际化及信息化趋势也越来越明显。由于IT技术的飞速发展和IT项目的本身特征，其管理的难度很大。为了进行科学的项目决策，合理安排项目的进度，有效使用项目资源，保证项目实施质量，降低项目成本和风险，提高项目实施的成功率，有效控制项目范围，进行项目的知识积累，IT项目管理已经成为IT企业、部门、管理研究机构十分关注的课题。

根据IT项目管理的流程，本书共分为十三章，其内容结构安排如下：第一章是项目管理概述，从总体上介绍了IT项目管理；第二章是项目启动与立项，讲述了项目启动的先期调查与分析、项目的需求分析与可行性论证，还介绍了项目的启动模式以及项目经理与项目团队；第三章是项目计划，介绍了项目计划的要素、内容确定与编制过程；第四章是进度管理，讲述如何估算项目进度并制定项目进度计划，介绍了常用的进度控制方法；第五章是资源管理，讲述了项目资源管理的主要内容、主要原则以及项目资源计划的制定；第六章是成本管理，讲述了项目成本的构成、估算、预算及控制；第七章是质量管理，讲述质量的特性、标准、质量计划编制以及质量保证与质量控制；第八章是风险管理，讲述了风险的分类以及风险管理过程，包括风险的识别、评估与分析、处置计划编制、监督与控制；第九章是采购管理，讲述项目的采购计划、询价、供方选择、采购合同、采购成本分析、采购的安全与保密；第十章是沟通管理，讲述项目干系人之间的沟通方式及计划；第十一章是范围管理，讲述范围的规划、界定、确认与变更；第十二章是整合管理，讲述项目整合计划的制定、实施与变更；第十三章是项目收尾，讲述项目的测试与验收、评估、移交及售后服务。

本书的目的在于让从事IT项目的管理及技术人员，把握一个IT项目从启动到收尾的管理过程，有效的控制和熟悉IT项目管理的各个环节，并通过实例掌握IT项目管理的各种技术规范和管理方法。

本书的第一章、第二章、第三章、第十三章及书后的附录由谭武梁编写；第四章至第七章由毛志雄编写；第八章至第十二章由曾鸿编写。在编写过程中，作者参考并引用了有关书刊及网上有关部分内容，在此一并予以感谢。

由于时间仓促，加之编者水平有限，书中难名存在错误和不足，恳请广大读者批评指正，并将使用情况及各种意见、建议及时反馈给我们（E-mail: zenghong_2046@126.com），以便我们在今后的工作中不断地改进和完善。

编　者

2007年5月

CONTENTS

目录

第1章 项目管理综述

当今的项目与项目管理集全球化、多元化、专业化特点于一身，时刻都在显示它强大的生命力与其科学性、创新性所带来的勃勃生机。

随着信息技术的快速发展及日益深入的应用，IT 项目越来越多地影响到社会生活的方方面面。IT 项目及 IT 项目管理虽然只有几十年的历史，但它们对“项目及项目管理”的特点和价值却表现得淋漓尽致。

项目管理作为一次性创造活动的管理模式，已成为适应知识经济时代最具生命力的管理工具之一，项目管理的能力和水平将构成知识经济时代个人和组织的核心竞争力。

项目管理是以项目为对象的系统管理方法，通过一个临时性的专门的柔性组织，对项目进行高效率的计划、组织、指导和控制，以实现项目全过程的动态管理和项目目标的综合协调与优化。随着国际竞争的日益加剧，以及激烈的市场竞争引起的利润率的下降，企业对利用先进的管理方法来实现管理精细化的需求越来越迫切，项目本身的复杂度、外部环境多样性的交错制约和投资规模的不断扩大，使得项目管理成为现代企业必须直接面对的重要课题，它直接关系到企业的生存和发展，也是目前项目管理理论界研究的热点问题之一。

1.1 项目管理的发展及应用

20 世纪 90 年代以来，项目管理的应用迅速扩展到所有的工业领域（行业），应用范围从单一项目环境扩展到整个组织环境，有些项目管理从单一的项目管理转变为多个项目管理。项目管理的组织形式已经为企业组织的发展，提供了一种新的扩展形式。21 世纪企业的生产与运作将更多地采用以项目为主的发展模式。作为现代管理科学的重要分支学科“工程项目管理”，1982 年引进到我国，1988 年在全国进行应用试点，1993 年被正式推广。

项目管理是一门科学，是否遵循科学的管理规律必然会产生两种截然不同的结果；项目管理也是一门艺术，在管理过程中需要充分发挥项目团队的主动性与创造性。在这一过程中，项目团队及团队成员个人的知识与能力将对项目产生不可估量的作用。

科学有其理论性，是可以学习的，艺术则是需要靠自己不断地进行实践总结来提高的。

1.1.1 项目管理的进程

20 世纪 40 年代，美国军方在研制原子弹的曼哈顿计划中，为解决进度和资源矛盾，开始采用项目管理技术。但直到 20 世纪 80 年代，项目管理仍主要限于建筑、国防、航天等少数行业。对于项目管理的出现，有说服力的一些特别事件如下：

（1）1917 年，亨利·甘特发明了著名的甘特图，使项目经理按日历制作任务图表用于日常工作安排。

（2）1957 年，杜邦公司将关键路径法（CPM）应用于设备维修，使维修停工时间由 125 小时锐减为 7 小时。

（3）1958 年，在北极星导弹设计中，应用计划评审技术（PERT）将项目任务之间的关系模型化，使设计完成时间缩短了 2 年。

（4）20 世纪 60 年代著名的阿波罗登月计划，采用了网络计划技术使其耗资 300 亿美元、2 万家企业参加、40 万人参与、700 万个零部件的项目顺利完成。

目前，国际上信息技术（IT）的应用已经体现出了标准化、集成化、网络化和虚拟化等特点。可以预见，工程领域未来 IT 应用的趋势将主要体现在以下 7 个方面：

（1）基于产品开发和建设过程的项目管理；

（2）在项目生命期各阶段之间信息的无遗漏传递和处理；

（3）用可视化技术改善各阶段之间的信息/沟通；

（4）项目管理的各种分析技术在 IT 项目管理中的应用；

（5）基于互联网的 IT 项目管理，特别是项目的采购和承包方式及项目远程控制、分布式管理；

（6）项目管理和管理过程的改进和重组；

（7）知识管理，将已有知识经验应用于新项目。

总之，将项目管理的知识全面地应用于 IT 项目管理全过程，是未来 IT 企业发展的重中之重，其结果将给工程项目管理带来革命性的工具和变化。多年的管理实践已经总结出了制造型企业的管理模式，一方面 MBA 的教学培养了大批精通此类管理模式的管理人才，另一方面企业实施的 ERP 系统也已经包含了这些管理模式。而 IT 行业却是近几十年发展起来的产业，还没有精练出一套完整的管理模式，仍处于不断摸索和总结阶段。因此，大力倡导项目管理是 IT 企业的当务之急。

【例 1.1】1995 年，美国斯坦迪申咨询公司对美国 365 位信息技术高层经理人员管理的 8 380 个项目进行调查研究，得到如下结论：

- 信息技术项目正处于一个混沌的状态。
- 平均成功率为 16%。
- 50%的项目需要补救。
- 34%的项目彻底失败。
- 平均超出时间为 222%。
- 实际成本是估计成本的 189%。
- 性能与功能只达到要求的 61%。

【例 1.2】IBM 公开承认对其未来发展起关键作用的因素是掌握项目管理。

IBM 发展了自己内部的资格认证计划，同时也鼓励其职员得到项目管理学会（PMI）的资格认证(PMP)。

IBM 全球服务事业部的部门经理，超过一半以上是从项目经理提升上去的。

IBM 明确提出，项目经理的成长和成熟是公司管理走向成熟的表现。

可见，项目管理在信息技术领域还处于不成熟的阶段，需要不断学习与提高；项目经理是新世纪的关键人才；IT 项目经理的数量和质量决定了信息化的发展速度和水平。

1.1.2 项目管理的价值

所有的重大事件、宏伟工程、卓越发明、时代精英，都是通过一个又一个项目造就而成的。如图 1-1 所示，组织通过日常工作来维持基本运行，通过项目来推进自身的发展和壮大。

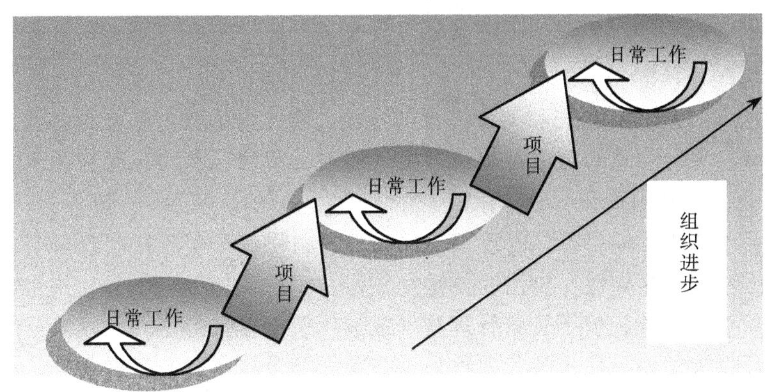

图 1-1 项目带动组织进步

组织和个人的工作能力与业绩是通过项目来展现的，这一点在软件企业表现得尤为突出。成功的项目是企业形象的主要来源，但榜样的力量也是无穷的，经典项目和样板工程的价值已越来越得到人们的认可和重视。

项目是实现价值、成就事业的载体。成功的企业和个人，都是从一个又一个项目的失败与成功中感悟项目管理的价值，掌握项目管理的本领。

以科学有效的项目管理作为竞争武器，通过运用项目管理工具进行有效的管理，将为企业和个人创造出最佳优势。

人们对项目和项目管理价值的认识越来越深刻和具体，项目管理必将成为人类未来发展的主旋律。

项目管理是一种有效的知识积累方式，也是进行知识管理的有效途径。

许多跨国公司的经验表明，企业的成功在于有效地推行项目管理。越来越多的企业引入项目管理，并把它作为主要的运作模式和提高企业运作效率的解决方案。

卡耐基说："一个人的成功，只有 15%归结于他的专业知识，还有 85%归于他如何表达思想、领导他人以及唤起他人热情的能力"。这些能力的培养与实现是通过一个又一个项目来完成的，充分体现了项目与项目管理的价值。

1.2 项目管理的基本概念

1.2.1 项目与项目管理的特征

1. 项目的特征

（1）独特性：项目有确定的起点和终点，不是完全照搬的复制，也不是经常性的延续，不同项目的范围、时间、成本、质量目标都不相同。

（2）一次性：不存在完全相同的项目。

（3）整体性：项目中的一切活动都是相互联系的，是一个有机的整体，不是多项孤立活动的堆积。既不能有多余的活动，也不能缺少某些活动，否则必将损害项目目标的实现。

（4）临时性：项目有规定的时间段；项目组织没有严格的边界，它是临时的、开放的和柔性的。

（5）不确定性：项目的目标具有复杂性和可变性。

（6）多变性：资源需求具有动态、多变和不确定性。

（7）主要发起人：提供项目所需资金。

2. 项目管理的特征

项目管理给人的直观概念是对项目进行的管理，它说明了两个方面的内涵：项目管理属于管理的大范畴；项目管理的对象是项目。要理解项目管理，必须先理解管理的概念。

管理是社会组织为了实现预期目标，以人为中心进行的协调活动。包含了以下重要观点：管理的目的是为了实现预期目标，管理的本质是协调，协调产生于社会组织中，协调的中心是人，协调的方法具有多样性，协调的关键是平衡。

如果只理解管理理论，但不具备管理技术或运用管理工具的能力比较低，仍不是一个有效的管理者；反过来，如果只具备管理技巧、能力，而没有掌握管理理论，那么充其量也只是一个技术员。

（1）项目管理具有以下特点：

① 项目管理的对象是项目或被当做项目来处理的运作；

② 项目管理的全过程都贯穿着系统工程的思想；

③ 项目管理的组织具有特殊性；

④ 项目管理的机制是项目经理负责制，强调责权利的对等；

⑤ 项目管理的方式是目标管理；

⑥ 项目管理的要点是创造和保持一种使项目能顺利进行的环境；

⑦ 项目管理的方法和手段具有先进性、开放性。

（2）项目管理的要素。项目管理的要素很多，从以前的成本、进度（时间）、质量（或范围）的三要素，发展到成本、进度（时间）、质量加上范围的四要素，在此基础上增加项目组织，成为项目管理的五要素，但成功的项目管理一般考虑客户的满意度，合起来称为成功项目管理的六要素，如图 1-2 所示。

一般来讲，进度（时间）、质量和成本三者是互相制约的，项目管理的目的是谋求（进度）快、（质量）好、（成本）省的有机统一。对于一个确定的合同项目，其项目管理就是如何处理好质量、进度、成本三者的关系。当进度要求不变时，质量要求越高，则成本越高；当成本不变时，质量要求越高，则进度越慢；当质量标准不变时，进度过快或过慢都会导致成本增加。

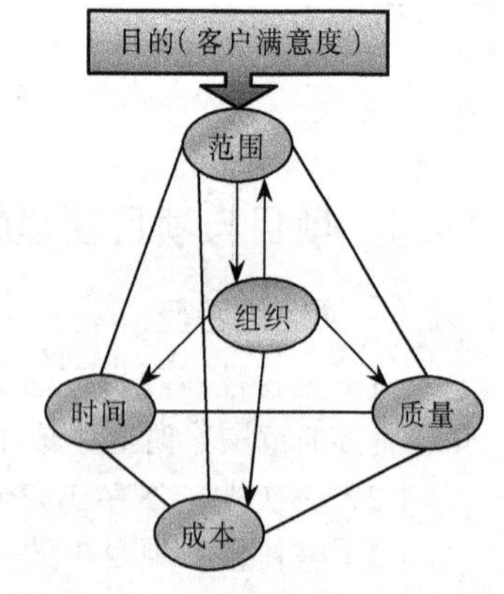

图 1-2　项目管理的六要素

范围管理是十分重要的。这就使得质量、范围可以与费用、时间相互折中。例如，内容（范围）的增减、时间的变化，会引起费用和质量的改变，反之亦然。

为了满足项目预期的需求，项目可以看成是由以下 5 个要素构成：项目的质量、项目的成本、项目的进度、项目的范围、项目的组织。这 5 个方面形成了项目管理的基本对象和内容，其中范围与组织是必不可少的，没有范围就没有项目，没有组织项目就无法实施，其他 3 个（质量、成本和进度）则是软约束，是可以变通的。项目一般都要满足一定的质量要求和时间，这些约束都可以与范围进行折中权衡。

在现实工作中，项目管理的核心是通过项目使业主或客户满意，因此，客户满意度是项目管理的一个核心。这样，项目管理就涉及以下 6 个要素：工作范围（Scope）、时间（Time）、成本（Cost）、质量（Quality）、组织（Organization）和客户满意度（Customer）。

为了提高客户满意度，项目计划过程中首先需要对客户的需求进行分析，以便准确地陈述项目。需求分析就是明确市场对项目的需求和业主对项目的要求。项目的需求是多种多样的，通常可以分为两类：必须满足的基本需求和附加需求。

基本需求包括项目的进度、质量、成本、范围以及必须满足的法规要求等。在任务一定的情况下，好中求快，好中求省。"多、快、好、省"说起来很容易，但在现实中项目却往往陷入"三边"的境况。"三边"是指"边行动、边计划、边修改"，造成"三边"行动的根本原因是在目标未清、职责未明的情况下就仓促实施，不能正确处理基本要素之间的关系，结果会因为扯皮导致项目被不断延期。即便最后勉强完成了，也与最初的目标相去甚远。

附加需求常常是对开辟市场、争取支持等方面的要求。例如一个项目，除了基本要求外，建设和生产是否有利于环境保护等，也应列入需求分析中。

对于同一个项目，不同的项目干系人的需求也不相同，有的相去甚远，而有的甚至互相抵触。这就要求我们在进行需求分析时对这些不同的需求加以协调，统筹兼顾，以求得某种折中，尽可能使项目相关者满意。

1.2.2 项目与项目管理的定义

1. 项目的定义

随着社会的发展，人类有组织的活动逐步分化为运作和项目两种类型：运作（Operations）是连续不断、周而复始的活动，如车间加工产品的活动、财务人员的日常记账工作等。项目（Projects）是临时性的、一次性的活动，如企业新产品开发、企业业务系统开发等。

具体的运作和项目有时候是相互重叠的，但又有本质的区别，如表 1-1 所示。

表 1-1 运作和项目的区别

日常工作	项目	运作
负责人	项目负责人	部门负责人
实施组织	项目组织（柔性组织）	职能部门（稳定组织）
组织管理	项目团队管理	线性管理
管理方法	变更管理	保持连贯
时限性	一次性	持续不断
目标	独特性（目标之间不均衡）	重复性（均衡）
目的	实现目标结束项目	维持运营
管理追求	效果（以目的为导向）	效率和有效性
资源占有	多变的资源需求	稳定的资源需求
过程实施	风险与不确定性	经验性

两者最根本的不同之处在于运作（具体工作）是具有连续性和重复性的，而项目则是有时限性和唯一性的。项目有时只涉及一个组织的某一部分，有时则可能需要跨越好几个组织。通常，项目是执行组织商业战略的关键。

以下的活动都是一个项目：

（1）开发一项新的产品或服务；

（2）改变一个组织的结构、人员配置或组织类型；

（3）开发一种全新的或是经修正过的信息系统；

（4）完成一项新的商业手续或程序。

国际项目管理协会（International Project Management Association，IPMA）对项目的定义如下：项目是一个特殊的、将被完成的有限任务，它是在一定时间内，满足一系列特定目标的多项相关工作的总称。

英国项目管理协会（Association for Project Management，APM）对项目的定义如下：项目是由一系列具有开始和结束日期、相互协调和控制的活动组成的，通过实施而达到满足时间、费用和资源等约束条件的独特的过程。

美国项目管理协会（Project Management Institution，PMI）对项目的定义如下：项目是为提供某项独特的产品、服务或成果所做的临时性努力。

中国项目管理研究委员会（Project Management Research Committee，PMRC）对项目的定义如下：项目是一个特殊的将被完成的任务，它是在一定时间内，满足一系列特定目标的多项相关工作的总称。

综上所述，我们把利用有限资源、在一定的时间内，完成满足一系列特定目标的多项相关工作叫做项目。

2. 项目管理的定义

随着项目即项目管理实践的发展，项目管理的内涵得到了较大的充实和发展，“项目管理”已经是一种新的管理方式、一门新的管理学科的代名词，并有了两种不同的含义：

（1）一种管理活动，即一种有意识地按照项目的特点和规律，对项目进行组织管理的活动。

（2）一种管理学科，即以项目管理活动为研究对象的一门学科，它是探求项目活动科学组织管理的理论与方法。

PMI对项目管理的定义如下：项目管理就是把各种知识、技能、手段和技术应用于项目活动中，以达到项目的要求。项目管理是通过应用和综合诸如启动、规划、实施、监控和收尾等项目管理过程来进行。项目经理是负责实现项目目标的个人。

PMRC对项目管理的定义如下：项目管理就是以项目为对象的系统管理方法。通过一个临时性的专门的柔性组织，对项目进行高效率的计划、组织、指导和控制，以实现项目全过程的动态管理和项目目标的综合协调与优化。

项目管理与传统的部门管理相比最大的区别是注重综合性管理，并强调时间期限。项目管理必须通过不完全确定的过程，在确定的期限内生产出不完全确定的产品或完成不完全确定的任务。

1.2.3 项目管理知识体系

项目管理工作者在几十年的实践中感觉到，虽然从事的项目类型不同，但仍有一些共同之处，因此他们自发组织起来共同探讨这些共性主题，即项目管理知识体系的建立，如表 1-2 所示。

表 1-2 项目管理知识体系

名称	创建者/创建时间	特点与贡献
PMI&PMBOK	美国项目管理协会（PMI）创建于 1969 年，在推进项目管理知识和实践的普及中扮演了重要角色	PMI 卓有成效的贡献是开发了项目管理知识体系（PMBOK），国际标准化组织正是以该文件为框架，制订了 ISO 10006 关于项目管理的标准 PMI 在 1987 年公布了第一个 PMBOK，并在广泛讨论和征求意见的基础上，分别于 1991 年、1996 年、2000 年和 2004 年进行了修订 PMI 于 2004 年发布的 PMBOK 把项目管理划分为 9 个知识领域和 44 个管理过程。9 个知识领域包括 4 个核心知识领域、4 个辅助知识领域和项目综合管理。其中 4 个核心领域有 17 个过程、4 个辅助知识领域有 20 个过程，以及整体管理有 7 个过程
IPMA&ICB	国际项目管理协会 (IPMA) 于 1965 年在瑞士注册成立，其成员主要代表各个国家的项目管理研究组织，最初多为欧洲国家，现已扩展到世界各大洲	IPMA 是一个非营利性组织，它的职能是成为项目管理国际化的主要促进者 到目前为止共有英国、法国、德国、俄罗斯、中国等 30 多个国家的项目管理专业组织成为其成员组织 IPMA 在 1999 年正式推出了国际项目管理知识体系（IPMA Competency Baseline，ICB） ICB 把个人能力划分为 42 个要素，其中 28 个核心要素，14 个附加要素，以及关于个人素质的 8 大特征和总体印象的 10 个方面
PMRC&C-PMBOK	中国（双法）项目管理研究委员会（PMRC）于 1991 年成立，1996 年加入 IPMA	PMRC 是我国唯一的、行业的、全国性的、非营利性的项目管理专业组织，其上级组织是中国优选法、统筹法与经济数学研究会。PMRC 自成立以来，在推动我国项目管理专业化与国际化方面，起着越来越重要的作用 PMRC 于 2001 年推出了一个具有中国特色的项目管理知识体系（Chinese Project Management Body of Knowledge，C-PMBOK） 2006 年，PMRC 推出了 C-PMBOK2006，该体系包括项目管理基础、项目生命周期 4 个阶段、项目管理领域相关知识和项目管理常用方法与工具

1.3 项目的组织结构

1.3.1 项目组织

1. 组织与组织结构

“组织：有意识形成的职务或岗位的结构”。

“为了使人们能为实现目标而有效地工作，就必须设计和维持一种职务结构(a structure of roles)。这就是组织管理的目的。”——[美]Harold Koontz

组织过程如图 1-3 所示。

图 1-3 组织过程

2. **合理组织的特点**

合理组织的特点如下：

（1）目标的一致性和管理的统一。

（2）有效的管理幅度和层次。

（3）责任和权利要对等。

（4）要合理分工和密切协作。

（5）集权与分权相结合。

（6）纪律和秩序。

（7）团队精神。

3. **项目管理的组织形式**

项目管理的组织形式如下：

（1）职能制组织形式。

（2）项目式组织形式。

（3）矩阵制组织形式。

- 弱矩阵。
- 平衡矩阵。
- 强矩阵。

（4）复合式的组织形式。

4. **项目组的内部管理结构**

如果说军队是传统的层级组织的代表，那么项目管理的组织方式就像是乐队，演奏者之间都是平等的，每个人都清楚地了解整个乐谱和自己的角色，主动配合整个乐队的演奏，通过出色地完成自己的演奏而为整个乐队添色。这是项目管理在管理文化上与传统层级管理的最大区别。

1.3.2 IT企业的组织架构

由于IT公司的组织结构特点和IT项目本身所具有的固有特点，IT项目的实施通常采用矩阵型组织结构（职能型组织与项目型组织的混合体）进行，形成以项目为基础的临时性的项目团队，如图1-4所示。

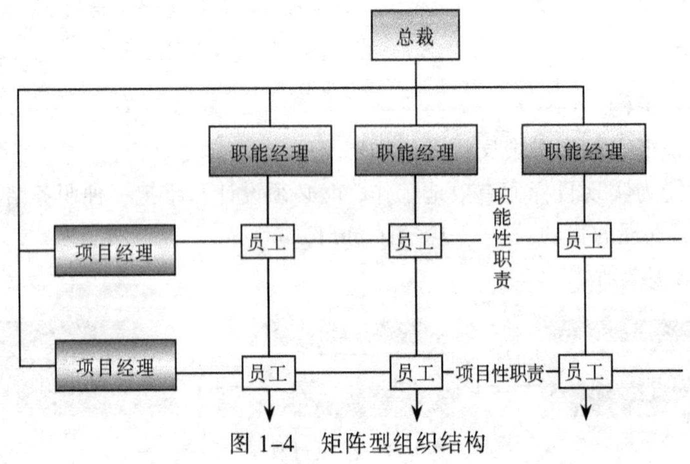

图1-4　矩阵型组织结构

目前，大部分 IT 公司运营管理的组织结构框架如图 1-5 所示。

其中一部分是直接参与公司客户合同赢取和实施的部门，他们直接面对客户并直接参与项目活动，如销售部、项目管理部、售后服务部等；另外一些部门不经常直接面对客户、不直接参加项目活动，但要向前述部门的工作提供必要的支持，如财务部、人事部、行政部、采购部、法律部等。

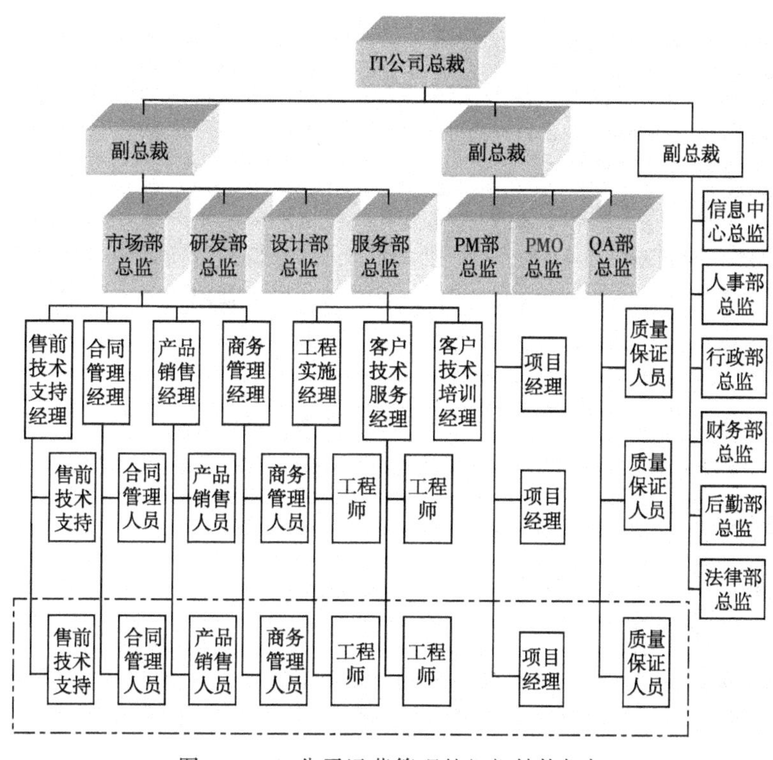

图 1-5　IT 公司运营管理的组织结构框架

1.4　项目生命期与项目计划

1.4.1　项目生命期

项目生命期由连续的、互不重叠的 4 个阶段组成，即启动、计划、实施和收尾阶段。启动阶段包括概念确定、项目立项、可行性研究、项目批准，计划阶段包括初步设计、费用和进度、合同条款、详细设计，实施阶段包括项目团队、项目实施、项目监理、项目控制，收尾阶段包括项目收尾、文档整理、项目移交、项目评估。

项目生命期承认项目有一个有限的时间跨度。项目阶段的名称因项目性质的不同而有所区别，它由参加项目的机构和控制项目进程的需要所决定。尽管各类项目的生命期阶段的划分有所不同，但总体来看，可以分为概念阶段（Conceive）即启动阶段、开发阶段（Develop）即计划阶段、执行阶段（Execute）即实施阶段和结束阶段（Finish）即收尾阶段共 4 个阶段（简称为 C、D、E、F 阶段）。

在项目生命期的历程中通常发生一些标志项目进程的重大事件，这些事件标志着某个可交付成果的完成。通常称这些重大事件为里程碑（Milestone）。这些里程碑式的可交付成果将项目生命期划分成工作范围性质各不相同的，在时间上前后衔接的时间段。不同的项目阶段预示着在整个项目的生命期间成果和焦点方面发生了变化。各个项目阶段的完成由对可交付成果和项目的执行情况来检验，所以有些项目经理常常把项目生命期作为项目管理的基石。

项目启动阶段包括确定项目的概念、项目的大致范围、进行可行性研究、需求分析、市场调查、获得项目批准，取得项目立项等。

项目计划阶段是建立解决需求或问题的方案，包括项目背景描述、目标确定、范围计划定义、工作分解排序、完成初步设计、进度安排、资源计划、费用估计与预算、签订合同、完成详细设计、确立质量保证体系。

项目实施阶段是具体实施解决方案，将导致项目目标的最终实现，不断加强项目团队、对项目进行监理和项目控制，其中包括采购计划、招标采购、合同管理、实施计划、进度控制、费用控制、质量控制、安全控制、范围变更控制、现场管理与环境管理等。

项目收尾阶段包括范围确认、质量验收、费用决算与审计、项目资料与验收、文档整理、项目移交与清算、项目审计和项目评估。

项目一般可以分为上述 4 个阶段，但具体的项目则可以根据业务的需要分为若干个具体的阶段。例如，软件开发项目就可以分为需求分析、系统设计、编码、测试和试运行等阶段。

1.4.2 项目计划

根据 PMBOK2000，项目计划可以包含以下要素：

1. 项目范围说明

项目范围说明阐述进行这个项目的原因或意义，形成项目的基本框架，使项目所有者或项目管理者能够系统地、逻辑地分析项目关键问题及项目形成中的相互作用要素，使项目干系人在项目开始实施前或项目相关文档编写以前，能对项目的基本内容和结构达成一致；项目范围说明应当形成项目成果核对清单，作为项目评估的依据，在项目终止以后或项目最终报告完成以前进行评估，以此作为评价项目成败的依据；范围说明还可以作为项目整个生命期监控和考核项目实施情况的基础，以及项目其他相关计划的基础。

范围管理计划是项目管理团队确定、记载、核实、管理和控制项目范围的指南，需要制订详细项目范围说明书、进行范围核实和范围变更等内容。该计划为后续范围定义、制订工作分解结构、范围核实和范围控制等工作提供指导。实践经验告诉我们，项目范围管理计划需要尽可能在其他子计划之前制订，因为项目范围管理计划为其他子计划的合理制订提供基础信息。

2. 项目进度计划

项目进度计划是说明项目中各项工作的开展顺序、开始时间、完成时间及相互依赖衔接关系的计划。通过进度计划的编制，使项目实施形成一个有机的整体。进度计划是进度控制和管理的依据，可以分为项目进度控制计划和项目状态报告计划。

在进度控制计划中，要确定应该监督哪些工作、何时进行监督、监督负责人是谁，用什么样的方法收集和处理项目进度信息，怎样按时检查工作进展和采取何种调整措施，并把这些控制工作所需的时间和人员、技术、物资资源等列入项目总计划中。进度计划中需要确定制订项目进度表的格式与控制项目进度的准则。该计划为后续活动定义、活动排序、活动资源估算、活动历时估算、制订进度表和进行进度控制等工作提供指导。在制订进度管理计划时，需要根据项目的实际情况，明确定义好进度偏差的阈值，方便后续进度控制和计划的变更。

3. 项目质量计划

项目质量计划针对具体待定的项目，安排质量监控人员及相关资源，规定使用哪些制度、规范、程序和标准。项目质量计划应当包括与保证与控制项目质量有关的所有活动。质量计划的目的是确保项目的质量目标都能达到。根据 ISO 9001 和 PMBOK2000、CMM 成熟度模型等标准，为实现质量目标，项目质量计划应遵循以顾客为中心、领导作用、全员参与、过程方法、管理的系统方法、持续改进、基于事实的决策方法、互利的供方关系 8 项质量管理原则。质量管理计划需要说明项目管理团队如何执行实施组织的质量方针，该计划为后续质量保证、质量控制和过程持续改进等工作提供指导。质量管理计划贯穿于项目的始终（从启动到收尾)，因此质量管理计划需要涵盖项目前期的质量工作，以保证先期决策的正确性和质量标准的前后一致性。

4. 项目资源计划

有了项目范围计划和进度计划后，资源计划就是决定在项目中的每一项工作中用什么样的资源（人、材料、设备、信息、资金等），以及在各个阶段使用多少资源。资源管理计划中规划项目人力资源的获取、使用、遣散安置等文件，其主要内容是何时通过何种方式满足项目人力资源的要求。该计划为后续项目团队组建、项目团队建设、项目团队管理等工作提供指导。项目经理在制订资源配备管理计划时，需要认真分析项目的范围、进度等基本要求，结合项目实际情况进行规划，否则很容易导致计划的资源不能满足项目的需要或不能充分发挥其作用的现象。

5. 项目费用计划

项目费用计划包括成本预算计划、费用估算、费用报销制度、激励奖惩办法、利润分配计划等。费用管理计划中需要选定费用管理的模板，制订费用规划、结构、估算、预算和控制的标准，包括费用估算精确等级、费用测量单位、费用偏差标准和费用报告格式等主要内容。该计划为后续费用估算、费用预算和费用控制等工作提供指导。项目的费用管理与范围管理、进度管理、资源管理、风险管理等息息相关，因此在制订费用管理计划时，需要综合考虑范围、进度、人力资源、风险等对费用管理及费用偏差阈值可能造成的影响。

6. 项目沟通计划

项目沟通计划就是制订项目过程中项目干系人之间信息交流的内容、人员范围、沟通方式、沟通时间或频率等沟通要求的约定。沟通管理计划需要确定项目干系人的信息与沟通需求，主要内容包括何人何时通过何种方式获得何种项目信息。该计划为后续信息发布、项目总结报告和项目干系人管理等工作提供指导。项目经理制订沟通管理计划时，不但需要认真分析和记录项目团队外的项目干系人信息(如与用户的沟通)沟通需求，而且也需要分析和记录项目团队成员的信息和沟通需求。

7. **风险控制计划**

风险控制计划是为了降低项目风险的损害而识别风险、量化风险、编制风险应对策略方案等的过程。风险管理计划需要描述如何规划、安排与实施项目风险管理。该计划为后续风险识别、风险定性分析、风险定量分析、风险应对规划和风险监控等工作提供指导。项目经理在制订风险管理计划时，需要充分考虑项目团队的风险管理水平和能力，可以借鉴但不可盲目套用其他项目的风险管理计划，否则将会导致后续风险管理工作很难开展。

8. **项目采购计划**

项目采购计划决定项目所需设备、材料的采购原则、方法、途径、采购的合同管理等。如果是软件的采购，也就是外包，应当同时制订对外包的进度监控和质量控制的计划。采购管理计划需要描述如何管理从制订采购文件到合同收尾的采购过程，主要内容为采购何物以及何时如何采购。该计划为后续发包规划、询价、卖方选择、合同管理和合同收尾等工作提供指导。项目经理需要尽可能地在项目的早期确定项目需要采购的内容（即尽早制订采购计划），以便有足够的时间确定采购的方式和选择供应商。采购管理计划是按照买方规定的具体内容，管理供应商供货行为的计划。该计划需要包括供应商遵守的管理办法、交付日期、质量标准等要求。它对于如何保证供应商严格按照买方要求实施分包合同管理并提供满足质量要求的产品或服务具有重要作用。采购管理计划的一个关键方面是管理各供应商之间的接口，因此项目经理在编制采购管理计划时，不但需要考虑分包工作的实际特点，而且需要结合供应商的实际管理能力和水平，否则将会“一厢情愿”。

9. **变更控制、配置管理计划**

由于项目计划无法保证一开始就能预测得非常准确，在项目进行过程中也不能保证准确有力的控制，因此导致项目计划与项目实际情况不符的情况也经常发生，所以必须有效处理项目的变更。变更控制计划主要是规定变更的步骤、程序，配置管理计划就是确定项目的配置项和基线，控制配置项的变更，维护基线的完整性，向项目干系人提供配置项的准确状态和当前配置数据。

1.5 项目过程管理

项目管理可以分解为许多相互连接的过程。根据项目的生命期阶段，每个项目管理过程又可以分为5个过程组，其中启动过程组即确定一个项目或一个阶段可以开始了，并要求着手实行；计划过程组即进行计划并保持一份可操作的进度安排，确保实现项目的既定商业目标；执行过程组即协调人力和其他资源，执行计划；控制过程组即通过监督和检测过程确保项目达到目标，必要时采取一些修正措施；结束过程组即取得项目或阶段的正式认可并有序地结束该项目或阶段。

1.5.1 项目实施的前提和成功关键因素

项目实施的前提即客户正视软件实施的重要性，需要有力的制度支撑和管理层的支持。

项目实施的成功关键因素是一套规范的实施方法论、一种对项目过程的管控能力和一个高效的项目实施团队。理顺项目管理的流程，已成为项目成功的关键。需要说明的是，不论客户需求是否明确，对于项目小组和实施人员而言，进行有效的流程梳理并给予管理优化和重组是非常重要的，它是系统实施的关键，不规范好企业流程，企业管理就无法与软件系统完成对接，软件系统也就不可能成功运行。

1.5.2 项目过程的控制和管理

项目过程的阶段划分如图 1-6 所示。

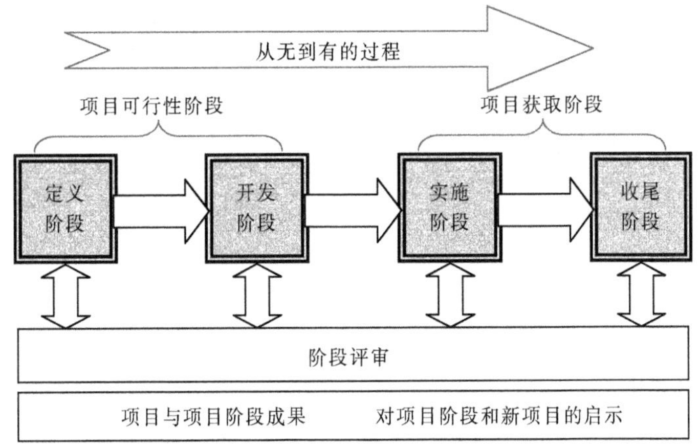

图 1-6 项目过程的阶段划分

项目管理的领域及过程细分如表 1-3 所示。

表 1-3 项目管理领域及过程细分

领域	项目管理过程						
	1	2	3	4	5	6	7
整体	制订项目章程	制订初步范围说明书	制订项目管理计划	指导与管理项目执行	监控项目工作	整体变更控制	项目收尾
范围	范围规划	范围定义	制作 WBS	范围核实	变更控制		
进度	活动定义	活动排序	资源估算	时间估算	计划制订	进度控制	
成本	费用估算	费用预算	费用控制				
质量	质量规划	质量保证	质量控制				
人力资源	人力资源规划	团队组建	团队建设	团队管理			
沟通	沟通规划	信息发布	绩效报告	利害关系者管理			
风险	风险管理规划	风险识别	定性风险分析	定量风险分析	风险应对	风险监控	
采购	采购规划	发包规划	询价	供方选择	合同管理	合同收尾	

1.5.3 项目成果的交付与验收

项目各阶段的主要交付成果如图 1-7 所示。

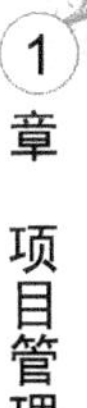

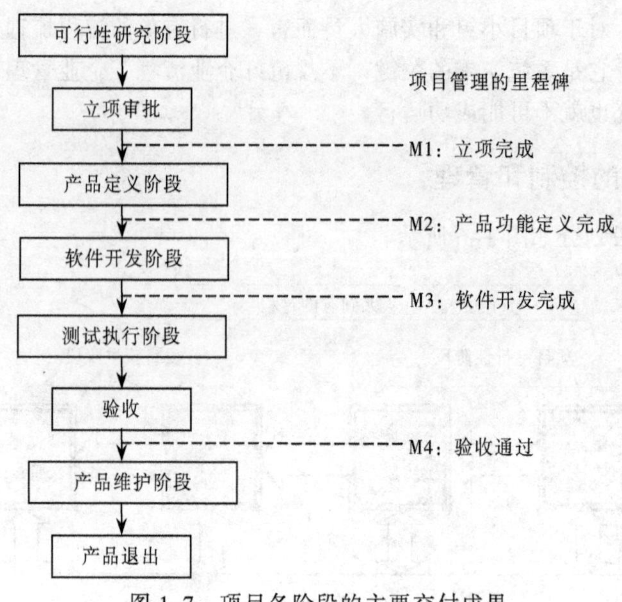

图 1-7　项目各阶段的主要交付成果

1.6　信息技术与 IT 项目管理

1.6.1　信息技术

信息技术（Information Technology，IT）是在信息科学的基本原理和方法的指导下扩展人类处理信息能力的技术。信息技术是以电子计算机和现代通信为主要手段，实现信息的获取、加工、传递和利用等功能的技术总和。信息技术主要包括传感技术、通信技术、计算机技术和控制技术等。

世界上的竞争，从古到今，无非是 3 种资源的竞争，一是体力竞争，二是财力竞争，三是脑力竞争。野蛮社会，体力可以统御财力和智力；资本社会，财力可以雇佣体力和智力；信息社会，智力可以整合财力和体力。

采用信息技术的根本目的是作为智力的积累和延伸，为准确、快速、方便地整合财力和体力提供支撑。

1.6.2　IT 项目管理

信息化的实现以 IT 项目为载体，以信息技术为基础；同时，信息化的发展又有力地推进了 IT 项目的应用和信息技术的进步。

人们习惯于将以计算机为主体的各种项目称为 IT 项目。利用有限资源、在一定的时间内，完成满足一系列特定的 IT 信息化目标的多项相关工作叫做 IT 项目。

1. IT 项目的特殊性

IT 项目除了具有其一般项目所具有的独特性、一次性、整体性、临时性、不确定性、资源多变性、有一个主要发起人等特征外，还具有以下明显的特殊性：

（1）目标的不确定性。

（2）需求的不稳定性。

（3）费用的不可控性。

（4）项目的时限性。

（5）对智力的依赖性。

（6）项目评价的主观性。

（7）项目的创新性。

IT 项目管理属于管理的大范畴，它是项目管理的一个重要分支，其项目管理的对象是 IT 项目。尽管经过多年的发展，项目管理已经成为一个较为成熟的领域，但是 IT 项目管理却有着超出一般项目管理的内容。

IT 项目的实施与管理，绝不是一个简单的信息设备的购置和使用问题，而是建立新的价值观念、知识结构和心理态度的系统工程。

2. IT 项目管理的定义

IT 项目管理就是把各种知识、技能、手段和技术应用于 IT 项目活动中，以达到 IT 项目的要求。IT 项目管理是通过应用和综合诸如启动、规划、实施、监控和收尾等 IT 项目管理过程来进行的。

项目经理是负责实现 IT 项目目标的个人。

3. IT 项目管理的特点

IT 项目管理有以下特点：

（1）与战略目标的相关性。

（2）与业务规则的一致性。

（3）环境基础的重要性。

（4）管理的集成性。

（5）人力资源管理的特殊性。

（6）项目过程的可控性。

（7）文档的完整性。

4. IT 项目管理知识体系

IT 项目管理知识体系按项目面向职能、项目面向对象、项目面向流程可以分为多种，如图 1-8 所示。

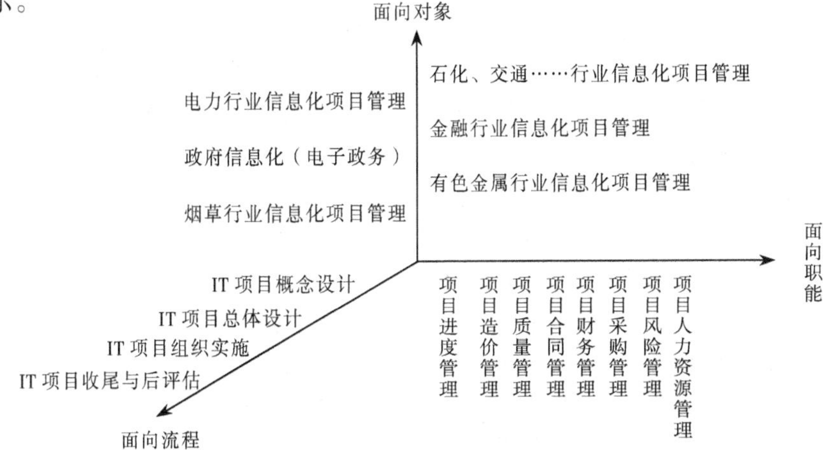

图 1-8　IT 项目管理知识体系

项目管理的经典案例——曼哈顿计划

美国陆军部于 1942 年 6 月开始实施的利用核裂变反应来研制原子弹的计划，亦称曼哈顿计划。为了先于纳粹德国制造出原子弹，该工程集中了当时西方国家（除纳粹德国外）最优秀的核科学家（包括美籍华人核物理学家吴健雄女士等），动员了 10 万多人参加这一工程，历时 3 年，耗资 20 亿美元，于 1945 年 7 月 16 日成功地进行了世界上第一次核爆炸，并按计划制造出两颗实用的原子弹。整个工程取得圆满成功。在工程执行过程中，负责人 L.R.格罗夫斯和 R.奥本海默应用了系统工程的思路和方法，大大缩短了工程所耗时间。这一工程的成功促进了第二次世界大战后系统工程的发展。

1942 年初，美国科学家虽然对原子弹的机制、应该努力的方向，甚至费用和时间都有了大致的构想，但核研究的庞大工程已经超过了科学研究机构的能力。当时美国经济已经转向战争，没有一家工业公司能在短期内完成有关生产设施的建设。美国核研究的负责人之一布什认为，只有军队以最高优先权进行项目管理，才能在战争结束前生产出核原料来。1942 年 3 月 9 日，他在给罗斯福总统的报告中，强调了原子弹的光明前景，提出把全部的研制和生产管理移交给军队。6 月 17 日，布什给罗斯福准备了一份将核计划全部交给军队领导执行的详细报告。罗斯福立即批复了布什的报告。

到 1941 年 12 月 6 日，美国正式制订了代号为“曼哈顿”的绝密计划。罗斯福总统赋予这一计划以“高于一切行动的特别优先权”。“曼哈顿”计划规模大得惊人。由于当时还不知道分裂铀 235 的 3 种方法哪种最好，只得用 3 种方法同时进行裂变工作。这项复杂的工程成了美国科学的熔炉，在 “曼哈顿”工程管理区内，汇集了以奥本海默为首的一大批来自世界各国的科学家。科学家人数之多简直难以想象，在某些部门，带博士头衔的人甚至比一般工作人员还要多，而且其中不乏诺贝尔奖得主。“曼哈顿”工程在顶峰时期曾经起用了 53.9 万人，总耗资高达 25 亿美元。这是在此之前任何一次武器实验所无法比拟的。

在参谋长联席会议主席马歇尔的支持下，美国军方同意按原子能委员会（负责铀研究的一个机构）的建议，开始建设 4 种分别采用不同方法的铀同位素分离工厂和其他的研制、生产基地。军队把整个计划取名为“代用材料发展实验室”，指派美国军事工程部的马歇尔上校负责全部行动。

由于马歇尔上校循规蹈矩，与科学顾问们又合不来，使研究计划优先权的升级和气体分离工厂地址的选择拖延了 2 个月。后来，政府战时办公室和军队高层领导决定，领导修建美国国防部大楼五角大楼的格罗夫斯上校接替马歇尔上校。格罗夫斯在赴任之前，被提升为准将。

格罗夫斯在上任后不到 48 小时内就成功地把计划的优先权升为最高级，并选定田纳西州的橡树岭作为铀同位素分离工厂基地。因为马歇尔上校的总办公室最初设在纽约城，他们决定把新管区的名称命名为“曼哈顿”。于是，“曼哈顿工程区（或简称曼工区）”就这样诞生了。美国整个核研究计划不久后取名为 “曼哈顿计划”。

曼哈顿计划的最终目标是赶在战争以前造出原子弹。虽然在这个计划以前，原子能执行委员会就肯定了它的可行性，但要实现这一新的目标，还有大量的理论和工程技术问题需要解决。在劳伦斯、康普顿等人的推荐下，格罗夫斯请奥本海默负责这一工作。为了使原子弹研究计划能够顺利完成，根据奥本海默的建议，军事当局决定建立一个新的快中子反应和原子弹结构研究基地，这就是后来闻名于世的洛斯阿拉莫斯实验室。奥本海默凭着他的才能与智慧，以及他对于原子弹的深刻洞察力，被任命为洛斯阿拉莫斯实验室主任。正是由于这样一个至关重要的任命，才使他在日后赢得了美国“原子弹之父”的称号。

奥本海默开始时对困难估计不足，认为只要 6 名物理学家和 100 多名工程技术人员就足够了。但实验室到 1945 年时，发展到拥有 2 000 多名文职研究人员和 3 000 多名军事人员，其中包括 1 000 多名科学家。

鉴于大多数科学家都反对实验室的军事化，格罗夫斯同意加州大学成为洛斯阿拉莫斯名义上的管理单位和合同保证单位，基地的军队负责实验室建设、后勤供应和安全保障。这就保证了实验室内部的自由学术讨论。奥本海默鼓励科学家们大胆地讨论原子弹的有关科学问题，提出即使看门人的意见，也会对原子弹的成功有一定的帮助。奥本海默注意倾听任何人的意见，掌握着整个实验进程。有些参与核研究的物理学家后来回忆说，他们自己甚至都不如奥本海默清楚自己工作的细节和进展。在很多问题上，都是由于奥本海默的决断才取得突破，保证了原子弹研制时间表的执行。奥本海默在科学家、普通职工和政府官员中的威望越来越高。洛斯阿拉莫斯素有“诺贝尔奖获得者集中营”之誉，人们称奥本海默为这个集中营的“营长”。奥本海默没有获过诺贝尔奖，却拥有如此高的个人威望，他的组织才能与人格魅力由此可见一斑。

在“曼哈顿工程区”工作的 15 万人当中，只有 12 个人知道全盘的计划。其实，全体人员中很少有人知道他们是在从事制造原子弹的工作。例如，洛斯阿拉莫斯计算中心长时期内进行复杂的计算，但大部分工作人员不了解这些工作的实际意义。由于他们不知道工作目的，所以也就不可能使他们对工作发生真正的兴趣。后来，有一个年轻人说明了他们是在做什么样的工作。此后，这里的工作达到了高潮，并有许多工作人员自愿留下来加班加点。经过全体人员的艰苦努力，原子弹的许多技术与工程问题得到解决。1945 年 7 月 15 日凌晨 5 点 30 分，世界上第一颗原子弹“胖子”试验成功。8 月 6 日和 9 日，美国分别在日本的广岛和长崎投下了原子弹。随着苏联军队出兵我国东北，日本天皇于 14 日宣布无条件投降，第二次世界大战结束了。

曼哈顿计划不仅造出了原子弹，也留下了 14 亿美元的财产，包括一个具有 9 000 人的洛斯阿拉莫斯核武器实验室；一个具有 36 000 人、价值 9 亿美元的橡树岭铀材料生产工厂和附带的一个实验室；一个具有 17 000 人、价值 3 亿多美元的汉福特钚材料生产工厂，以及分布在伯克利和芝加哥等地的实验室。

知识拓展——中国项目管理的发展历程

“科学技术和项目管理是实现现代化的双翼。”——华罗庚

我国最早的大型项目可以追溯到 2000 多年的万里长城，但是真正称得上中国项目管理里程碑的是华罗庚教授和钱学森教授分别倡导的统筹法和系统工程。华罗庚教授自 1965 年以来一直从事统筹法和优选法的研究和推广工作。20 世纪 60 年代，华罗庚教授引进和推广了网络计划技术，并结合中国“统筹兼顾”的思想，将这一技术称为“统筹法”。

我国第一个项目管理的试点工作是在 1965 年 2 月，华罗庚教授率领两位助手陈德泉和计雷在北京电子管厂进行的，尽管该试点没有获得成功，但是使华罗庚教授更加清楚项目管理的方法更适合“一次性”的工程项目，这为后来在“三线”建设中的首次成功试点奠定了基础。1965年6月6日《人民日报》以整版篇幅发表了华罗庚教授的《统筹方法平话》，这是一篇通俗易懂讲授项目管理知识的、我国最早的项目管理科普文献。同年7月在收到华罗庚教授寄给的《统筹方法平话及补充》后，毛泽东主席很快就给华罗庚教授回信：“来信及平话，早在外地收到。你现在奋发有为，不为个人而为人民服务，十分欢迎。听说你到西南视察，并讲学，大有收获，极为庆幸。”。1970年3月4日，周恩来总理对统筹法的推广也做了批示，两个伟人的批示极大地推动了我国统筹法和优选法的推广工作，使得华罗庚教授，排除干扰，先后在全国26个省市自治区进行推广，取得了丰硕的成果。1979年，华罗庚教授在欧洲讲学时，以《千百万人的数学》为题报告了我国统筹法和优选法的推广工作，轰动了西方社会。

20世纪80年代初期，随着中国的改革开放，根据当时中央领导的指示，华罗庚教授又带领他的助手们在原有统筹方法的基础上，研究项目规划和生产规划的优化问题，先后完成了“两淮煤炭开发方案论证”（1991 国家科技进步三等奖）、“准格尔露天矿开发煤电运发展规划”、“大庆油田开发与地面工程规划方案优选研究”（1987国家科技进步二等奖），为国家节省了大量的资金。1981年，在北京成立了中国优选法统筹法与经济数学研究会，成为中国第一个专门从事项目管理研究和推广的学术团体，华罗庚教授为首任理事长。1986年，当时的国家经贸委将统筹法和优选法列入18个要推广的现代企业管理方法。1988年7月，在葡萄牙里斯本召开了首届项目管理与排序国际会议，来自奥地利、比利时、巴西、加拿大、法国、冰岛、意大利、荷兰、中国、波兰、葡萄牙、南非、西班牙、英国、美国、德国等国的专家和学者参加了此次大会。陈德泉教授介绍了“准格尔露天矿开发煤电运发展规划”项目的案例，受到了与会代表的极大兴趣和好评。

1991年，为了进一步加强项目管理的推广工作，中国优选法统筹法与经济数学研究会成立了项目管理专业委员会，再次极大地推动了项目管理在中国的推广和普及，推动了我国项目管理事业的发展和学科体系的建立，促进了我国项目管理与国际项目管理专业领域的交流，同时也推进了我国项目管理的专业化和国际化。近年来，项目管理专业委员会结合市场的需求，开展了国际项目管理专业资质认证、培训、咨询工作，取得了很好的经济效益和社会效益。一批项目管理的咨询机构也孕育而生，我国也有了具有自主知识产权的项目管理软件，如梦龙项目管理软件等。1998年，计雷教授应微软公司的邀请，与比尔·盖茨同台，在微软项目管理98产品的发布会上，做了题为《项目管理在中国》的报告，引起极大的反响；2003年，结合近年来突发事件的频频发生，在网络计划的基础上，我们又提出了“动态博弈网络技术”，这方面的研究不仅在项目管理的理论上提出了一个新的研究方向，而且对于突发事件应急管理的理论和实践都具有重要意义。

随着中国经济建设的飞速发展，伴随着对项目管理越来越多需求的同时，也会有越来越多的挑战，我们相信由华罗庚教授开创的中国项目管理的事业一定能够得到发扬光大。

1978年，钱学森在《文汇报》上发表的文章《组织管理的技术——系统工程》第一次在媒体上宣传系统工程这门科学技术。事实上，中国航天的系统工程方法实践早在20世纪60年代初就在他的倡导下开始了。那时候，党和国家决定按照自力更生为主，力争外援为辅的方针研制导弹。导弹研制是复杂的高技术系统工程，涉及多种专业技术，需要巨大的资源投入，具有很高的风险。在当时国家经济、技术基础薄弱的条件下，如何结合中国的实际情况，在较短的时间内，以较少的人力、物力和投资，有效地利用科学技术最新成就，完成导弹的研制任务，成为摆在科技和管理人员面前的一个重要问题。

钱学森认为，研制这样一个复杂系统所面临的问题是："怎样把比较笼统的初始研制要求逐步地变为成千上万个研制任务参加者的具体工作，以及怎样把这些工作最终综合成为一个技术上合理、经济上合算、研制周期短、能协调运转的实际系统，并使这个系统成为它所从属的更大系统的有效组成部分。"

钱老以这种方式描述问题本身就已经在提示我们应当以系统的观点来分析问题，而解决问题的方法就是系统工程方法。有些系统工程的研究者常用一种 V 图的方式来描述系统工程工作的范围和基本方法。在 V 图的左侧，代表从用户需求出发，自上而下从系统 、分系统到部件的层层定义和分解活动；V 图的右侧，则代表部件和分系统自下而上进行集成和试验，最后得到经过验证的系统。可以看到，系统分解和综合集成，正是系统工程的方法的核心。

国外对于系统工程定义的研究一直都没有停止过。1974 年发布的美军标准 499A，现在已经被电子工业联合会以及电器和电子工程师协会的新标准所取代。研究这些定义所覆盖的基本观点，结合我们自己的系统工程实践，可以认为系统工程的概念是：系统工程是复杂系统研制的工程方法，是分析、综合、试验和评价反复进行的过程。系统工程从要求出发，把系统分解为多种工程专业的研制活动，最后集成为一个总体性能优化，满足全寿命周期使用要求的系统；系统工程管理保证系统研制活动有序进行，保持研制过程中成本、进度、性能指标的均衡进展。它既是技术开发过程，也是组织管理过程。

小　　结

建立在网络及信息技术基础上的项目管理与传统的工作方式相比，层次少、效益高、灵活快速，同时又充分发挥了人的主观能动性，它是一种具有很强竞争力的、高弹性的、有机式组织结构模式。借助先进的计算机及网络技术以及高效的人本管理，采用项目管理技术可以使企业节省不必要的时间与开支，提高市场响应效率。实际上任何创新和改革都是项目活动。由于这些任务具有一次性和独特性的共同特征，人们逐渐认识到采用常规的管理难以应付各种复杂的项目，因此，在企事业单位和政府管理机构中出现了对项目管理的强烈要求。

本章从项目管理的应用与发展出发，论述了项目管理的意义、价值，引出了项目及项目管理的基本概念，如项目的特征、项目管理的要素、项目与项目管理的定义、项目管理的知识体系、项目的组织、项目的生命期等诸多概念，为后续章节的学习奠定必要的基础。同时还介绍了信息技术与 IT 项目管理的概念，以及曼哈顿工程、中国项目管理的发展历程等知识。

习题与思考

1. 项目（Project）是指在一定资源约束下，为完成某一独特的产品或服务所做的彼此相互关联的任务或活动的一次性过程。即项目是由一系列有机的活动组成的。项目团队在项目进展过程中，其人数、成员、职责都在不断地变化。参与项目的组织往往有多个。他们通过协议或合同以及其他的社会关系结合到一起，在项目的不同时段以不同的程度介入项目活动。所以，项目组织没有严格的边界，它是临时的、开放的。这种结构与企、事业单位和政府机构是不一样的。请从项目管理的角度解释“举办 2011 年深圳大学生运动会”、“2011 深圳大运会比赛项目”、“2011 深圳大运会组委会”的联系与区别。

2. 通过学习项目管理的一般知识，在理解项目的概念后，谈谈你所了解的具体现实项目的特点（项目属性、生命期等）。

3. 请判断下面的工作中，属于项目的是________，不是项目的是________。

A. 每天上班　　B. 现有设备改造

C. 同一型号电冰箱的生产　　D. 提高产品质量

E. 为某银行客户开发、安装电话银行系统

F. 负责电话银行系统的销售工作

G. 在 2010 年销售 20 套的电话银行系统

H. 为某银行客户的电话银行系统提供售后服务

I. 建立售后服务热线

J. 管理售后服务热线，接听客户来电，解决客户问题

K. 为客户提供优质服务

4. 项目团队在项目结束后解散，反映出项目的________属性。

A. 独特性　　B. 组织的开放性

C. 时限性　　D. 目标的确定性

5. 项目的组成要素包括项目的质量、项目的进度、项目的费用，这被称为项目管理的小三角关系，也被看做是________。

6. 项目管理的要素除质量、进度、费用外，还应考虑________和________。

7. 项目的生命期有几个阶段？其中的项目需求分析处于项目生命期的第________阶段。

A. 一　　B. 二　　C. 三　　D. 四

8. 阅读曼哈顿工程后，回答以下问题：

（1）曼哈顿计划的由来——为促使项目立项，科学家想了什么办法？

（2）奥本海默的突出贡献在于________。

A. 计划制订　　B. 技术指导　　C. 组织协调　　D. 综合管理

（3）曼哈顿工程的项目目标是什么？

（4）为加快项目进度，采用了何种管理方式和鼓励措施？

（5）该项目在资源管理方面有什么特点？

第2章 项目立项管理

随着市场经济的发展、市场环境的快速变化，企业的业务模式也在不断调整和改变，因而给项目管理提出了愈来愈高的要求。有些项目在启动时由于缺乏科学、周密的可行性分析，造成项目盲目启动，导致项目的投入产出分析不清，甚至项目重复建设，组织混乱，给后期的项目实施、项目维护、项目使用带来了极大的风险，以致于系统建成后被用户弃用，最终使业务遭受损失。因此，越来越多的公司对于项目上马的决策已经趋于理性，严格要求做好项目启动前的论证工作；在满足当前紧迫的业务需求和长远的战略需求之间做好平衡，确保项目建设的成功。因此，对项目启动和立项管理形成统一的认知，对于实施项目的企业有着非常重要的意义。

2.1 项目的可行性分析及可行性研究报告

在做项目之前考虑该项目的目标是否明确，是否值得花费大量的时间完成这个项目，项目完成的可能性有多大，即所谓的项目可行性分析——就是要考虑到项目的方方面面，将可能产生的问题与解决方案及未能解决的问题都考虑周全，这样在做项目时，风险才会小些，利润才会大些。相对软、硬件产品开发商，或者系统集成商而言，企业项目的启动过程是一个较为复杂的过程，往往需要考虑一系列的问题，如需求是否合理；是否有必要启动项目；项目可能带来的影响是什么；可能的投入有多大；取得的效益有多大；当前的管理模式是否能支撑；如果不能，要在哪些方面做好变革的准备；业界相关的产品有哪些，哪些是真正适合需求的，诸如此类的问题都需要在项目启动时进行先期调查与分析。

2.1.1 项目启动的先期调查

项目的先期调查是项目启动的基础，它对市场供求变化的各种因素及变化趋势进行专门的调查，采用科学的方法，有目的、有系统地收集和分析启动项目的各种情报和资料，并据此作为项目启动分析的前提。

1. 项目启动先期调查的主要内容

项目启动先期调查主要包括以下内容：

（1）项目环境调查，包括政治因素、法律因素、经济因素、社会因素、文化因素、技术因素、环境因素等。

（2）项目需求调查，包括项目所开发的产品行业状况调查、用户业务需求分析、项目现状分析、项目开发的产品功能需求调查、项目开发的产品性能需求调查。

（3）项目所开发的产品发展趋势调查，包括用户需求趋势、项目所产生的软、硬件产品潜在发展趋势、项目所产生的软、硬件产品未来发展趋势、竞争者的变化趋势等。

（4）项目调控因素调查，包括项目所产生的软、硬件产品品种和规格、价格、销售渠道的约束，应用环境约束、物理实现约束、政策变化等。

（5）竞争情况调查，包括竞争对象的技术设备、研发队伍、领导层素质、同类产品特点、主要销售地区、市场占有率、价格政策、销售渠道、服务网络、广告活动、投放市场时间、同业成功经验与失败教训、竞争对手行为对本企业的可能影响等。

【例 2.1】 项目启动先期调查分析（以生产软、硬件产品为例），产生如下文档：

（1）项目产品计划。

（2）项目产品计划将对新产品的用途、功能、性能、结构、关键技术、产品生产规模进行分析研究。

（3）项目产品的市场分析报告。

（4）研究项目产品市场销售地区、市场占有率、价格政策、销售渠道、服务网络、广告活动、投放市场时间。项目所开发的产品行业状况分析、用户需求分析、产品发展趋势调查等。

（5）项目产品的调控因素报告。

（6）项目产品的竞争情况报告。

（7）投资及效益分析报告。

（8）项目所需设备、场地、研发周期、人员机构报告。

【例 2.2】 项目启动先期调查分析（以系统集成为例），产生如下文档：

（1）用户需求说明书。

（2）项目解决初步方案。

（3）系统集成所需产品计划。

（4）主要竞争对手的情况报告。

（5）效益分析报告。

（6）项目业务流程、所需设备、场地、工期、人员机构报告。

2. 项目启动先期调查的方法

项目启动先期调查的方法分为直接调查和间接调查两类。

直接调查是用走出去或请进来的方式，直接从各方面了解情况，这样调查取得的数据可靠性较大。间接调查是通过发信函、调查表，或从报刊、杂志、广告、互联网上搜索等途径取得的市场调查资料，可靠性较低一些。

项目启动先期调查的具体方法较多，常见的有询问调查法、观察调查法、试验调查法、抽样法、典型调查法、专访法等。

3. 项目启动先期调查分析的功能

（1）根据项目启动先期调查的需求情况，发现和寻找新的软、硬件产品，为项目提供决策依据。在估计用户需求总量和获利可能性的基础上，进一步挖掘项目所产生的软、硬件产品的性能和特征优势，完善其设计，保证软、硬件产品得以迅速开发并获得成功。

（2）预测用户对项目所产生的软、硬件产品或新服务需求的增长率。通过分析，预测用户对新的软、硬件产品或新服务的需求量及其增长率，以确定项目的增长幅度和投资规模，使新项目的启动与后续开发具有广阔的市场前景和旺盛的生命力。

（3）明确项目所产生的软、硬件产品或新服务的市场分布区域和范围。通过分析，根据新产品或服务的用途、特性、市场的需求潜量以及分布情况等资料，明确项目产品或服务的市场发展空间和密度。

（4）提供项目投资预算。项目的启动与开发需要一定量的投资和前期投入，项目启动先期调查分析可以为项目风险投资者提供市场咨询，帮助投资者了解项目市场多样化的需求和竞争者动向，提高决策的有效性。

4. **项目先期调查分析人员的必备素质**

公司内部通常设立专门的项目先期调查分析小组，系统地收集和分析各种情报及资料，制订项目的启动计划和项目开发计划，为项目的启动和开发提供丰富、全面、准确的信息，并提出项目启动的对策等。

企业对调查分析人员的要求很高，不仅要求他们必须具备生产方面的专业知识，熟悉相关产品的情况和动向，能熟练地进行项目先期调查和分析，还要求他们了解产品的流动方向和费用计算，掌握各种预测技术。除此以外，项目先期调查和分析人员还必须具备从社会和公开的文献中获得情报的能力，从事独立思考、分析表达的能力；有丰富的实践经验和专业知识。研究人员平时需要经常阅读大量的科技书刊，了解世界各国在相关专业方面的最新发展动态，同时还必须具备相当的沟通能力和对新鲜事物的敏锐洞察能力，能够经常与一些工业专家、市场研究专家、大公司的经理及营销人员接触，以便快速、系统地获取和收集情报。

2.1.2 可行性研究的意义

可行性研究是对于项目启动、科学决策的系统分析方法，主要用于项目的投资决策、项目产品开发和行业规划等方面的分析。项目可行性研究是在项目投资决策前，通过对项目有关技术、经济、社会等方面的条件和情况进行调查、研究分析，对各种可能的技术方案进行比较论证，并对投资项目建成后的社会、经济效益进行预测和评价，以考察项目技术上的先进性和通用性、在经济上的合理性和盈利性，以及建设的可能性和可行性，继而确定项目建设是否可行的科学分析方法。

其主要文档是可行性研究（分析）报告，重点说明该开发项目的实现在技术上、经济上和社会因素上的可行性，评述为合理达到开发目标可供选择的各种可能实施方案，说明并论证所选定实施方案的理由。

可行性方案论证的目的是通过确认管理体系和系统技术构架，从而确认未来的管理和技术方案是否有效。它立足于项目从管理上、技术上、实现上的难点进行阐述，逐步理清客户的需求。并在需求的基础上，规划总体解决方案，以作为项目投入产出评估的依据、产品选型的依据，以及后续实施方案的约束。

可行性研究是项目启动工作的重要内容，它从项目立项到开发、建设的全过程来考察分析项目的可行性。可行性研究从市场需求的预测开始，通过多方案比较，论证项目的建设规模，工艺技术方案，厂址选择的合理性，原材料、燃料动力、运输、资金等建设条件的可靠性，然后对项目的建设方案进行详细规划，最后通过对生产经营成本、销售收入和一系列指标的计算，评价项目在财务上的盈利能力和经济上的合理性，提出项目可行或不可行的结论，最终回答项目是否有必要建设、是否可能建设和如何进行建设的问题，为投资者的最终决策提供直接的依据。

2.1.3 可行性研究的作用

启动投资一个项目，目的在于最大限度地获得经济效益和社会效益。任何投资决策的盲目性或失误，都可能导致重大的损失。投资项目进行可行性研究的主要作用表现为以下方面：

1. **可行性研究是科学的投资决策的依据**

任何一个投资项目成立与否，投资效益如何，都要受到社会、技术、经济等多种因素的影响。对投资项目进行深入细致的可行性研究，正是从这 3 个方面对项目进行分析和评价的，从而积极主动地采取有效措施，避免因不确定因素造成的损失，提高项目的经济效益，实现项目投资决策的科学化。科学的投资决策是项目顺利进行的投资效益正常发挥的保证。

2. **可行性研究是项目设计的依据**

在现行的规定中，可行性研究与项目设计文件的编制是分别进行的，但项目的设计要严格按批准的可行性研究报告的内容进行，不得随意改变可行性研究报告中已确定的规模、方案、标准及投资额等控制性指标。项目设计中的新技术、新设备也必须经过可行性研究才能被采用。因此，我国建设程序规定，可行性研究是建设程序中的一个重要阶段，它在设计前进行并作为项目设计的依据。

3. **可行性研究是项目实施的依据**

只有经过项目可行性研究论证，被确定为技术可行、经济合理、效益显著、建设与生产条件具备的投资项目，才能被列入国家或地方的投资计划，允许项目单位着手组织原材料、燃料、动力、运输等供应条件和落实各项投资项目的实施条件，为投资项目顺利实施做出保证。项目的可行性研究是项目实施的主要依据。

4. **可行性研究是项目评估的依据**

在可行性研究报告中，具体地分析了项目建设的必要性和可行性，做出最终决策，并选出最优方案。项目评估是在可行性研究的基础上进行的，通过论证、分析，对可行性研究报告进行评价，提出项目是否可行，是否是最好的选择方案，为最后做出投资决策提供咨询意见。可行性研究还详细计算项目的财务、经济效益、贷款清偿能力等详细数量指标以及筹资方案和投资风险等，因此银行对可行性研究报告进行审查和评估后，就可决定对该项目的贷款金额。

2.1.4 可行性研究报告的编写要求

项目可行性研究报告对一个拟启动和可建的项目，必须在国家有关规范、政策、法规的指导下完成，同时还要有相应的各种技术资料。

由于可行性研究工作对于整个项目建设过程有极其重要的意义，为了保证它的科学性、客观性和公正性，有效防止错误和遗漏，一般对编制有下列要求：

（1）必须站在客观公正的立场上进行调查研究，搞好基础资料的收集。对收集的资料要按客观实际情况进行论证评价，如实地反映客观规律。可行或不可行的结论，应通过科学分析的数据来回答。

（2）可行性研究报告的内容深度一定要达到国家规定的标准（如误差≤10%），基本内容要完整，应占有尽可能多的数据资料，避免粗制滥造，走形式。在做法上要掌握以下 4 个要点：

① 坚持先论证，后决策。绝不能先定下结论，再去编选数据。

② 要掌握好项目建议书、可行性研究、评估这 3 个阶段的关系，对于重大项目，如果发现建议书研究得不够彻底，应先进行初步可行性研究。多比较并选择一些方案，再进行全面的、更深层次的可行性研究。

③ 调查研究要贯彻始终。要掌握切实可靠的资料，保证资料选取的全面性、重要性、客观性和连续性。

④ 坚持多方案比较，择优选取。

（3）为了保证可行性研究质量，应保证咨询设计单位的工作周期，防止因各种原因而搞突击，草率行事。具体的工作周期由委托单位与咨询设计单位在签订合同时商定。

可行性研究报告对以下问题应给予明确且详细的回答：

（1）资源及市场情况如何?

（2）投资项目的规模如何?

（3）厂址选在哪里最佳?

（4）采用什么关键技术，有什么特点?

（5）需要的外部协作条件如何?

（6）建设时间多长，需要多少投资，能否筹集到所需的资金?

（7）建成后的经济效益和社会效益如何?

2.1.5 可行性研究报告的编写规范

可行性研究报告编写规范，一般包括以下 11 项内容。

第一部分　总论

总论作为可行性报告的首要部分，要综合叙述研究报告中各部分的主要问题和研究结论，并对项目的可行与否进行最终建议，为可行性研究的审批提供方便。

1. 项目背景
2. 可行性研究结论
3. 主要技术经济指标表
4. 存在问题及建议

第二部分　项目背景和发展概况

这一部分主要应说明项目提出的理由、启动过程、建设必要性等。

1. 项目提出的理由
2. 项目发展概况
3. 建设的必要性

第三部分　需求分析与建设规模

在可行性研究报告中，要详细阐述项目所涉及的市场需求分析、价格分析，并确定建设规模。

1. 市场需求分析
2. 市场预测
3. 市场推销战略

4. 建设方案及建设规模

5. 产品销售收入预测

第四部分　建设条件与研发地点的选择

1. 资源分析和原材料来源

2. 建设条件分析

3. 研发地点选择

第五部分　项目技术方案

技术方案是可行性研究的重要组成部分。它主要研究项目应采用的设计方法、关键技术和工艺流程，重要设备及其相应的总平面布置等技术方案。除文字叙述外还应将一些重要数据和指标列表说明，并绘制总平面布置图、工艺流程示意图等。

1. 项目组成

2. 技术设计方案

3. 总平面布置和运输

4. 土建工程

5. 其他工程

第六部分　环境保护与劳动安全

按照国家现行规定，凡从事对环境有影响的建设项目都必须执行环境影响报告书的审批制度，同时，在可行性研究报告中，对环境保护和劳动安全要有专门论述。

1. 建设地区的环境现状

2. 项目主要污染源和污染物

3. 项目拟采用的环境保护标准

4. 治理环境的方案

5. 环境监测制度的建议

6. 环境保护投资估算

7. 环境影响评价结论

8. 劳动保护与安全卫生

第七部分　组织体制可行性

在可行性研究报告中，根据项目规模、项目组成和工艺流程，结合企业的组织形式与工作制度，研究提出相应的项目组织机构、项目人员数量、劳动力来源及相应的人员培训计划。

1. 参与项目的企业组织形式及工作机制

2. 项目组织机构

3. 人员组成及劳动力来源

4. 项目团队建设

5. 人员培训

第八部分　项目实施进度安排

项目实施的进度安排也是可行性研究报告中的一个重要组成部分。在可行性研究阶段，需将项目实施时期各个阶段的各个工作环节进行统一规划，综合平衡，做出合理又切实可行的安排。

1. 项目实施的各阶段

2. 项目实施步骤和进度表

3. 项目实施的保证措施

第九部分 投资估算与资金筹措

建设项目的投资估算和资金筹措分析是项目可行性研究内容的重要组成部分。每个项目均需计算所需要的投资总额，分析投资的筹措方式并制订用款计划。

1. 项目总投资估算

2. 资金筹措

3. 资金使用计划

第十部分 经济和社会效益评价

在建设项目的技术路线确定以后,必须对不同的方案进行经济效益评价,并选出优秀方案。

1. 生产成本和销售收入估算

2. 财务效益

3. 社会效益和经济效益分析

4. 不确定性分析

第十一部分 可行性研究结论与建议

1. 结论与建议

2. 附件

3. 附图

2.2 项目立项

项目立项是一个十分重要的阶段，它关系到一个项目能否成功实施，能否达到项目干系人的期望，并能有效获得项目关系人的支持。项目立项流程如图 2-1 所示。

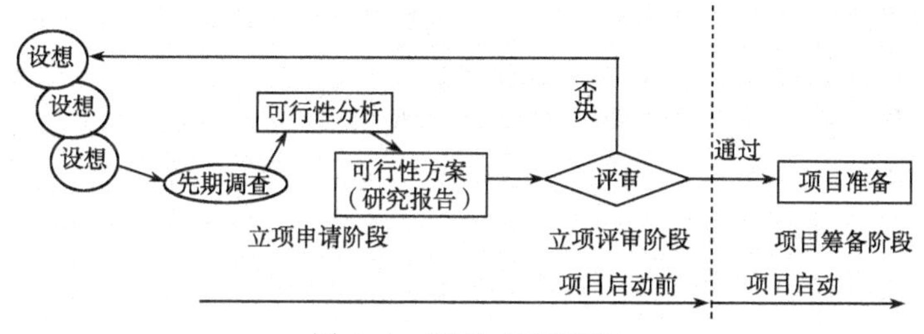

图 2-1 项目立项流程

项目的立项是正式认可一个新项目的开始，项目立项的核心是要相应的管理机构认可项目的确立。被认可的原则是项目必须与公司短期或者长期的战略目标相一致，并能取得一定的社会效益和经济效益。

在立项过程中，可行性研究报告首先解决了项目是否可以做，解决方案初步提出了项目的一揽子计划和关键技术。对于较复杂的项目而言，项目的立项要用到工程技术经济学、运筹学等领域的相关知识和技术；就一般项目而言，专家判断或决策者的主观分析较为普遍。

项目立项申请一般需填写项目立项启动申请单，如表 2-1 所示。

表 2-1　项目立项启动申请单

<table>
<tr><td>项目名称</td><td colspan="3"></td></tr>
<tr><td>所属父项目</td><td colspan="3">一般为年度计划项目，不明白请咨询 PMO</td></tr>
<tr><td>项目编号</td><td>PMO 填写</td><td>项目性质</td><td>软件开发/软件推广/软件维护</td></tr>
<tr><td colspan="2">●立项</td><td colspan="2">○启动</td></tr>
<tr><td>项目执行部门</td><td></td><td>客户主管单位部门</td><td></td></tr>
<tr><td>客户方使用部门</td><td></td><td>客户方负责人</td><td></td></tr>
<tr><td>项目计划开始时间</td><td></td><td>项目计划结束时间</td><td></td></tr>
<tr><td colspan="4">项目内容具体描述：</td></tr>
<tr><td>审批意见</td><td></td><td>审批人</td><td></td></tr>
</table>

2.2.1　项目常见的启动模式

一般情况下，当项目发包方（行政主管部门、企业、政府采购机关或投资机构）根据自己的工作（工程）需要，以甲方的方式通过书面或网络、报刊、电台及多种媒体可向社会发布项目需求、期望通知项目承担方（乙方）对项目有初步的了解，并能介入项目投标，项目承担方在很短的时间内将组织力量分析研究，给项目发包方提出解决方案或可行性研究报告，以多种方式参加投标，由项目发布方组织资深专家对项目解决方案或可行性研究报告进行评审，选择最佳方案或最佳可行性研究报告。如果乙方解决方案或可行性研究报告获得通过，项目发包方就会与项目承担方合作并提供相关文件，如签发承包合同、合作协议、政府部门的专门文件等。项目发包方将项目相关环境、包括场地、相关资料、人员、启动资金、设备等向其项目承担方交割，项目承担方成立专门的项目机构，这时该项目就正式启动了。即发布项目需求→以解决方案竞标→方案评审→签订合同→环境交割→成立机构→启动项目。

IT 项目的启动（立项）一般与企业的中长期目标联系在一起，所以启动项目首先要从组织整体环境和战略计划上进行考虑。

项目启动（立项）应该重点考虑以下几个方面：

（1）企业战略目标。

（2）项目选择的标准。

（3）项目建设的目的。

（4）项目成果说明书。

（5）与项目相关的历史资料。

2.2.2 项目经理与项目团队

项目一旦立项，就必须成立相应的项目办公室，选拔项目经理，组成项目团队。

1. 项目经理

项目经理是项目之魂。从狭义上看，项目管理与其他管理的功能是相同的，诸如计划、调度、激励和控制等。由于不同的需要有各种类型的项目经理，项目经理必须面对的是正常组织中临时的、非重复性的活动和频繁出现的独立行为。

项目经理被期望按照时间、预算、技术规范要求配置资源，完成一个具有固定的生命期的工作。他们直接与各种干系人联系，且必须清楚其干系人的期望值是否可行、并进行各种有机的协调。由于项目团队常常是隶属于其他功能部门、有些成员只是部分时间参与项目工作，因此项目经理必须对项目团队提供指导、协调和整合。项目经理担负着项目实施的责任而又常常权力受限、资源紧缺。他们必须确保交替使用时间、成本和履行项目的需求。加之，项目经理通常仅仅掌握不完全的技术知识而要做出决定。他们面临的情况是必须要在正确的时间，提出正确的问题，做出正确的结论，诱导正确的人员完成项目。在项目管理中，项目经理是唯一的、具有挑战性的职业。

作为一个项目经理需要具备以下素质：

（1）优秀的领导能力。

（2）非凡的沟通能力。

（3）良好的组织能力。

（4）高效的激励能力。

（5）快速的决策能力。

（6）完好的综合能力。

（7）相当的专业知识和技术能力。

在项目生命期的各个阶段，项目管理工作的内容有着巨大的差异。从项目识别、评估、计划到财务批准，项目实施，这些过程有其内在的联系逻辑性。但当涉及实施和完成项目时，这种逻辑性会出现各种各样的相交和矛盾，甚至是混乱。项目经理常常陷入一个从早到晚不连续的解决冲突与矛盾陷阱之中。成功的项目经理必须能够应对这种工作局面。

具体来说，在项目实施阶段，项目经理常常面临的工作局面是必须到处救火、恢复秩序和使项目按计划进行。同时，项目经理还需要创新和开发新的更好的工作方法。他们要着眼全局，看项目是否适合于企业的整体战略。有时他们必须深入到具体的技术问题之中，介入下属的工作，打破僵局。项目经理必须对发生在项目中的事件采取适宜的、灵活的方法。即使在别人都想放弃时，他们仍然能够坚持下去。

又譬如，在维持团队合作中，项目经理必须能够激励和诱导员工。在对待项目成员时项目经理必须保持公证性。鼓励个人而又要使团队产生压力。项目经理必须能够建立一支团结的、相互激励的团队，使团队避免产生多个山头而形成对外界联合抵制的部门倾向。项目经理不仅要培养员工对团队的忠诚，还要培养对企业的忠诚。处理好这些相互矛盾的问题就要求项目经理具备敏捷和非凡的领导才能。敏捷是指能够在互相对立的行为模式之间游刃有余。项目经理有时需要充当独裁者，采取决定性的单方面的决定，当然这也会招致下属的不满。例如，很多经理都倾向于把最有压力的、最困难的任务派给最出色的下属。这会使被选中的

人产生不满：为什么总是让我做最难的工作？这也使能力较弱的下属没有机会得到锻炼。如何平衡这种关系需要实践中的管理艺术。

项目管理者的领导才能对项目的成败至关重要。项目经理不仅要监督项目进展的每一方面，而且要把所涉及的各个方面联系起来，处理项目进程中出现的各种局面。项目经理对问题的处理能力，决定项目的成本、完成时间和对人力资源的利用效率。因此，选择项目经理非常重要。

2. **项目团队**

项目团队和它的管理班子有一大特点，即其成员多数是临时借调来的，来自不同的职能部门或组织机构。随着项目进展，项目团队成员的工作内容和职务常有变动，甚至人数也会有很大的变化；团队成员往往要接受项目经理和原组织机构负责人的双重领导。因此，项目团队建设对保证项目成功更有重要的意义。

项目团队的整体目标和需要紧密配合的工作性质，决定了项目团队不仅要调动成员个人的积极性，还必须形成群体的凝聚力。群体的凝聚力来源于三个基本方面，即群体目标、群体活动和人际关系，如图 2-2 所示。确立群体目标、组织群体活动、改善人际关系都是项目经理应担负的责任。

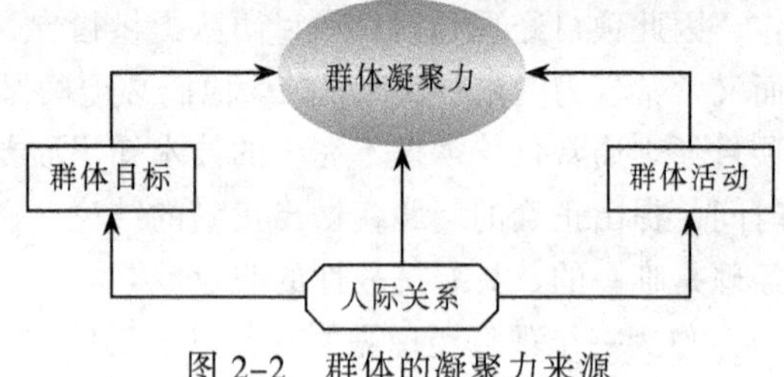

图 2-2　群体的凝聚力来源

项目管理需要共同的目标、信念等许多无形之物，通过把抽象的理念与有形的实体以共同工作的方式体现出来，并为一批人共同接受和热爱，也就产生了凝聚力。

2.2.3　项目立项管理中的需求分析

在软件项目启动和立项中，所有的项目风险承担者都对需求分析阶段倍感兴趣。这里所指的风险承担者包括客户方面的项目负责人和用户、开发方面的需求分析人员和项目管理者。处理好这部分工作，能开发出很优秀的软件产品，同时也会令客户满意。若处理不好，则会导致误解、障碍以及潜在的质量和业务价值上的威胁。由此可见，需求分析奠定了软件工程和项目管理的基础。

1. **需求分析的具体内容**

（1）目标需求：反映了组织机构或客户对系统、产品高层次的目标要求，通常在项目定义与范围文档中予以说明。

（2）任务需求：描述了用户使用产品必须要完成的任务。

（3）功能需求：定义了开发人员必须实现的软件功能，使用户利用系统能够完成他们的任务，从而满足了业务需求。

（4）性能需求：描述了系统展现的性能，包括产品必须遵从的标准、规范和约束，操作界面的具体细节和构造上的限制。

（5）外部需求：所提供的分析报告充分描述了项目所应具有的外部行为。“需求分析报告”在开发、测试、质量保证、项目管理以及相关项目功能中起着重要作用。

这些“业务需求”并不能为开发人员提供开发所需的许多细节说明。只有使用产品的用户才更清楚地知道使用该产品完成什么任务和一些非功能性的特性需求。例如，开发一个行业应用软件，其程序具有的易用性、健壮性和可靠性，才是用户很好地接受具有该特点的软件产品的原因。用户需求来自产品的真正使用者，必须让用户参与到收集需求的过程中，否则，产品很可能会因缺乏足够的信息而遗留隐患。优秀的软件产品建立在优秀的需求分析基础之上，而优秀的需求分析源于客户与开发人员之间有效的交流和合作。只有双方参与者都明白自己需要什么、成功的合作需要什么时，才能建立起一种良好的合作关系。

2. **需求分析的法则**

由于项目的压力与日俱增，所有软件项目风险承担者有着一个共同目标，就是大家都想开发出一个既能实现商业价值又能满足用户要求，还能使开发者感到满意的优秀软件产品。以行业应用软件开发为例，在需求分析中，广泛运用以下 20 条法则，客户和开发人员可以通过密切的合作达成共识。如果遇到分歧，将通过协商达成对各自义务的相互理解，减少以后的磨擦。

（1）分析人员要使用符合客户语言习惯的表达方式。需求讨论集中于业务需求和任务，因此要使用术语。客户应将有关术语教给分析人员，而客户不一定要懂得计算机行业的术语。

（2）分析人员要了解客户的业务及目标。只有分析人员更好地了解了客户的业务，才能使产品更好地满足需要，这有助于开发人员设计出真正满足客户需要并达到期望的优秀软件。为帮助开发和分析人员，客户可以考虑邀请他们观察自己的工作流程。如果是切换新系统，那么开发和分析人员应使用一下目前的旧系统，这有利于系统平滑过渡。

（3）分析人员必须编写需求报告。分析人员应将从客户那里获得的所有信息进行整理，以区分业务需求及规范、功能需求、质量目标、解决方法和其他信息。通过这些分析，使开发人员和客户之间针对要开发的产品内容达成协议。需求报告应以一种客户认为易于翻阅和理解的方式组织编写。客户要评审此报告，以确保报告内容准确完整地表达其需求。

（4）客户要求得到需求工作结果的解释说明。分析人员可能采用了多种图表作为文字性"需求分析报告"的补充说明，因为工作图表能很清晰地描述出系统行为的某些方面，所以报告中的各种图表有极高的价值；虽然图表不太难于理解，但是客户可能对此并不熟悉，因此客户可以要求分析人员解释说明每个图表的作用、符号的意义和需求开发工作的结果，以及怎样检查图表有无错误及不一致等。

（5）开发人员要尊重客户的意见。参与需求开发过程的客户有权要求开发人员尊重他们并珍惜他们为项目成功所付出的时间，同样，客户也应对开发人员为项目成功这一共同目标所做出的努力表示尊重。

（6）开发人员要对需求及产品实施提出建议和解决方案。通常客户所说的"需求"已经是一种实际可行的实施方案，分析人员应尽力从这些解决方法中了解真正的业务需求，同时还应找出已有系统与当前业务不符之处，以确保产品不会无效或低效；在彻底弄清业务领域内的事情后，分析人员就能提出相当好的改进方法，有经验且有创造力的分析人员还能提出增加一些用户没有发现的很有价值的系统特性。

（7）分析人员描述产品使用特性。客户可以要求分析人员在实现功能需求的同时还注意软件的易用性，因为这些易用特性或质量属性能使客户更准确、高效地完成任务。

（8）允许重用已有的软件组件。需求通常有一定灵活性，分析人员应提供一些修改需求的选择以便开发人员能够降低新系统的开发成本和节省时间。

（9）客户要求对变更的代价提供真实可靠的评估。对需求变更的影响进行评估会对业务决策提供帮助，这是十分必要的。所以，客户有权利要求开发人员通过分析给出一个真实可

信的评估，包括影响、成本和得失等。开发人员不能由于不想实施变更而随意夸大评估成本。

（10）获得满足客户功能和质量要求的系统。每个人都希望项目成功，但这不仅要求客户要清晰地告知开发人员关于系统“做什么”所需的所有信息，而且还要求开发人员能通过交流清楚取舍与限制，一定要明确说明假设和潜在的期望，否则，开发人员开发出的产品很可能无法让用户满意。

（11）给分析人员讲解您的业务。分析人员需要客户讲解业务概念及术语，但客户不能指望分析人员会成为该领域的专家，而只能让他们明白您的问题和目标；不要期望分析人员能把握客户业务的细微潜在之处，他们可能并不清楚那些对于客户来说理所当然的“常识”。

（12）抽出时间清楚地说明并完善需求分析。客户有必要抽出时间参与需求分析的讨论，接受采访或其他获取需求的活动，这对软件产品的成功极为重要。

（13）准确而详细地说明需求。编写一份清晰、准确的需求文档是很困难的。由于处理细节问题不但烦人而且耗时，因此很容易留下模糊不清的需求。但是在开发过程中，必须解决这种模糊性和不准确性，而客户恰恰是为解决这些问题做出决定的最佳人选。通过原型开发，客户可以与开发人员一起反复修改，不断完善需求定义。

（14）及时做出决定。分析人员会要求客户做出一些选择和决定，这些决定包括来自多个用户提出的处理方法或在质量特性冲突和信息准确度中选择折中方案等。有权做出决定的客户必须尽快进行处理，做出决定，否则会延误项目的进展。

（15）尊重开发人员的需求可行性及成本评估。所有的软件功能都有其成本。客户所希望的某些产品特性可能在技术上行不通，或者实现它要付出极高的代价，但开发人员会对此做出负面的评价，此时客户应该尊重他们的意见。

（16）划分需求的优先级。需要决定项目中哪些特性是必要的，哪些是重要的，是需求开发的主要部分，必须设定需求优先级，开发人员只能确定优先级来提供每个需求实现的花费和风险的信息。业务决策有时不得不依据优先级来缩小项目范围或延长工期，或增加资源，或在质量上寻找折中。

（17）评审需求文档和原型。客户评审需求文档是为分析人员带来反馈信息的一个机会。如果客户认为编写的“需求分析报告”不够准确，就有必要尽早告知分析人员并为改进提供建议。

（18）变更需求时要及时联系。不断的需求变更，会给在预定计划内完成的产品质量带来严重的不利影响。变更是不可避免的，但在开发周期中，变更越在晚期出现，其影响越大；特别是在大体结构已完成后又需要增加新特性时。所以，一旦客户发现需要变更需求时，请立即通知分析人员。

（19）遵照开发小组处理需求变更的过程。为将变更带来的负面影响减少到最低限度，所有参与者必须遵照项目变更控制过程。这要求不放弃所有提出的变更，对每项要求的变更进行分析、综合考虑，最后做出合适的决策，以确定应将哪些变更引入项目中。

（20）尊重开发人员采用的需求分析过程。软件开发中最具挑战性的莫过于收集需求并确定其正确性，分析人员采用的方法有其合理性，花费在需求开发上的时间也是“很有价值”的。

3. 用例在需求分析中的使用

多年来，分析者总是利用情节或经历来描述用户和软件系统的交互方式，从而获取需求。IvarJacobson 把这种看法系统地阐述成用例的方法进行需求获取和建模。用例的重要功能是用画或用例图的功能来鉴别和划分系统功能。它把系统分成角色（Actor）和用例。角色表示系统用户能扮演的角色，其用户可能是人，也可能是计算机的一些硬件或者系统资源。用例描述了当角色给系统特定的操作时系统的活动。一个用例描述了系统和一个角色的交互顺序。用例被定义成系统执行的一系列动作，动作执行的结果能被指定角色察觉到。用例可以捕获某些用户可见的需求，实现一个具体的用户目标。用例由角色激活，并提供确切的值给角色。

用例可大可小，但它必须是对一个具体的用户目标实现的完整描述。在 UML 中，用例表示为一个椭圆。

角色是指用户在系统中扮演的角色，其图形化的表示是一个小人。在某些组织中很可能有许多角色实例，但就该系统而言，他们均起着同一种作用，扮演着相同的角色，所以用一个角色表示。一个用户也可以扮演多种角色。在处理角色时，应考虑其作用，而不是人或工作名称，这一点是很重要的。

我们使用不带箭头的线段将角色与用例连接到一起，表示两者之间交换信息，称为通信联系。角色触发用例，并与用例进行信息交换。单个角色可与多个用例联系；反过来，一个用例可与多个角色联系。对同一个用例而言，不同角色有着不同的作用：他们可以从用例中取值，也可以参与到用例中。例如，角色也可以是一个外界系统，该外界系统可能需要从当前系统中获取信息，与当前系统进行交互。

一个用例可能包括完成某项任务的许多逻辑相关任务和交互顺序。因此，一个用例是相关的用法说明的集合，并且一个说明（Scenario）是用例的实例。在用例中，一个说明被视为事件的普通过程（Normalcourse），也叫主过程，或称为基本过程、普通流，或“满意之路”（Happypath）。在描述普通过程时列出执行者和系统之间相互交互或对话的顺序。当这种交互结束时，执行者也达到了预期的目的。

不同的用户都有自己一系列的功能需求和非功能需求。考虑到用户的差异性，将用户分类并研究用户类的行为特征是非常有必要的。所以在做具体的需求之前，先按用户的行为和特点进行分类，可以利用一个简单的表格列出一些原始的分类，然后不断完善这个表格。要确认其分类之间没有交集，并充分描述用户分类的行为、目的、要求等。我们把分析出的用户分类称为“角色类”，把实际的用户称为“角色实例”。在得到用户分类之后，最重要的是选出用户代表，用户代表不仅仅是在需求阶段中参与项目，还必须对项目的全过程负责。抓住用户代表的需求就大致把握住了用户类的需求。

如果不同的用户类有不一致的需求，那么必须决策出满足哪一类用户的需求是更为重要的。了解可能使用产品的客户的信息与产品的业务目标的关系，有助于决定哪一个用户类所占的份额最大。

需求从多方收集来后，随之而来的便是难以解决冲突和澄清模糊之处以及协调不一致之处的问题。因此必须解决来自不同用户类相冲突的需求。

当开发的产品与客户需求冲突时，通常应该由客户做出决策。然而，不要陷到“客户总是对的”的陷阱中去。客户只是持有自己的观点，开发者必须理解并尊重这一观点。

通过识别角色来识别系统与外界交互的实体。角色具有特定领域的特征，具有系统层次的角色确定了系统的边界。

识别用例与识别角色一样，但用例具有不同层次。对较为复杂的用例需要细化分解，直到用例细化到可以被理解的层次。用例主要用来描述交互，因此，存在交互的实体和交互的细节。交互的实体采用类图来描述；而交互的细节，采用顺序图来描述。不同层次上的用例有着不一样的工作量比例，一定要分清。

【例 2.3】校园网应用软件的用例可以这样划分：

用例层次对应系统的对象

顶层项目，如×××学校校园网

上层子系统，如×××学校校园网\接入层子网

中层流程，如×××学校校园网\接入层子网\用户管理中

下层如×××学校校园网\接入层子网\用户管理中\注册流程

底层页面，如×××学校校园网\接入层子网\用户管理中\注册流程\第一个页面

用例是从用户的角度看待系统，而不是基于程序员的角度。这样，用例驱动的系统能够真正做到以用户为中心。用户和程序员间通过用例沟通，避免了牛头马嘴的尴尬局面。用户通常并不关心系统是如何实现的。对他们来说，更重要的是要达到他的目的。相反的，大部分的程序员的工作习惯就是考虑计算机应该如何实现用户的要求。而用例是来源于用户，服务于用户，但是它同样可以用于开发的流程。当系统的开发过程都是基于用例的、用用例获取需求、用用例设计、用用例编码、用用例测试时，这个开发过程就是用例驱动的。

用例代表了用户的需求，用例必须与系统的业务需求相一致。分析者和用户必须检查每一个用例，在把它们纳入需求之前决定其是否在项目所定义的范围内。基于“用例”方法进行需求获取的目的在于描述用户需要使用系统完成的所有任务。在理论上，用例的结果集将包括所有合理的系统功能。当使用用例进行需求获取时，应避免受不成熟的细节的影响。在一个逐次详细描述过程中，重复地详述需求，以确定用户目标和任务，并作为用例。然后，把任务描述成功能需求，这些功能需求可以使用户完成其任务；也可以把它们描述成非功能需求，这些非功能需求描述了系统的限制和用户对质量的期望。在每一次的需求获取之后，都会生成很多未整理的需求，因此必须将它们组织成用例文档。一个用例文档可以使用表格来组织，主要的要素包括了用例标识号、用例名称、父用例标志号、创建者、创建时间、审核者、修订记录、角色、说明、先决条件、请求结果、优先级、普通过程、可选过程、例外、非功能需求、假设、注释和问题。虽然列举出了这么多的属性，但实际中使用的属性还要看项目的大小而定。

2.2.4 解决方案

为了获得项目，IT 公司常常通过提供解决方案作为取得项目立项的基础依据，“解决方案”一方面作为IT公司展示自己实力的表征，同时也是项目发包者组织项目中标评审的重要依据。有各种各样的解决方案，且没有固定的编写程式，解决方案建议书的内容包括技术方案、实施方案（初步的项目计划）、项目成本估算，随后提交给客户，由客户进行评审、立项。内容大致包括项目的需求分析，通过项目背景及现状描述，从中找出系统中存在的问题，确定建设目标、建设任务与需求、建设的基本原则；项目的技术解决方案中重点是阐述业务的系统构架，工作流的描述和软件环境与应用构架，对其关键技术要做详细的描述，显示方案的特点和价值；实施方案主要是针对需求分析和技术方案提出项目的实施步骤、机构组成、进度安排、资源及设备配置、沟通管理方式、成本与质量管理规范、售后服务承诺、培训及测试验收、报价等。

2.3 项目启动

真正的项目启动应该包含3个方面的重要内容，一是项目或产品初步范围已经确定，二是项目的目标已经确定，三是已经选择并委任了项目经理。如果按照PMBOK的说法，这几个方面的内容都应该在项目章程中得到体现。项目章程也可以简化到项目启动会议纪要，但关键点都在于项目经理是否确定，并给予了法定的正式权力。

项目启动是项目范围规划之前的必要活动，成功启动项目是有效进行项目范围管理的前提。在项目启动的过程中，项目经理应该熟悉项目背景，了解项目干系人，研究项目的商业需求和用户需求，初步确定项目范围，给出项目预算，制订项目章程。

2.3.1 项目经理的选择和委任

选择项目经理无一定之规，主要是关注平衡。如果是已有项目团队，团队成员技能都很强，那项目经理的重点工作是团队建设和资源整合。如果团队技能弱，但责任心和态度积极，那项目经理必须有很强的技能，且必须是一个能够传授知识的好教练。在有高层领导支持、项目目标明确的情况下，如果项目失败，项目经理要负完全的责任。对于项目经理而言，切记两点：一是项目成员愿意和你一起把事情做成功，二是你能使项目成员有能力把事情做成功。

高层管理或PMO（项目管理办公室）如果愿意在项目经理选择上多花些时间，完全是对产品和项目负责任的态度。基于强矩阵或项目型的组织中，高层管理要能够做到轻松自如，前提是其下一层的项目经理能够真正管理其整个项目团队，项目中99%的问题都能由项目经理自己解决。在这种金字塔型的权力型结构中，取决定性因素的不是塔尖，也不是塔底，而是中层，项目经理正是这种结构中的中坚力量。

2.3.2 项目目标

不要简单地把项目目标理解为进度目标，项目目标必须包含进度、成本和质量3个方面的目标。否则虽按时完工但做出来的产品却可能无法交付使用，或者预算超支，这两种情况下该项目仍然是失败的。

项目目标的确定是根据项目可行性研究和项目评审在立项后确定的。确定项目目标是为了保证最终产出的项目成果能够赢利，能够为企业或客户带来实际的价值。很多时候项目经理不会考虑为何要制订这样的目标，只知道是高层制订的，项目按照目标做就可以了。如果不知道为何而做，是无法把问题做好的，项目经理有必要深究项目目标的来源。

项目目标最主要的来源仍然是商业目标驱动的，我们做项目的目的仍然是为企业创造效益。真正理解了商业目标，才可能在进度、质量、成本、范围发生冲突时知道如何去平衡多方的关系。削减某条边可以达到平衡，但关键点在于抉择究竟该削减哪条边。

2.3.3 项目范围

启动阶段的项目范围是一个初步的范围。但启动阶段对于整个产品的范围必须清晰，产品范围是产品应该具备的功能特性。而项目工作范围是项目管理和执行过程所做的所有事情，例如风险应对，项目内学习培训属于项目范围，但不属于产品范围。

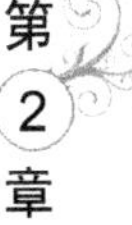

我们说有了初步范围后可以启动项目，绝对不是指产品范围。从启动项目时开始，产品范围始终必须清楚，产品范围不清楚将导致成本、进度等无法受控，产品范围不清楚就启动项目往往是项目做完了还赔钱。项目范围可以初步是指工作范围，是说明 WBS 分解可以是一个粗粒度的，细粒度的任务级 WBS 可以在项目计划阶段再逐步做到。

客户关注的是最终提供的产品的功能特性，而不是项目团队内部如何去运作以研制出产品。这点可以从 SOW（工作说明书）中看到，甲方招标的采购文件包或 SOW 都有详尽的产品范围描述，因为这也是项目重要的验收标准。

2.3.4 项目启动时的背景信息

1. **启动项目时需要掌握的基本信息**

（1）项目是否具有明确的结果定义。

（2）项目是否有行业标准、国家标准或国际规范。

（3）项目的开始日期、截止日期是否合理。

（4）项目发起人是否有权开展项目。

（5）项目是否有财务支持。

（6）项目是否有人做过，使用情况如何。

2. **启动 IT 项目时需要掌握的技术信息**

（1）采用新技术将会怎样影响使用者。

（2）采用新技术会对其他软件造成什么影响。

（3）采用新技术和正在使用的系统的兼容性。

（4）采用新技术的风险大小。

（5）采用新技术的供应商在行业中的业绩如何。

（6）网络建设情况如何，过去使用情况如何。

总之，“目标驱动、结果引导”是成功启动项目的最好方法。

案例 1　××学院广告网论坛市场调查报告

1 引言

在信息时代的当天，互联网已走入千家万户。人们利用网络进行学习、交流、商业，完成人们所需要的一切日常活动。商人已经不再局限于市场销售，而是逐步走进了互联网销售，只要拥有一台连上互联网的计算机就能在世界的任何一个地方轻松地购买到他们的商品。

但在信息化的当天，却难以找到一个专门从事商品广告的论坛，为了使商家充分利用网络让用户知道和了解他们的产品，本项目组特意为其开发了学院广告网论坛，为商家开辟出一条走向销售成功的道路，也方便人们通过网络了解更多更好的产品。

2 调查设计与组织实施

2.1　调查地点

湖南省，长沙市，黄兴南路步行街。

2.2　调查对象及范围对象

2.2.1　调查对象：商铺代理商、个体经营者以及购买顾客。能使用互联网者。

2.2.2　范围：从事商业活动的公司、企业、个体经营者。有购买能力的个人、公司、企业。

2.3　调查方法

采用填写表格的形式：

调查总数统计					
总数统计	参与调查总人数	公司(家)	企业(家)	个体(人)	消费者(人)
	50	10	10	15	15
有效	50	10	10	15	15

统　　计				
	项　　目	选　　项	结果(数) 是	否
具体统计	1. 您经常使用互联网吗？	□是　□否	46	4
	2. 您销售或购买产品的方法和渠道	□代理商销售　□公司直销	20	10
		□零售□业务员跑单　□出口	5	10
		□互联网	5	
	3. 您是否愿意接受互联网进行商品销售或做广告宣传	□是　□否	10	40
	4. 您是否使用过互联网来了解商品信息	□是　□否	40	10
具体统计	5. 您是否相信互联网上的商品广告信息	□是　□否	20	30
	6. 您有否从互联网上购买过商品	□是　□否	5	45
	7. 您公司是否有在互联网上做广告宣传	□是　□否	10	40
	8. 贵公司能否接受为一个专门从事广告宣传的网站提供广告宣传工作	□是　□否	30	20
	9. 贵公司能接受的广告费用为	□100 元/月　□200 元/月	30	5
		□300 元/月　□其他	5	15

3　调查对象构成情况

因为本网站主要是为各个公司、企业、个体从事广告宣传，以让更多的用户了解其公司和产品，并对其公司及产品做相应的评价和评论，因此用户无需注册就能对该网站上的公司及产品进行评论。根据对该公司、企业、个体评论的优劣，再对他们进行整体的优劣评价，如果为优，该公司、企业、个体的信誉值就会相应的提高，如果为差其信誉值就会相应的减少。

本项目组针对各个从事商业活动的公司、企业、个体经营者、消费者以填写表格的形式进行市场调查。

4　调查的主要统计结果

4.1　调查结果以表格的形式统计

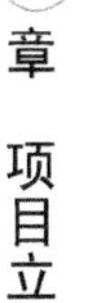

调查总数统计					
总数统计	参与调查总人数	公司（家）	企业（家）	个体（人）	消费者（人）
	50	10	10	15	15
有效	50	10	10	15	15

统　计				
	项　目	选　项	结果（数）	
			是	否
具体统计	1. 您经常使用互联网吗	□是　□否	46	4
	2. 您销售或购买产品的方法和渠道	□代理商销售　□公司直销	20	10
		□零售　□业务员跑单　□出口	5	10
		□互联网	5	
	3. 您是否愿意接受互联网进行商品销售或做广告宣传	□是　□否	10	40
	4. 您是否使用过互联网来了解商品信息	□是　□否	40	10
	5. 您是否相信互联网上的商品广告信息	□是　□否	20	30
具体统计	6. 您有否从互联网上购买过商品	□是　□否	5	45
	7. 您公司是否有在互联网上做广告宣传	□是　□否	10	40
	8. 贵公司能否接受为一个专门从事广告宣传的网站提供广告宣传工作	□是　□否	30	20
	9. 贵公司能接受的广告费用为	□100元/月　□200元/月	30	5
		□300元/月　□其他	5	15

4.2　结果简介

这次调查共发出60份，收回55份，其中50份有效。

5　综合分析

5.1　综合

5.1.1　此次调查在长沙比较繁华的商业路段步行街进行，调查的人群由公司行政助理、企业经理、个体经营者以及消费群体组成。

5.1.2　此次调查共发出60份，收回55份，其中50份有效。

5. 2　分析

5.2.1　由于资源的局限性，此次调查的人数不够多，范围不够广，应该在更多的地点调查更多的人群，这对调查的结果会更真实和准确。

5.2.2　此次调查表明，虽然互联网已经走入千家万户，但真正相信网络的用户不多，特别是利用网络来从事商业活动或贸易，用户也不相信网络中的产品，并保持着抗拒心理。

5.2.3　调查时，由于人们的时间比较紧迫，可能有些选项填写者未仔细填写，只是看了一眼就填写，导致调查结果并不是非常真实。

5.2.4　由于本组是第一次进行市场调查，对某些细节并不是十分清楚和了解，导致错误的出现和结果的不完美是在所难免的。

6 总结

经过为期一个星期的市场调查，取得了一定的成绩，并对此次调查总结如下：由于现在能真正从事广告网论坛的网站并不健全和完善，因此广告网论坛存在一定的市场。

- 公司、企业、个体经营者愿意交纳一定的费用从事网络宣传，为其创造经济效益。
- 消费者也愿意通过网络了解商品信息，但现在并没有很完善的网站。
- 虽然人们对网络有抗拒心理，但都愿意接受网络所带来的便捷。
- 在网站初期阶段可能存在一定的风险，但只要真正的做到以诚信为本，相信公司、企业、个体、消费者是可以接受的。

案例 2 校园订餐系统需求分析报告

1 引言

1.1 目的

为方便校园学生的订餐，项目小组经过与校园众多餐馆的老板商定，决定开发一套订餐系统发布在局域网中，免费为同学们提供订餐服务。

1.2 背景

校园订餐系统是一套即时提供校园餐馆服务信息的网上管理系统。本项目由开发项目小组成员提出，经小组开发，征得校园餐馆的同意，为同学们提供一套免费信息管理系统，不涉及任何利益，用户为全校的学生与校园的餐馆。

1.3 参考资料

资料名称	简介	作者	出版社
J2EE 案例开发	介绍了开发 Web 管理系统的方法	文旭华	中国水利水电出版社
Oracle 数据库管理教程	详细的介绍了关系数据库的使用方法	李箐	清华大学出版社
JSP 轻松开发 Web 网站	用众多 JSP 开发的实例介绍了 Web 网站开发的技巧	黄理	电子工业出版社
IT 项目管理	如何对项目、人、资源进行管理	毛志雄	中国铁道出版社

2 任务概述

2.1 目标

项目组决定争取在年底完成该系统。登录 Web 管理系统，即可浏览到全校所有餐馆的信息，包括餐馆菜单价格、送餐电话、老板资料以及餐馆的最新活动信息，用户只需要提交一张订餐表单。同时，餐馆老板也可以通过本系统，发布最新活动消息、修改菜单价格、收到本校学生的订餐信息和地址，可以及时送餐。该系统也不受网络的影响，可以通过学校的服务器发布，建立局域网 Web。通过开发项目，同学们能够从中间学到软件工程，jsp，oracle，web 网页开发，以及项目的合作，团结等知识。

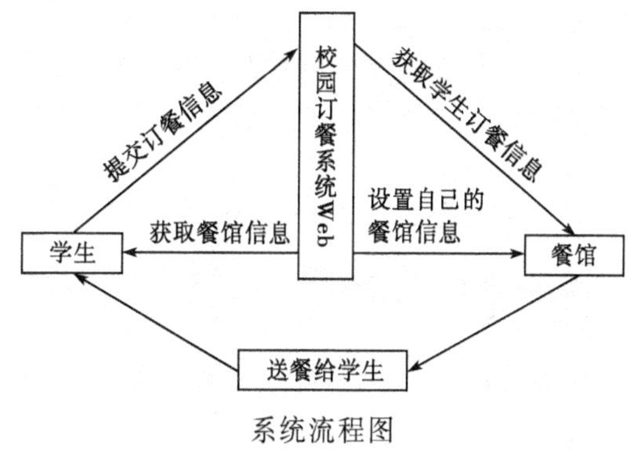

系统流程图

2.2　系统的特点

系统简单，实用，不需要复杂的数据结构，运用了所学的 jsp、servlet、javabean、oracle、jdbc、sql 和网页制作等知识点，开发工具为 MyEclipse+Sql+Tomcat，软件免费供全校的学生和餐馆使用。系统分为 3 层权限，分别为管理员、餐馆老板和学生。

系统 IPO（输入、加工、输出）表

IPO 表

系统：校园订餐系统　　　　作者：7806 项目小组

模块：处理订餐业务　　　　日期：2007 年 10 月 1 日星期一

编号：01

被调用：餐馆订餐表单　　　　调用：学生提交的表单

输入：订餐信息和地址　　　　输出：送餐时间以及费用

处理：餐馆根据学生提交的信息，参照自己餐馆的情况，及时把信息反馈给学生，并按照提交的地址及时送达。

2.3　运行环境

本系统为 Web 系统，不需要安装，将计算机连接上网即可使用，同时，网站随时进行扩充和维护。

2.4　用户界面

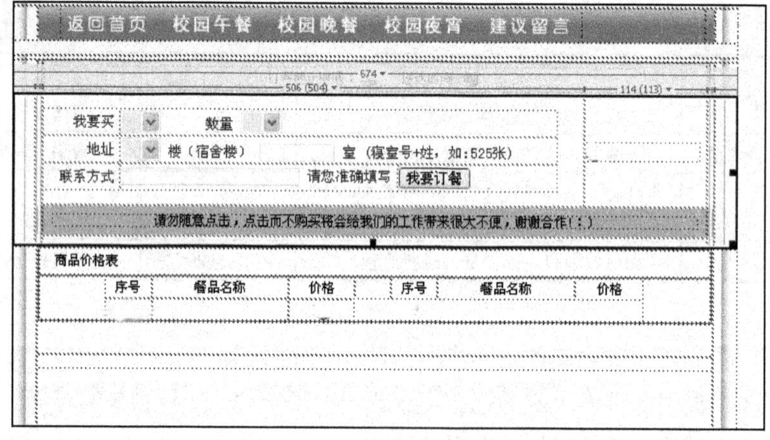

2.5　输入/输出要求

系统能正确接受学生所提交的表单，并及时发送到服务器，服务器能做出正确的处理，系统能对异常的数据做出处理结果。

2.6　安全保密性要求

系统的数据必须获得权限才能进行修改，未经注册的用户不能随意查看系统的信息。数据库能对大批的数据做出正确的处理。

3　需求规定

3.1　软件功能说明

通过用户输入购买数量，菜名以及联系方式或住址，中间经过数据库处理把信息传送给餐馆老板，老板收到信息后能及时反馈到用户手中，且可以在线交流。系统能支持100～200人次同时访问。

3.2　功能一般性规定

该系统在各个功能界面上都遵循统一格式原则，即页面大小相同，排版格式一样，对于同一个页面上的餐馆信息功能也都是一样的。错误提示时的声音相同，而且用户与老板、老板与老板之间还可以进行即时交流。

3.3　性能一般性规定

基于用户的要求，该系统在使用过程中不会出现性能上的大障碍，正确操作流程即可。

3.3.1　精度

订餐的菜名必须在系统提供范围内，数量上不能为空，同时用户提供的地址也必须在学校范围之内，地址和联系方式是逻辑上的或关系，用户必填。.

3.3.2　时间特性要求

该系统的系统时间与用户计算机上的时间同步，自动获取系统时间。

3.3.3　灵活性

本系统提供了管理员的数据库更新功能，也就是更新菜名和菜价的功能，以及用户提交数据的更新功能。

3.4　输入/输出要求

用户输出的结果要与输入值保持一致，否则系统则自动报错。

3.5　故障处理要求

当用户的访问超过界限时，系统会提示关闭程序；当用户输入的数据出错时，系统提示报错；当管理员更新数据时，用户访问会提示请稍后；对于一次访问来结束就进行第二次访问时，系统也会报错。

3.6　其他专门要求

由于系统是针对学校局域网制作的，对于网络上的穿透而导致用户信息被窃取的可能性是很小的，系统不需要进行用户信息确认，校内学生利用本校局域网才能使用。系统只是一般的单机咨询系统，所以可维护性高，易操作，且可靠性强。

案例3　可行性研究报告的市场调研部分

“大学生健康基地”网站可行性研究报告的市场调研部分（节选）

2.4　市场调研

2.4.1　对象方法

调查对象为××学院大一新生。根据调查目的，参考有关文献设计了“大学生健康基地市场调查问卷”。调查以寝室为单位，由项目组成员直接向大一学生发放问卷并当场收回。调查共发出问卷157份，收回有效问卷151份，其中男生95人，女生56人。

2.4.2　调查结果

- 部分大学生基本健康知识欠缺。
- 大学生的个人卫生习惯令人忧虑。
- 大学生的健康态度需要转变。

- 大学生对健康知识普遍渴求。
- 部分大学生心理承受能力弱。

2.4.3 分析与讨论

建立健康网站，不仅对提高大学生的健康水平产生直接的影响，对培养他们良好的身心素质，促进大学生的全面发展都具有重要作用。从调查结果来看，部分大学生基本健康知识贫乏，健康意识淡薄，不良行为习惯普遍存在，心理也存在一定的问题，与他们的文化知识和学历层次不相适应。建立健康网站刻不容缓。结合本校学生身心发展及健康知识和行为的实际情况，建立属于自己的健康网站，积极有效地开展健康宣传工作。

高校学生生活习惯调查表

调查项目	不是		偶尔		经常		是	
	人数	百分比	人数	百分比	人数	百分比	人数	百分比
进食后漱口	14	9.3	69	45.7	28	18.5	40	26.5
饭前便后洗手	3	2.0	15	9.9	50	33.1	83	55.0
吃饭定时定量	29	19.2	12	7.9	61	40.4	49	32.4

高校学生对吸烟危害性的认识态度

调查项目	吸烟者		不吸烟者		合计	
	人数	百分比	人数	百分比	人数	百分比
吸烟对自身健康有害	31	91.2	112	95.7	143	94.7
吸烟影响他人健康	27	79.4	101	86.3	128	84.8
吸烟是一种不文明行为	19	55.9	98	83.8	114	77.5

高校学生对不同健康卫生知识的需要程度

调查项目	男生		女生		合计	
	人数	百分比	人数	百分比	人数	百分比
常见病的预防	54	56.8	46	82.1	100	66.2
心理卫生知识	59	62.1	41	73.2	100	66.2
营养卫生知识	71	74.7	42	75.0	113	74.8
安全及自我防护知识	55	57.9	41	73.2	96	63.6
性健康知识	53	55.8	29	51.7	82	54.3
环境卫生知识	42	44.2	20	35.7	62	41.0
人体解剖生理知识	19	20.0	10	17.8	29	19.2
遗传与优生知识	24	25.2	7	12.5	31	20.5

高校学生心理健康调查表

调查项目	不是		偶尔		经常		是	
	人数	百分比	人数	百分比	人数	百分比	人数	百分比
会有寂寞的感觉	14	9.3	89	58.9	38	25.1	10	15.1
会觉得不被理解	21	13.9	59	39.1	50	33.1	21	13.9
会无法控制情绪	12	7.9	61	40.4	49	32.4	29	19.2
会害怕失去	23	15.2	65	43.0	44	29.1	19	12.6

知识拓展——SWOT 分析法

SWOT 分析法又称为态势分析法，它是由旧金山大学的管理学教授于 20 世纪 80 年代初提出来的，是一种能够较客观而准确地分析和研究一个单位现实情况的方法。S、W、O、T 这 4 个英文字母分别代表优势（Strength）、劣势（Weakness）、机会（Opportunity）和威胁（Threat）。

从整体上看，SWOT 可以分为两部分：第一部分为 SW，主要用来分析内部条件；第二部分为 OT，主要用来分析外部条件。利用这种方法可以从中找出对自己有利的、值得发扬的因素，以及对自己不利的、要避开的东西，发现存在的问题，找出解决办法，并明确以后的发展方向。根据这个分析，可以将问题按轻重缓急分类，明确哪些是目前急需解决的问题，哪些是可以稍微拖后一点儿的事情，哪些属于战略目标上的障碍，哪些属于战术上的问题，并将这些研究对象列举出来，依照矩阵形式排列，然后用系统分析的思想，把各种因素相互匹配起来加以分析，从中得出一系列相应的结论，而结论通常带有一定的决策性，有利于领导者和管理者做出较正确的决策和规划。

SWOT 分析法常常用于制订集团发展战略和分析竞争对手情况，在战略分析中，它是最常用的方法之一。进行 SWOT 分析时，主要有以下几个方面的内容：

1. 分析环境因素

运用各种调查研究方法，分析出公司所处的各种环境因素，即外部环境因素和内部能力因素。外部环境因素包括机会因素和威胁因素，它们是外部环境对公司的发展直接有影响的有利和不利因素，属于客观因素；内部环境因素包括优势因素和弱点因素，它们是公司在其发展中自身存在的积极和消极因素，属主动因素，在调查分析这些因素时，不仅要考虑到历史与现状，而且更要考虑未来的发展问题。

优势是组织机构的内部因素，具体包括有利的竞争态势，充足的财政来源，良好的企业形象，技术力量，规模经济，产品质量，市场份额，成本优势，广告攻势等。

劣势也是组织机构的内部因素，具体包括设备老化，管理混乱，缺少关键技术，研究开发落后，资金短缺，经营不善，产品积压，竞争力差等。

机会是组织机构的外部因素，具体包括新产品，新市场，新需求，外国市场壁垒解除，竞争对手失误等。

威胁，也是组织机构的外部因素，具体包括新的竞争对手，替代产品增多，市场紧缩，行业政策变化，经济衰退，客户偏好改变，突发事件等。

SWOT 方法的优点在于考虑问题全面，是一种系统思维，而且可以把对问题的“诊断”和“开处方”紧密结合在一起，条理清楚，便于检验。

2. 构造 SWOT 矩阵

将调查得出的各种因素根据轻重缓急或影响程度等排序方式，构造 SWOT 矩阵。在此过程中，将那些对公司发展有直接的、重要的、大量的、迫切的、久远的影响因素优先排列出来，而将那些间接的、次要的、少许的、不急的、短暂的影响因素排列在后面。

3. 制订行动计划

在完成环境因素分析和 SWOT 矩阵的构造后，便可以制订出相应的行动计划。制订计划

的基本思路是：发挥优势因素，克服弱点因素，利用机会因素，化解威胁因素；考虑过去，立足当前，着眼未来。运用系统分析的综合分析方法，将排列与考虑的各种环境因素相互匹配起来加以组合，得出一系列公司未来发展的可选择对策。

小　结

项目立项是项目正式实施之前不可缺少的程序，为了规避风险，确保项目建设的成功，必须严格做好项目启动和立项的工作，力求在满足当前紧迫的业务需求和长远的战略需求之间做好平衡，对项目启动和立项管理形成统一的认知。项目立项管理对于实施项目的单位有非常重要的意义。本章主要讨论了与项目立项密切相关的项目启动的先期调查与分析、可行性研究、项目启动模式、项目经理和项目团队、项目立项管理中的需求分析、解决方案等。

在先期调查与分析中，阐述了调查的内容、方法、调查分析的功能以及所产生的相关文档，重点是调查人员的必备素质。

在可行性研究中，首先阐明了可行性分析/研究的意义与作用，着重提出了可行性分析/研究报告的编写要求和规范。

项目经理是项目之魂，项目团队必须具备群体的凝聚力。群体的凝聚力来源于3个基本方面，即群体目标、群体活动和人际关系。

在项目需求分析中，论述了项目需求分析的具体内容，对目标需求、任务需求、功能需求、性能需求、外部需求给出了明确的定义。

项目立项的关键一步是项目的可行性分析，项目立项前的最后一关是项目论证与评估，它决定项目的正式启动，本章对项目启动涉及的3个重要内容做了详细的阐述：项目经理的选择与委任、项目目标、项目范围。

习题与思考

1. 项目启动过程中为什么要做先期调查？
2. 项目启动先期调查的主要内容有哪些？
3. 项目启动先期调查的方法有哪些？
4. 可行性研究的意义。
5. 在项目启动阶段，项目立项前后的主要工作是什么？
6. 项目需求分析与软件工程的软件生命周期中所说的需求分析阶段是否一致？
7. 技术解决方案是否可以看做是项目的实施计划？
8. 在一些技术文献中，将项目启动与立项当做一个阶段，称为项目的启动阶段，启动阶段的核心工作有以下内容：明确需求、策划项目；调查研究、收集数据；确立目标；进行可行性研究；明确合作关系；风险分析；拟订战略方案；进行资源测算；提出组建项目团队方案；提出项目建议书；获准进入下一阶段。比较分析此处的启动阶段和本章所述的项目启动有何异同。

第3章 项目整体管理

项目整体管理是指在项目的整个生命期内，汇集项目管理的知识领域，对所有项目计划进行整合执行及控制（因此又称项目整合管理、项目综合管理），以保证项目各要素相互协调的全部工作和活动过程。项目整体管理以全局的、整体的观点来有机协调项目各要素，在彼此影响的项目各项具体目标和方案中权衡和选择，尽可能地消除项目中各单项管理的局限性，从而实现最大限度地满足项目干系人的需求与期望的目的。

3.1 项目整体管理概述

3.1.1 项目整体管理的特性与过程

1. 项目整体管理的特性

项目整体管理又称整合管理，具有综合性管理的特性、全局性管理的特性和系统性管理的特性，是一种内外结合的管理、全要素的管理、全团队的管理。管理的综合性、整体性或集成性主要体现在以下几个方面：

（1）项目管理中的不同知识领域的活动项目相互关联和集成。

（2）项目工作和组织的日常工作相互关联和集成。

（3）项目管理活动和项目具体活动（例如和产品、技术相关的活动）相互关联和集成。

同时，项目综合还必须考虑项目工作、项目管理与组织日常运作的结合，项目范围与产品范围的匹配等。

项目的整体管理是实现整体项目成功的关键，如图 3–1 所示。

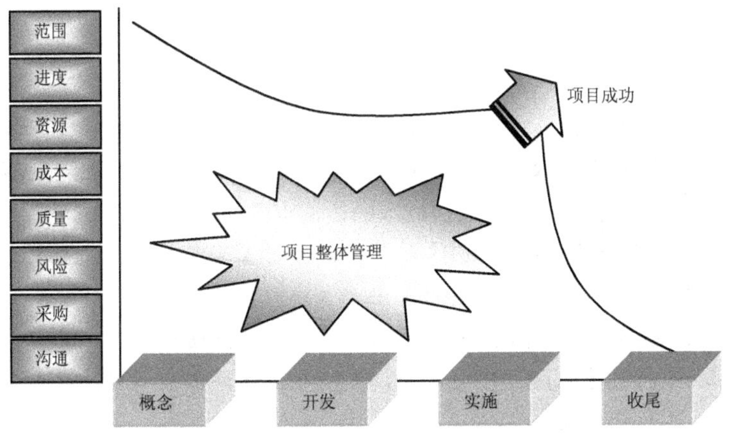

图 3–1　项目整体管理在项目管理中的地位和作用

2. **项目整体管理的过程**

（1）项目计划的制订——吸收其他规划程序的成果，制订内容充实、结构紧凑的项目文件。

（2）项目计划的实施——通过项目执行组织的具体活动执行这项计划。

（3）全程变化控制——协调全部项目内部的变化过程。

（4）项目收尾——包括项目验收和项目后评价。

3.1.2 项目整体管理的主要应用

项目整体管理主要应用于以下几个方面：

（1）项目进度与项目成本的整合管理。

（2）项目进度与项目质量的整合管理。

（3）项目成本与项目质量的整合管理。

（4）项目进度、成本、质量及范围与资源的整合管理。

（5）项目产出物与项目工作的整合管理。

（6）项目工作与项目目标的整合管理。

（7）项目各不同专业或部门的整合管理。

（8）项目工作与组织日常运营工作的整合管理。

例如，在小三角关系整合时，首先决定质量、成本和时间 3 个要素中哪个要素保持不变，再在另外两个要素之间建立一种二元经济模型，对可变要素进行权衡分析。图 3-2 所示就是在质量既定的情况下，求解成本和时间的平衡。

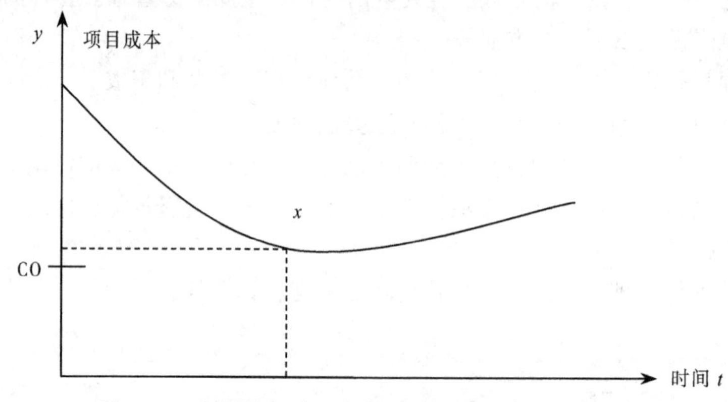

图 3-2　质量既定时，成本和时间的权衡

CO 点代表目标成本和时间，但遗憾的是该任务不能在目标成本和时间内完成。如果只满足时间目标，完成任务的成本将增加到 y 点，要减少成本的增加，需要延长任务完成时间，这就是对成本的时间的权衡，x 点为增加成本的最低点。

【例】项目人力资源与项目范围 WBS 的整合，如图 3-3 所示。图的右上方是项目的工作分解结构 WBS，其最底层是项目所包含的全部的工作；在图的左边是项目团队的组织结构分解图（Organization Breakdown Structure，OBS），最左边是项目经理，其最靠右的一层是项目团队负责具体工作的人员。经过整合之后，在项目工作分解结构中的每一项工作都可以在项目团队中找到具体的责任人。

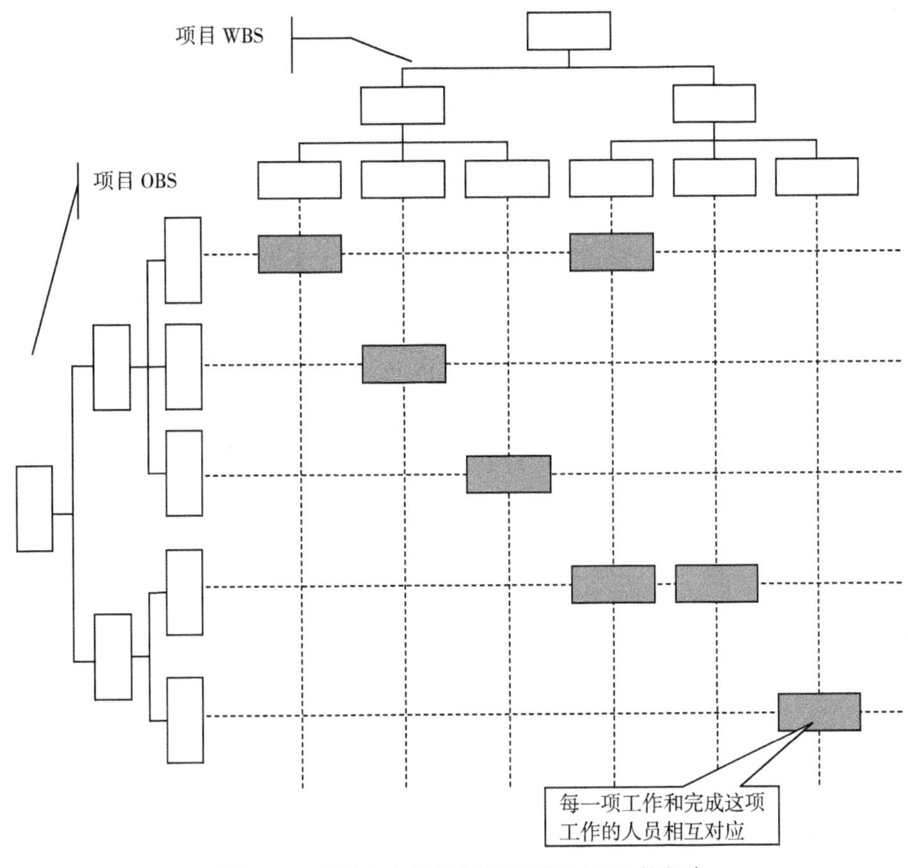

图 3-3　项目人力资源与项目范围 WBS 的整合

3.2　项目干系人

项目干系人包括项目当事人和其利益受该项目影响（受益或受损）的个人和组织；也可以把他们称为项目的利害关系者。

除了上述的项目当事人外，项目干系人还可能包括政府的有关部门、社区公众、项目用户、新闻媒体、市场中潜在的竞争对手和合作伙伴等；甚至项目班子成员的家属也应视为项目干系人。

有时，人们会将项目干系人与项目参与人混淆，项目参与人是指项目的参与各方，例如假日旅行只有自己参与，生日家宴只有主人和客人两方参与。如果说到项目干系人，前者包括旅行社、交通部门、当地居民、其他游客都是项目干系人，而后者，家宴的准备者（可能不是主人）、卖菜者、卖酒者、对主客双方感兴趣的、有影响的人都是项目干系人。

大型复杂的项目往往有多方人士参与，例如建设方、投资方、贷款方、承包人、供货商、建筑/设计师、监理工程师、咨询顾问等。他们往往是通过合同和协议联系在一起，共同参与项目。和这种情况下，项目参与人往往就是相应的合同当事人。建设方通常都要聘用项目经理及其管理班子来代表业主对项目进行管理。实际上项目的各方当事人需要有自己的项目管理人员，例如软件项目：甲方、乙方，第三方。

项目干系人的范围非常广泛，一般公民（市民）可以是大型商场项目的项目干系人。而软件项目的干系人包括软件的使用者，以及受到软件影响的人，例如游戏软件不仅影响到玩游戏的青少年，还影响到他们的父母。

3.3 项目章程

按照 PMBOK 的说法，项目启动所包含的 3 个方面的重要内容都应该在项目章程中得到体现。项目章程也可以简化到项目启动会议纪要，但关键点都在于项目经理是否确定，并给予了法定的正式权力。项目章程是正式承认项目存在的重要文件，它可以是项目立项书、企业需求说明书、产品说明书、项目任务书、开工令或项目描述表。大型项目的章程有的称为项目许可证书、项目启动文件。小项目可以简化成一页纸，表 3-1 所示是信息系统项目章程的一个模板。

表 3-1 一个信息系统的项目章程模板

项目名称		批准时间	
项目背景介绍	项目发起的原因		
	项目的机遇与优势		
	项目的挑战与劣势		
项目目标：			
项目干系人：			
项目产品	中间产品		
	最终产品		
项目经理	姓名	原先所在部门和职务	在项目中的权力范围
资源条件	人员		
	物质		
	成本		
	结束时间		
项目完成的标准：			
签发人：		签发时间：	

组织通过项目章程来授权项目工作的正式开展。项目的主要干系人需要在项目章程上签字，以表示承认在项目需求和目的上已经达成一致，并承诺提供相关的支持。

项目章程应该通过管理者对项目及项目所需的条件进行客观的分析后颁发；项目章程的一个重要的作用是对项目的存在与项目经理的权力从组织的高度给予确认和声明。

1. 立项报告

项目的立项报告是正式认可项目存在的一个文件，对其他文件既有直接作用，又有参考作用。立项报告应描述以下 3 个方面的内容：①既定的商业目标。②产品描述说明。③项目的立项报告应该通过管理者对项目及项目所需的条件进行客观的分析后颁发，它提供给了项目经理运用、组织生产资源进行生产活动的权力。

2. **指定/委派的项目经理**

通常，项目经理应该尽可能在项目的早期进行指定和委派是比较合适的。项目经理应该在项目计划实施开始之前被委派，更应该在许多项目规划完成之前就委派好。

简而言之，项目章程是一个正式承认项目存在的文件，必须经项目干系人签字一致同意，在启动结束时建立。项目章程是项目经理的令箭，也是他的护身符。

3.4 项目范围规划

范围的确定是逐渐进行的，从最初对于项目最终交付成果的概念，到在项目发展中对于交付成果越来越细节描述的文件，逐步深入。

项目应该交付所有在项目范围内所描述的内容。

范围内不包括的任何工作都不应该在项目中开展。

范围规划就是确定项目范围，明确项目的主要可交付成果，制订项目范围管理计划，记载如何确定、核实与控制项目范围，以及如何制订与定义 WBS。

项目范围的确定与管理直接关系到项目的整体成功。

范围的规划建立在项目启动的基础上，主要考虑的依据有：

（1）环境因素。

（2）组织过程资产。

（3）项目章程。

（4）项目初步范围说明书。

3.5 项目管理计划

项目管理计划是一个用来协调所有其他计划，以指导项目执行和控制的可操作的文件。它直接关系到项目能不能按正确航线驶向成功的彼岸，没有好的计划就不可能有好的结果。项目计划前的行动比项目计划后的行动更重要。

3.5.1 项目管理计划的内容

项目管理计划要记录计划的假设以及方案选择，要便于各干系人之间的沟通，同时还要确定关键的管理审查的内容、范围和时间，并为进度评测和项目控制提供一个基准。

计划应该具有一定的动态性和灵活性，随着环境和项目本身的变更而进行适当的调整。计划应该能够有利于项目经理管理项目团队和评估项目的进展状况。

项目计划与项目执行应该是相互渗透的，谁负责做这件事，就应该由谁来参与编制该管理计划。

一个项目计划主要包括整体介绍、组织描述、管理程序、技术程序、任务范围、时间进度、经费预算等。

（1）整体介绍或概述主要包括：

① 项目名称（全称、简称、缩写）。

② 项目以及项目所需满足需求的简单描述。

③ 发起人基本信息。

④ 项目经理与主要项目组成员基本信息。

⑤ 项目可交付成果。

⑥ 重要资料清单。

⑦ 有关定义和缩写词的说明。

（2）组织情况描述主要包括：

① 组织结构图。

② 项目责任。

③ 与组织或过程相关的信息。

（3）项目的管理和方法主要包括：

① 管理目标。

② 项目控制。

③ 风险管理。

④ 项目人员。

⑤ 技术过程。

（4）项目任务主要包括：

① 主要工作内容。

② 主要可交付成果。

③工作有关的其他信息。

（5）项目进度主要包括：

① 进度概要。

② 进度细要。

③ 与进度有关的其他信息。

（6）项目预算主要包括：

① 预算概要。

② 预算细要。

③ 其他信息。

3.5.2 项目计划的制订方法

制订项目计划的目的在于建立并维护项目各项活动的计划并用它来协调整个项目中其他所有计划，指导项目组对项目进行执行和监控。

IT 项目有其特殊性：不确定因素多、工作量估计困难，项目初期难于制订一个完全科学、合理的项目计划。在 IT 项目管理中，计划编制是最复杂的阶段，然而却最不受重视。许多人对计划编制工作抱有消极的态度，因为编制的计划常常没有促进实际行动，这对项目经理是一个严峻的挑战。

在编制计划时应该注意以下几点：

（1）注意项目计划的层次性。

（2）该详细的要详细，该简略的要简略。

（3）制订的项目计划要现实。

（4）重视与客户的沟通。

要求并提供项目人员都必须遵循的计划制订的指导方针、规范和模板，是一个组织成熟的表现，是计划编制的基础。

3.6 项目整体监督与控制

项目整体管理的第 2 个过程是项目计划实施。项目计划的实施是指管理和运行项目计划中所规定的工作。好的计划是项目成功的一半，而另一半就在于计划的实施与控制。项目整体管理将项目计划和项目执行视为互相渗透，不可分割的活动。项目整体监督与控制集中体现在项目计划的执行过程中。

改进项目计划制订和实施之间协调工作的一个简单而又适用的基本原则是："谁计划，谁实施，所有人都要按计划办事"。没有好的计划就不可能有好的结果，有了好的计划，不加强控制和监督也很难得到满意的结果。

项目经理制订和执行自己制订的计划的态度和效果直接影响其他成员制订和执行各自计划的质量和成效。项目成员要充分理解和尊重计划制订和计划执行的重要性。

以计划为准绳的积极的引导，始终是项目成功的关键要素。

3.7 项目整体变更控制

整体变更控制是指在项目生命期的整个过程中对变更进行识别、评价和管理，如图 3-4 所示。

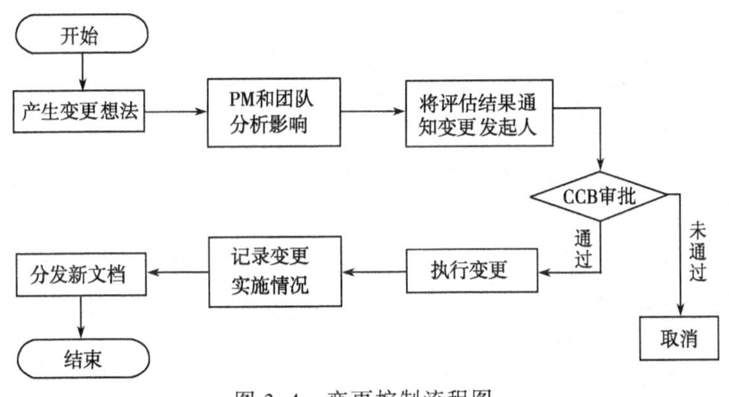

图 3-4 变更控制流程图

3.7.1 整体变更控制的目标

项目整体变更控制的主要目标是：

（1）对影响变更的因素进行分析、引导和控制，使其朝着有利于项目的方向发展。

（2）确定变更是否真的已经发生或不久就会发生。

（3）当变更发生时，对变更进行有效的控制和管理。

变更请求在软件项目中是经常发生的，并会以多种不同的形式出现，这是正常的。

变更是允许的，但应该在可控的范围内变更。

IT 项目管理中的工作重点和难点可排在首位的是整体变更控制。

IT 项目经理的主要工作是对项目的整体变更进行控制，使项目朝着提高工作效率、产生经济效益、有利于项目顺利进行，不断逼近目标的方向发展。

整体变更控制的输入和输出如图 3-5 所示。

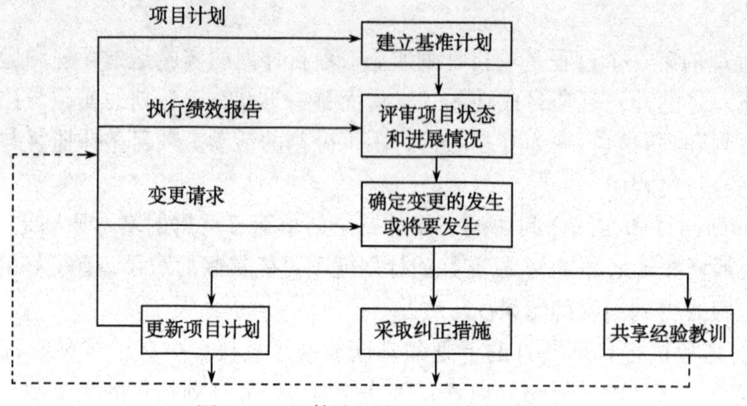

图 3-5　整体变更控制的输入和输出

3.7.2　整体变更控制的工具与技术

1. 变更控制系统

变更控制系统是指规定项目绩效如何监测与评估的一组正式的、有文件记载的程序。

变更控制系统规定了正式项目文件变更需要经过的步骤，给出了核准变更所需要的表格填写、系统追踪、各项过程以及逐级进行的审批。

项目管理班子需要建立一个小组负责建立变更控制系统，各组织对于这些小组的定义和叫法各不相同，但是一些常见的名称包括配置控制委员会（CCB）、工程审查委员会（ERB）、技术审查委员会（TRB）、技术评估委员会（TAB）等。

变更控制系统还必须包括处理未经事前审查就已实施的变更程序。

2. 配置管理

配置管理用于确保项目产品描述的正确性和完整性。软件配置管理帮助开发团队对软件开发过程进行有效的变更控制，高效地开发高质量的软件，为软件开发过程中不同的角色控制和跟踪管理提供支持与帮助。

配置管理的主要工作包括以下几点：

（1）识别并记载对象或系统的功能和物理特性。

（2）控制特性的变更。

（3）记录并报告变更及实施状况。

（4）审核对象与系统，核实是否符合要求。

3. 管理整体变更控制的方法

（1）把项目管理视为一个不断沟通和协商谈判的过程。

（2）为变更制订计划。
（3）建立正式的变更控制系统，包括变更控制委员会（CCB）。
（4）运用配置管理。
（5）制订一定的管理程序以实现较小变更的快速决策。
（6）通过书面和口头的执行绩效报告确认和管理变更。
（7）运用项目管理软件和其他软件协助进行变更管理和沟通。

案例 4　软件开发过程规范

封面（略）
修订履历（略）
目录（略）

1　目的

对软件开发过程进行规范，其目的是为了生产出符合用户需求的、易于维护的软件产品。

2　范围

项目管理委员会、需求部门、研发部门、测试部门、技术支持部门（配置管理人员）。

3　角色与职责

3.1　项目管理委员会

—启动项目。

3.2　项目经理

—组织需求评审、软件架构设计评审、数据库设计评审、测试用例评审。

3.3　需求人员

—收集、分析问题，理解项目关系人的需求；
—定义系统；
—管理需求变更；

3.4　设计人员

—分析设计软件架构；
—设计数据库；
—设计构件。

3.5　编程人员

—实施构件；
—集成系统。

3.6　测试人员

—计划测试；
—设计测试用例；
—执行测试。

4　进入准则

软件开发项目立项。

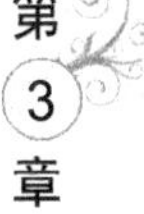

5 任务

迭代阶段	序号	任务名称	角色	任务描述	输入	输出	参考规范及指南
先启	1	收集、分析问题、理解干系人需求	需求人员	（1）项目启动之前，识别项目主要干系人 （2）了解客户目前面临的问题，与涉及的各方面就系统要解决哪些问题达成一致 （3）主要通过与客户和高层用户展开需求谈论会来确定最初的高层需求以确定我们系统的目标、范围、简历业务级的需求用例 （4）如果用户无法准确地描述需求，需求人员可以在设计人员的帮助下制作原型以获取需求，请参考用户确认指南		（1）需求查表 （2）用户确认报告 （3）界面原型	用户确认指南
	2	定义系统	需求人员	（1）简历需求用例模型 （2）根据用例模型，需求人员进一步与用户召开用例讨论会，获取用户更详细的需求，写出每一个需求用例的详尽说明，并对用例模型进一步完善。对于全局性的非功能性需求，定义在补充规约中		需求报告	需求指南

6 退出准则

软件开发项目结束。

7 测量与分析

见度量分析定义表。

8 输出模板

需求调查表（PSSP TMP RD 001）
需求报告（PSSP TMP REQM 001）
需求评审检查表（PSSP TMP REQM 002）
需求评审报告（PSSP TMP REQM 003）
界面原型（PSSP TMP VAL 004）
软件分析设计报告（PSSP TMP TS 001）
软件设计评审检查表（PSSP TMP TS 002）
软件设计评审报告（PSSP TMP TS 003）
数据库设计报告（PSSP TMP TS 004）
数据库设计评审检查表（PSSP TMP TS 005）
数据库设计评审报告（PSSP TMP TS 006）
单元测试检查表（PSSP TMP VER 007）
单元测试记录（PSSP TMP VER 017）
代码评审检查表（PSSP TMP VER 009）
代码评审记录（PSSP TMP VER 010）
软件集成方案（PSSP TMP PI 001）
集成测试记录（PSSP TMP PI 002）
系统测试大纲（PSSP TMP VER 001）

版本测试报告（PSSP TMP VER 002）
软件质量报告（PSSP TMP VER 003）
测试度量数据报告（PSSP TMP VER 004）
维护项目版本测试报告（PSSP TMP VER 005）
维护项目软件质量报告（PSSP TMP VER 006）
维护项目测试度量数据报告（PSSP TMP VER 007）
安装（卸载）测试报告（PSSP TMP VER 012）
系统测试用例（PSSP TMP VER 013）
系统测试记录（PSSP TMP VER 014）
系统测试评审检查表（PSSP TMP VER 015）
系统测试评审报告（PSSP TMP VER 016）
用户手册（PSSP TMP VAL 010）
Beta 测试报告（PSSP TMP TS 001）
用户确认报告（PSSP TMP VAL 002）
用户服务记录（PSSP TMP RD 003）

9 参考

无。

案例 5 软件推广过程规范

封面（略）
修订履历（略）
目录（略）

1 目的

指导推广工作，使推广工作规范化。

2 范围

适用于本公司的所有成熟软件的推广项目以及所有应用软件研发项目的试点用户的实施。

3 角色与职责

3.1 实施工程师：
—前期调研；
—需求调研；
—设计实施方案；
—执行实施方案，包括用户培训、投运、运行跟踪及用户确认工作。

3.2 项目经理：
—用户启动；
—审核实施方案。

4 进入准则

软件推广项目立项。

5 任务

序号	任务名称	角色	任务描述	输入	输出	参考规范及指南
1	前期调研	实施工程师	与对方项目负责人了解项目概况： （1）用户各方面的现状——人员、网络、地理分布、软件、硬件、数据等 （2）客户提出推广总体要求，即推广的时间、地点、功能模块等 （3）客户提出的其他要求与限制		需求调查表；软件推广；需求报告	
2	用户启动	项目经理	（1）启动会议前必须完成前期调研，并给出初步的项目计划 （2）召开用户方启动会议，目的是让用户重视并为项目分配资源 （3）在会议上与用户一起审核、确认项目范围、用户方干系人及职责、进度计划等		软件项目；计划书；会议记录	项目计划规范
3	用户需求调查与分析	实施工程师	（1）实施工程师调查分析用户的具体业务情况，组织结构和权限，对系统的具体需求 （2）项目组应对用户的系统需求进行分析，对于系统不能实现的需求应制订应对措施，如果涉及用户业务流程重组，需与用户沟通协商。如果需要修改系统，向该系统的维护项目组申请变更，变更的申请参见配置管理指南 （3）项目组包括客户对需求报告进行评审	需求评审检查表	需求调查表；软件推广；需求报告；需求评审报告	配置管理指南
4	设计实施方案	实施工程师 项目经理	根据用户需求设计实施方案，包括以下部分： （1）设计培训的方案，包括培训系统的配置、培训资料、培训方式 （2）设计投运的方案，包括运行系统的配置、辅助资料、数据迁移、运行方式（单双轨）、跟踪方案 （3）整体的实施进度安排 如果在实施方案的设计中有重大的方案决策，例如网络配置、主机选择等，应遵守决策与分析规范 在提交项目经理审核前，实施方案须进行同级技术评审	软件实施方案评审检查表	软件实施方案；软件实施方案评审报告	决策与分析规范
5	用户培训	实施工程师	（1）实施工程师安装、配置培训系统，输入培训用数据，准备培训材料，可以基于相同的用户类型复用以前项目的培训材料 （2）实施工程师采用集中或现场方式培训用户，让用户进行一定的练习以了解系统，基本能够独立操作系统。将用户手册提交给用户 （3）实施工程师将用户在使用系统中的问题记录在用户沟通记录中 （4）系统需要修改才能满足用户需求的，应在系统修改后再次给用户培训修改部分，及时收集用户反馈 （5）实施工程师向在场受训人调查培训满意度和现场支持情况		用户沟通记录； 用户手册；用户培训记录；用户培训情况调查表； 现场支持调查表	

续表

序号	任务名称	角色	任务描述	输入	输出	参考规范及指南
6	试用跟踪	实施工程师	（1）培训结束后，组织用户进行试用。实施工程师应以适当的频度跟踪用户的试用情况，了解用户的反馈。可以使用 Beta 测试的形式组织用户进行试用 （2）记录用户在试用系统中的问题，尽快处理并将处理结果及时反馈给用户 （3）实施工程师向现场用户调查现场支持情况		用户沟通记录； Beta 测试报告； 现场支持调查表	
7	投运	实施工程师	（1）安装前需检查网络、服务器、支持软件环境等。检查无误后安装、配置正式运行的系统并进行调试，调试之前设计调试用例及调试环境并提交项目经理审核 （2）组织用户整理并输入基础数据，如果需要迁入其他系统的数据，实施工程师要协助用户完成数据迁移 （3）实施工程师记录用户在整理或输入数据过程中的问题，尽快处理并将处理结果及时反馈给用户 （4）督促用户及时发布投运通知 （5）实施工程师向现场用户调查现场支持情况		安装调试记录； 用户沟通记录； 现场支持调查表	
8	运行跟踪	实施工程师	（1）系统正式运行后，实施工程师应以适当的频度跟踪用户的使用情况和用户的反馈； （2）用户在使用系统中的问题，尽快处理并将处理结果及时反馈给用户； （3）实施工程师对用户的使用情况和用户的反馈进行分析，形成用户使用情况分析报告 （4）实施工程师向现场用户调查现场支持情况		用户沟通记录； 用户使用情况分析报告；现场支持调查表	
9	用户确认	实施工程师	组织用户根据需求对系统进行确认，形成用户确认报告		用户确认报告	
10	管理需求变更	实施工程师	在实施过程中，用户或客户可能提出推广需求变更或者产品功能需求变更或缺陷，实施工程师应该通过公司技术支持网站或电话等方式收集用户的需求变更。管理需求变更应遵守配置管理指南要求。关闭变更前需与用户通过公司技术支持网站、电话、邮件等方式进行沟通，让用户了解变更的处理情况和处理结果	配置管理指南	用户沟通记录； 公司技术支持网站	

6 推出准则

项目结束。

7 测量与分析

见度量分析定义表。

8　**输出模板**

需求调查表（PSSP TMP RD 001）
软件推广需求报告（PSSP TMP REQM 004）
软件项目计划书（PSSP TMP PP 001）
会议记录（PSSP TMP PMC 001）
软件实施方案（PSSP TMP TS 007）
软件实施方案评审检查表（PSSP TMP TS 008）
软件实施方案评审报告（PSSP TMP TS 009）
用户手册（PSSP TMP TS 010）
用户培训记录（PSSP TMP TS 011）
用户培训情况调查表（PSSP TMP TS 012）
现场支持调查表（PSSP TMP VER 013）
安装调试记录（PSSP TMP VER 011）
用户使用情况分析报告（PSSP TMP VAL 003）
用户确认报告（PSSP TMP VAL 002）
用户沟通记录（PSSP TMP RD 003）

9　**参考**

无。

案例6　IT项目管理文档

该案例中的项目管理文档全部由大三学生组成的软件开发项目小组所做，因篇幅所限仅节选了其中的部分内容，编者对格式做了一些调整，文字未做任何改动。

最终项目文件列表

项目名称：爱JOB招聘网		项目经理　袁娟
启动阶段文件列表	工作分解结构图	
	WBS分析	
	市场调查报告	
	可行性分析报告	
	立项建议书	
	立项书	
计划阶段文件列表	团队组织结构图	
	人员配备计划	
	资源需求计划	
	项目开发计划	
	网络图与时间差	
	风险影响表	
	风险概率表	
	项目成本分析	

续表

项目名称：爱 JOB 招聘网	项目经理　袁娟
执行控制阶段文件列表	项目汇报
	详细设计说明书
	概要设计说明书
	网流程图
	功能模板
	测试报告说明书
收尾阶段文件列表	产品质量评审表
	软件验收单
	成员经验教训报告
	项目团队内部经验总结报告
	最终内部总结报告
	项目成员述职报告
	最终项目用户移交报告
	最终项目文件列表
	内部验收报告
	项目验收单
会议文件列表	
审计文件列表	
用户交付文件列表	软件验收单、可行性分析报告、项目汇报、测试报告说明书、项目开发总结报告、调查报告、风险分析、成本分析、人员配备、项目计划、IT 项目产品质量评审表告、最终项目用户移交报告
	项目经理签字：袁娟 日　　　期：2010-12-16

知识拓展——项目范围的整体性及方案整合

项目范围是为达到项目目标要求所要完成的工作。项目范围内的工作如同人体的各个器官，缺一不可。项目范围定义的主要工具——工作分解结构（WBS）是确保项目整体性的重要条件。

范围整合后，不同的技术和管理方案对不同的项目利益主体和不同的项目目标会有不同的影响。这种情况下，项目管理就要对各种方案加以整合，权衡各方面的利弊，找出可接受的方案，或找出折中方案。

方案比较的方法可分为两大类：

（1）经验判断法：利用决策者在相关领域里的知识、经验、记忆、直觉和主观判断能力，对方案进行评价。常用的判断方法有头脑风暴法、专家会议法、专家调查法、优缺点列举法和评分法等。

（2）经济计算法：通过对已经量化的指标进行准确的计算，选出最优方案。经济计算法主要是计算费用和效益，主要分为成本比较法、投资回收期法和投资收益法。

1. 成本比较法

成本比较法是比较全寿命周期成本，选择成本最低的方案。全寿命周期成本是指在系统或产品的整个使用寿命期内，获得（设计、生产、安装、测试 等等）、运营与维护及寿命期结束时对产品的处置所发生的全部成本，包括开发成本、生产成本、运作成本和维护成本。

2. 投资回收期法

投资回收期法是比较投资回收期，选择投资回收期最短的方案。投资回收期可分为静态投资回收期和动态投资回收期，静态投资回收期不考虑资金占用成本（时间价值），通常使用项目建成后年现金流量衡量；动态投资回收期则需要考虑资金占用成本（时间价值），通常使用项目建成后年贴现现金流量（净现值）衡量。投资回收期的公式如下：

$$投资回收期=\frac{项目总投资}{年收益额+年计提折旧额+年无形资产摊销额}$$

例如某公司投资一个项目，第 1 年年初一次性投入资金 1000 万元，第 1、2、3、4、5 年底分别回收 500 万、300 万、200 万、200 万、200 万，现在的市场收益率为 10%，请分别用静态投资回收期法和动态投资回收期法计算多长时间能够将投资收回。

（1）静态投资回收期法：

$$-1000+500+300+200=0$$

即不计市场收益时 3 年收回投资。

（2）动态投资回收期法：

$$-1000+500/(1+10\%)+300/(1+10\%)^2+200/(1+10\%)^3+200/(1+10\%)^4=-10.658$$

可见 4 年都没能收回投资，具体的投资回收期要看第 5 年的收益。那么：

$$10.658/(200/1.1^5-10.658)=0.094$$

即投资回收期为 4+0.094=4.094 年。

如果投资日期是第 1 年的 1 月 1 日，一年以 365 天计，那么投资回收期是第 4 年的第 34 天，这一天收回成本。

3. 投资收益法

投资收益法是比较投资收益率的大小，选择投资收益率大的方案。一个项目的投资收益率是指该项目投资一段时间后利润和成本相等的百分率。它是反映项目投资获利的能力的指标，其数值等于产品投资回收期的倒数。

对于上面的例子而言，投资收益率=1/4.094 × 100%=24.43%。

小　　结

项目管理的各个过程，在某些方面可能存在冲突，如项目质量、进度和成本 3 个目标既互相关联，又相互矛盾。项目管理就需要整合三者的关系，最终使整个项目达到成功。项目整体管理是指为确保项目各项工作能够有机协调且相互配合所开展的综合性和全局性的项目管理工作及过程。下面 3 个关键性的过程需要做的整合工作最多：项目管理计划开发、项目整体监督与控制（计划实施）、项目整体变更控制。项目计划开发是指通过使用项目其他专项计划过程所生成的结果（即项目的各种专项计划），运用整合和综合平衡的方法，制订出用于指导项目实施和管理的整合性、综合性、全局性、协调统一的整合计划文件。项目计划实施过程是完成整个项目计划任务的过程。在这一过程中，项目的各种目标需要被实现，各项专项计划需要被落实。在项目整合计划的实施中，必须开展对于项目变更的总体控制，以协调和管理好项目各要素的变更要求和各项目干系人提出的项目变更要求。

习题与思考

1. 项目变更的 3 个最主要因由是________

   A. 项目经理或关键项目队伍成员有所变更，高级管理层相互地位的改变，履约出现困难

   B. 时间，资源或成本相对重要的改变，以及可交付成果的新知识及技术不确定性

   C. 最初评估怎样达到项目目标时的失误和有关可交付成果的新信息和新的委派

   D. 未能获取职能经理所承诺的资源，成本超支，客户更改要求

2. 变更控制系统不包括下列选项中的________。

   A. 文书工作　　B. 跟踪系统

   C. 授权核准的级别　　D. 成功谈判的动机

3. 有效的项目综合通常要求加强________。

   A. 队伍成员的个人能力　　B. 及时更新的项目计划

   C. 在界面关键点的有效沟通　　D. 高级管理层的控制

4. 项目管理是一个整体化过程。各组管理过程与项目生命期的各个阶段有紧密的联系，每组管理过程在每个阶段中至少发生一次，必要时会循环多次。项目阶段的整合需要通过可交付成果的交接来实现。在各组管理过程中有 3 个关键性的过程需要做的整合工作最多，它们是________、________和________。

   A. 起始　　B. 项目计划开发　　C. 项目执行

   D. 整体变更控制　　E. 结束过程

5. 请说明项目整合管理的主要应用。

6. 请解释项目整合管理的定义。

7. 什么是项目计划开发。

8. 什么是项目计划实施。

9. 什么是项目变更的总体控制要求。

10. 项目变更总体控制的结果包括哪些内容。

第4章 项目范围管理

IT项目最大的问题是项目需求与范围的不确定性和易动性。项目的首要工作是有效地控制项目范围。项目范围是指产生项目产品阶段包括的所有工作及产生这些产品经过的所有过程。项目范围的定义包括项目产品范围和项目工作范围两个方面的含义。

项目范围管理是指对项目包括什么与不包括什么的定义与控制过程。项目范围管理的主要任务是保证项目利益相关者在项目要产生什么样的可交付成果方面达成共识，也要在如何生产这些可交付成果方面达成共识。

4.1 项目范围与范围管理

项目范围是指产生项目产品所包括的所有工作及产生这些产品所有的过程。项目干系人必须在项目要产生什么样的产品方面达成共识，也要在如何生产这些产品方面达成一定的共识。项目范围管理是指对项目包括什么与不包括什么的定义与控制过程。这个过程用于确保项目组织和项目干系人对作为项目结果的项目产品以及生产这些产品所用到的过程有一个共同的理解。

范围管理（Scope Management）保证项目包含且只包含所有要做的工作，它主要涉及定义并控制哪些是项目范畴内的，哪些不是。“包含且只包含”的思想也是PMI的政策——“不做额外工作”（No Extra），或“不要镀金膜”（No Gold-Plating）。项目范围管理实际上就是对项目应该做什么和怎样去做而做出的相应的定义和控制，简而言之，就是对项目需求的管理和项目过程的管理。

4.1.1 需求与范围

1. 项目需求

需求包括明确的需求和隐含的需求。明确的需求有客户提出的需求，也有合同标明的需求。隐含的需求有不言而喻的需求、调查发掘的需求、变革引导的需求。

客户满意度=客户体验值/客户的期望值。客户的期望值就是客户的需求，一般可以从现有服务不够，解脱繁重劳务，缩短服务时间，改变顾客习惯，引导顾客需求等。而研究客户体验值需要做的是：与顾客交换角色，与顾客沟通交流，研究顾客的行为等几个方面去识别客户的期望值。

2. 需求与范围

需求决定范围，范围体现需求，两者之间的关系如图4-1所示。

图 4-1　需求与范围的关系

软件项目范围说明书一般以下述形式表示。

【例 4.1】×××系统需求规格说明书

1. 引言

1.1　目的

1.2　文档约定

1.3　预期的读者和阅读建议

1.4　项目范围

1.5　参考资料

2. 总体描述

2.1　产品前景

2.2　产品功能

2.3　用户类和特征

2.4　运行环境

2.5　设计和实现上的限制

2.6　用户文档

3. 系统特性

3.1　系统特性

3.1.1　描述和优先级

3.1.2　激励/响应序列

3.1.3　功能性需求

4. 外部接口需求

4.1　用户界面

4.2　硬件接口

4.3　软件接口

4.4　通信接口

5. **其他非功能需求**

5.1 性能需求

5.2 防护性需求

5.3 安全性需求

5.4 软件质量属性

6. **其他需求**

附录 1 术语表

附录 2 分析模型

附录 3 待确定问题清单

4.1.2 范围与范围管理

范围的确定是逐渐进行的，从最初对于项目最终交付成果的概念，到在项目发展中对于交付成果越来越细节描述的文件，逐步深入。

项目应该交付所有在项目范围内所描述的内容。

范围内不包括的任何工作都不应该在项目中开展。

产品范围是项目范围的基础，产品的范围定义是信息系统要求的度量，而项目范围的定义是产生项目计划的基础。判断项目范围是否完成，要以项目管理计划、项目范围说明书、工作分解结构、工作分解结构词汇表来衡量。

项目范围的确定与管理直接关系到项目的整体成功。

（1）项目范围管理的步骤如下：

① 把客户的需求转变为对项目产品的定义。

② 根据项目目标与产品分解结构，把项目产品的定义转化为对项目工作范围的说明。

③ 通过工作分解结构（WBS）定义项目工作范围。

④ 项目干系人认可并接受项目范围。

⑤ 授权与执行项目工作，并对项目进展进行控制。

（2）项目范围管理的过程如下：

① 范围规划。

② 范围定义。

③ 制作 WBS。

④ 范围核实。

⑤ 范围控制。

具体过程的输入、输出详见图 4-2 所示的项目范围管理过程。

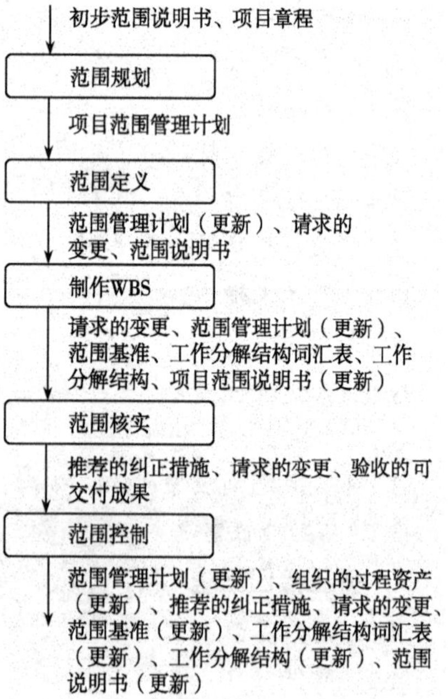

图 4-2 项目范围管理过程

4.2 范围管理计划编制

项目的范围管理计划是对项目的范围进行确定、记载、核实管理和控制的行动指南。与项目范围计划不同，范围计划是描述项目的边界，而范围管理计划是如何保证项目边界应该采取的行为。

4.2.1 计划的编制依据

项目范围管理计划的编制是建立在项目启动的基础上，主要考虑的依据有：环境因素、组织过程资产、项目章程和项目初步范围说明书。

环境因素既是项目的资源状况描述，又是项目的资源约束，简要交待项目建设的环境和可以利用的资源。

组织过程资产包括长期积累的符合企业自身特点和所在领域特点的项目管理体系（项目的组织、项目的子过程、项目管理工作程序）以及组织共享的知识库。

项目章程详见第 3 章。

范围说明书是在项目参与人之间确认或建立一个项目范围的共识，作为未来项目决策的文档基准。范围说明书中至少要说明项目论证、项目产品、项目可交付成果和项目目标。项目目标应该有标志（如成本、单位）和绝对的或相对的价值。尽量避开不可量化的目标（如客户的满意程度），因为它会让项目承担很高的风险。

范围计划是指进一步形成各种文档，为将来的项目决策提供基础，这些文档中包括用以衡量一个项目或项目阶段是否已经顺利完成的标准等。作为范围计划过程的输出，项目组要制订一个范围说明书和范围管理计划。

范围计划描述的是项目的边界，而范围管理计划是如何保证项目边界应该采取的行为，即描述项目范围如何进行管理，项目范围如何变化才能与项目的要求相一致等问题。范围管理计划应该包括对项目范围预期的稳定而进行的评估（如如何变化、变化频率如何及变化了多少），也应该包括如何确定变化范围，变化应归为哪一类（当产品特征仍在被详细描述时，做到这点特别困难，但绝对必要）等问题的清楚描述。

4.2.2 范围管理计划的内容

范围管理计划包括以下内容：

（1）如何从项目初步的范围说明书来编写详细的范围说明书。

（2）如何从详细的范围说明书编制工作分解结构（WBS），并核准和维持该工作的分解结构。

（3）如何核实和验收项目所完成的可交付成果。

（4）如何进行变更请求的批准。

例如，对于工作分解结构的编制指南可能有以下内容：

（1）确定工作分解结构满足职能和项目的要求，包括重置和非重置成本。

（2）检查工作分解结构是否为所有的项目工作提供了逻辑细分。

（3）保证每一个特定层的总成本等于下一个层次构成要素的成本和。

（4）从全面适应和连续角度来检查工作分解结构。

（5）所有的工作职责需制订到个人或组织。

范围管理中的常见问题和建议如表 4-1 所示。

表 4-1　范围管理中的常见问题和建议

常见问题	建　议
不完整的需求	得到完整的需求
缺乏用户参与	联系所有的项目利益相关人
不现实的期望	加强沟通
需求改变	进行范围控制
缺乏计划	增强项目计划
在压力下放弃计划	增强项目计划
遗漏必要的任务	加强范围确认
开发人员的镀金	界定项目边界
功能蔓延	进行范围控制

4.3　项目范围定义

4.3.1　范围定义概述

范围定义是根据范围规划过程定义的范围管理计划，采取一定的方法，逐步得到精确的项目范围。范围定义对项目而言非常重要，它增加项目时间、费用和资源估算的准确度，定义了实施项目控制的依据，明确了相关责任人在项目中的责任。

IT 项目的工作是一次性的独特工作，“怎么做？”、“做到什么程度？”，都是项目范围定义必须回答的问题。范围定义是指将项目主要的可交付成果细分成较小的、更易管理的组分。这个过程中，项目组要建立一个工作分解结构（Work Breakdown Structure，WBS）。

范围定义最重要的任务就是详细定义项目的范围边界，范围边界是应该做的工作和不需要进行的工作的分界线。

范围边界的定义往往来源于项目初步范围说明书和批准的变更。有些项目并没有项目的初步范围说明书，而是利用产品的范围说明书。产品的范围是决定项目范围的重要因素。

在进行范围定义时，信息系统项目范围边界不可避免地受到开发工具（代码库、类库、快速开发语言其他支持工具等）的限制，如图 4-3 所示。

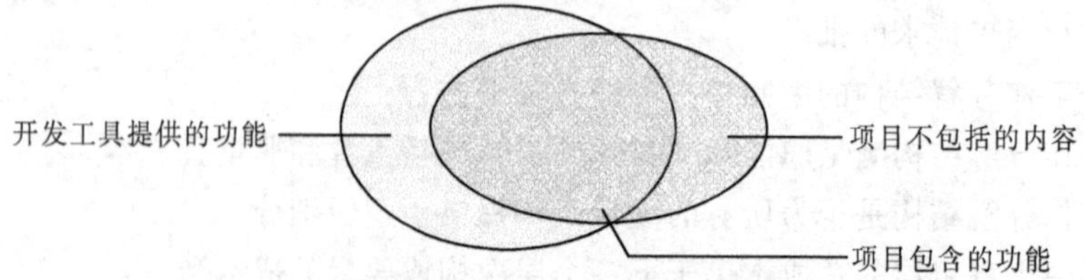

图 4-3　信息系统项目范围边界受到的限制

4.3.2 范围定义过程

范围定义过程的输入是组织过程资产、项目章程、项目初步范围说明书、项目范围管理计划、批准的变更请求；输出是项目范围说明书；运用的工具与技术有产品分析、替代方案识别、专家判断、项目干系人分析等。图 4-4 所示为项目范围定义过程。

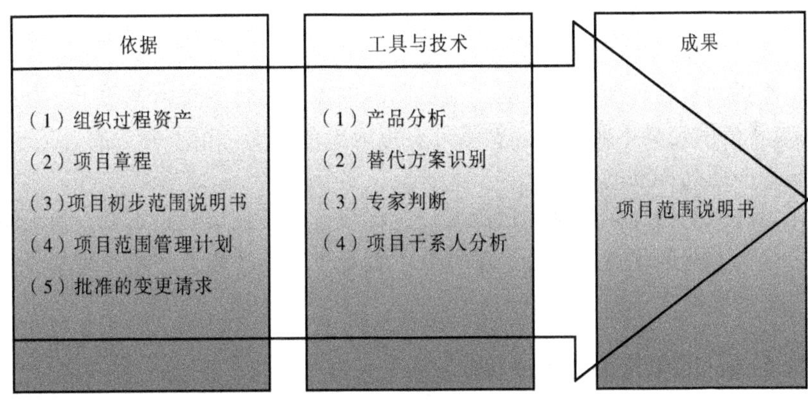

图 4-4 项目范围定义过程

4.3.3 项目范围说明书

详细的项目范围说明书是初步项目范围说明书的进一步细化。详细项目范围说明书详细地说明了项目产品或可交付成果及生成这些项目交付成果所要求的工作。

详细的项目范围说明书应该是项目相关利益主体对有关项目目标和要求的共同意愿表述，人们可以由此制订后续的详细计划和业绩评估基线，并开展各项项目工作。

详细的项目范围说明书主要包括以下内容：

（1）项目目标和项目范围指标。

（2）项目产品范围说明。

（3）项目可交付成果的规定。

（4）项目约束条件和假定条件。

（5）项目配置关系及其管理要求。

（6）项目批准的规定。

在软件项目中，软件系统范围经常表现为软件需求规格说明书（Software Requirements Specifications，SRS）。SRS 又称功能规格说明、产品规格说明、需求文档或系统规格说明；SRS 精确地阐述一个软件系统必须提供的功能和性能以及它所要考虑的限制条件；SRS 不仅是系统测试和用户文档的基础，也是所有子系列项目规划、设计和编码的基础。

软件项目的目标是开发或实施某软件系统或产品，软件系统范围是软件项目范围中最重要的部分，通常以 SRS 等文档来表示和确认。

SRS 主要包括以下内容：

（1）功能特征描述。

（2）系统接口描述。

（3）质量特征描述。

4.4 工作分解结构技术

工作分解结构（Work Breakdown Structure，WBS）是一种为了便于管理和控制而将项目工作任务分解的技术。WBS是一种以可交付成果为分解对象、以结果为导向的分析方法。通过WBS对项目所涉及的工作进行分解，所有的这些工作便构成了项目的整体范围。

WBS的建立对项目来说意义非常重大，它使得原来看起来非常笼统、非常模糊的项目目标变得清晰，使得项目管理变得有依据，项目团队的工作目标变得清楚明了。如果没有一个完善的WBS或者范围定义不明确时，就不可避免地出现变更，很可能造成返工、延长工期、降低团队士气等一系列不利的后果。

制订一个 WBS 的指导思想是逐层深入。先将项目成果框架确定下来，然后再对每层进行工作分解，这种方式的优点是结合进度划分，直观且时间感强，评审中容易发现遗漏或多出的部分，也更容易被大多数人理解。

4.4.1 工作分解结构的用途与模板

1. WBS的用途

（1）WBS确定了项目整个范围，并将其有条理地、分层次地组织在一起。

（2）通过WBS，项目工作被分解为较小和更加容易管理的多项工作，而每下降一个层次意味着对其进行了更详尽的说明。

（3）属于工作分解结构底层组成部分的计划工作叫做“工作细目”，可以安排在进度表中，用来估算费用，进行监视和控制。

WBS可以实现的项目管理功能如图4-5所示。

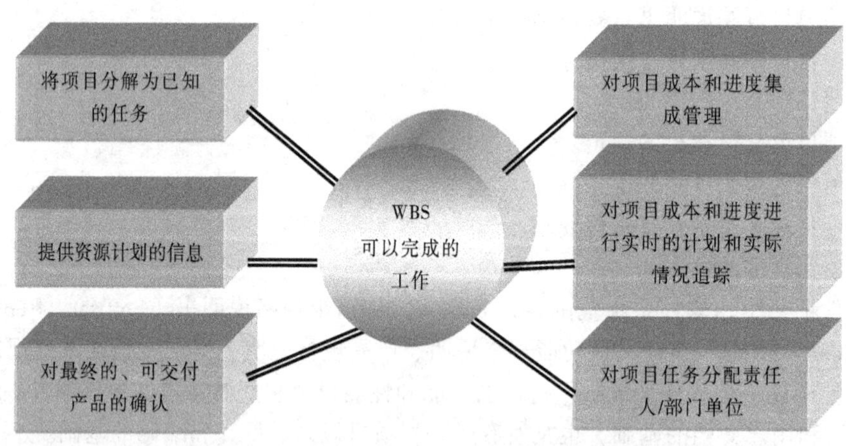

图4-5 WBS可以实现的项目管理功能

2. WBS模板

由于多数项目在某种程序上具有相似性，尽管每个项目是唯一的，但 WBS 还是经常能被“重复使用”。例如从每个阶段看，许多项目中给出的组织形式都有相同或相似的生命期和因此而形成的相同或相似的工作细目要求。

工作分解结构词汇表模板如图4-6所示。

项目信息：（提供项目名称、客户名称、项目经理以及项目发起人等方面的一般信息）			
项目名称：		客户起草：	
项目经理：		计划起草人：	
项目发起人：		日期：	

工作分解结构词汇表：（描述工作分解结构的活动名称，每个活动的历时估计、成本估计，每个活动的前导活动以及责任人等方面的信息）

WBS 编码	活动名称	历时估计	成本估计	前导活动	责任人

图 4-6　工作分解结构词汇表模板

许多应用领域都有标准或半标准的 WBS，这些可以作为新项目范围定义的模板使用。

【例 4.2】 某国防装备项目有界定标准的 WBS 为防御材料项目服务。

图 4-7 和图 4-8 所示为某国防装备项目中航空系统和飞机系统的工作分解结构模板图。

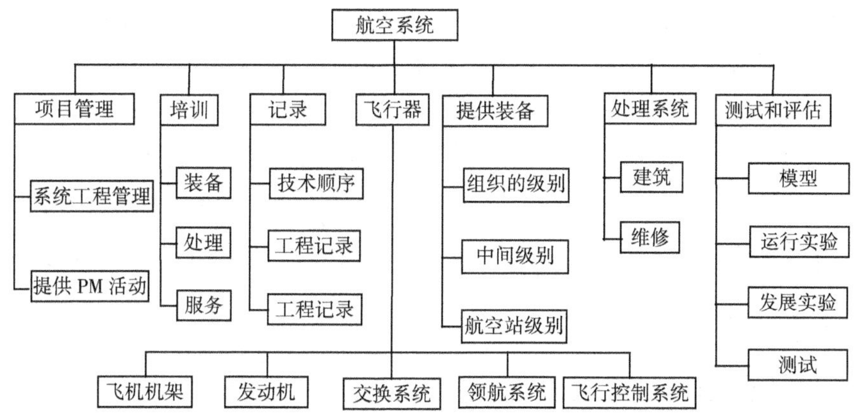

图 4-7　某国防装备项目中航空系统的工作分解结构模板图

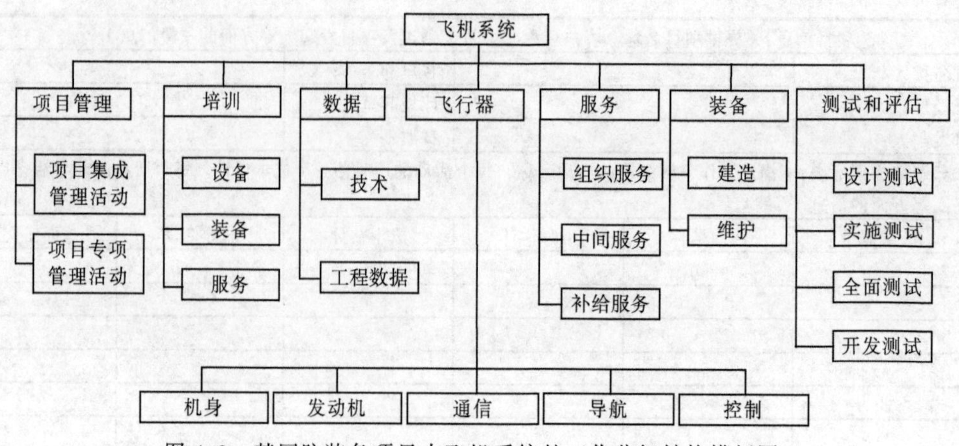

图 4-8　某国防装备项目中飞机系统的工作分解结构模板图

4.4.2　工作分解结构的表示方法与分解方法

1. WBS 的表示方式

WBS 的表示形式有两种：树形的层次结构图、行首缩进的表格。

图 4-7 和图 4-8 所示为 WBS 的树形的层次结构图方式。

在实际应用中，表格形式的 WBS 应用比较普遍，特别是在项目管理软件中非常常见。表格形式的 WBS 详见本章案例 8。

2. WBS 的分解方式

WBS 的分解可以采用多种方式进行，包括以下几种方式：

（1）按产品的物理结构分解。

（2）按产品或项目的功能分解。

（3）按照实施过程分解。

（4）按照项目的地域分布分解。

（5）按照项目的各个目标分解。

（6）按部门分解。

（7）按职能分解。

（8）按项目阶段分解。

软件项目可按项目阶段分解，如图 4-9 所示。

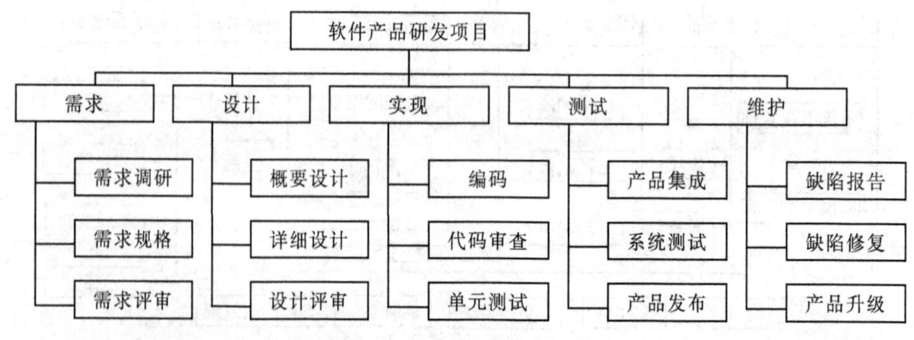

图 4-9　软件产品项目 WBS

4.4.3 工作分解结构的分解原则

WBS 的主要分解原则如下：

（1）一个单位的工作任务只能出现在 WBS 中的同一个地方。

（2）WBS 必须与工作任务的实际执行过程一致。WBS 首先服务于项目组，若可行，再考虑其他目的。

（3）项目组成员必须参与 WBS 的制订，以确保一致性和全员参与。

（4）每一个 WBS 项必须归档，以确保准确理解该项包括和不包括的工作范围。

（5）在正常的根据范围说明书对项目工作内容进行控制的同时，还必须让 WBS 具有一定的灵活性以适应无法避免的变更需要。

（6）符合专业资质分类要求。

（7）最多使用 20 个层次，对于一些较小的项目，4～6 层一般就足够了。

（8）WBS 中的支路没有必要全都分解到同一层次，即不必把结构强制做成对称的。在任意支路中，当达到某个层次时即可做出所要求准确性的估算时就可以停止分解。

【例 4.3】校园网项目的 WBS 分解结构。

在做校园网项目的 WBS 分解结构及其工作内容说明时，要使我们提出的 WBS 分解结构下的每一个产品/设施，都可以对应着工程量清单及其计量规则的一项或多项，以独立地计算其工程量，也对应着综合布线施工产品选用技术中的一项或多项，以获得该产品/设施的选用技术/技术要求、供应商的信息等，并满足工程竣工验收的程序和要求。

根据前述的分解原则，对校园网项目做以下两种类型的分解：第一种为校园网项目全过程管理工作的 WBS 分解（见表 4-2）；另一种为校园网项目的 WBS 分解（见表 4-3）。

表 4-2 校园网工程项目全过程管理工作的 3 级分解

第1级	工程项目策划和决策阶段								工程项目准备阶段								工程项目实施阶段				工程项目竣工验收和总结评价阶段		
第2级	工程项目规划			工程项目选定			工程项目决策		工程设计				工程招标				工程实施				工程验收和移交		
第3级	区域开发规划	部门（行业）发展规划	规划评估	项目投资机会研究	项目建议书	辅助研究（专题研究）	可行性研究	项目评估及决策	方案设计	初步设计	技术设计	施工图设计	设计（方案）招标或竞赛	监理招标	施工招标	主要材料设备招标	施工准备	施工	监理	主要材料设备采购	竣工验收	运营及培训	质量保修

表 4-2 遵循了我国有关法律规定的基本建设程序，是阶段性工作的分解。工程招标是整个项目全过程管理工作中反复需要的任务，也将它单独列出。

表 4-3 中，工程项目可由一个或多个单项工程组成，形成第 1 级分解。对任意一个单项工程进一步分解，借鉴 Uniformat II，形成第 2 级和第 3 级分解。除机电设备安装工程部分外，第 2 级分解基本类似于单位工程的分类，进一步按可独立交付的项目产品做第 3 级

分解。对机电设备安装工程部分则按可独立交付的设施分类，还结合了我国的专业设计/施工资质要求。

表 4-3　校园网工程项目的 3 级分解

第1级	校园网工程项目的单项工程																																				
第2级	组网方案			服务器系统设计		网络安全设计						网络管理						结构化综合布线设计				综合布线主要分项工作的施工										信息管理系统		网络发布平台			
第3级	网络系统应达到的功能	网络系统设计原则	网络系统详细设计	服务器的选型	网络操作系统的选择	安全体系总体结构	防火墙设计	应用级安全	园区级安全	网络防病毒设计	网络系统场地要求	网络管理的内容	网络管理策略	设备的管理	网络性能分析优化	网络的故障排除	服务器的维护	系统组成	系统设计目标及原则	客户需求分析及设计假定	系统详细设计	器材检验	线缆的敷设	线缆的端接	光纤的熔接	设备的安装	线缆的测试	光纤测试	板槽安装	电缆桥架的安装	线管的安装	数字校园的组成	数字校园的功能模块	网站建设目标	网站特色	平台的功能模块	网站页面设计

以上两种分解的相互关系是：后者在项目全过程管理工作的不同阶段，为前者提供不同的项目 WBS 分解的层次，以满足不同阶段计划和控制管理的需要。例如，从工程项目的造价计算来看，项目立项时，我们可能只有项目全过程管理工作的 WBS 分解；到项目可行性研究阶段，我们就会有项目 WBS 第 1～3 级分解，以完成估算造价；到项目初步设计结束，会形成整个项目的 WBS 分解结构，以完成概算造价；到项目施工阶段，WBS 分解最底层工作包的活动/施工工序也已形成，以完成施工图预算造价或者竣工结算与决算造价。

通过表 4-2 和表 4-3 内容的统一编码，利用计算机技术便可形成统一的信息平台，从而识别、查询或追踪建设工程项目的所有工作。

4.5　项目范围核实与范围变更控制

4.5.1　项目范围核实

项目范围核实是指对项目范围的正式认定，项目主要干系人，如项目客户和项目发起人等需要在这个过程中正式接受项目可交付成果的定义。

项目范围核实的过程是范围确定之后，执行实施之前各方相关人员的承诺问题。一旦承诺则表明你已经接受该事实，那么就必须根据承诺去实现它。这也是确保项目范围能得到很好的管理和控制的有效措施。范围核实其实就是指利益相关者对项目范围的正式接受。

项目范围确认的对象是项目范围定义所生成的主要文件。项目范围确认的依据包括项目定义、项目范围定义的各种依据和项目施工的结果以及有关项目所要提供产出物的文件等。

范围核实与质量控制的区别在于，范围核实关心验收可交付成果，而质量控制主要关心满足为交付成果规定的质量要求。

IT 项目范围核实的步骤如下：

（1）确定需要进行范围核实的时间。

（2）识别范围核实需要哪些投入。

（3）确定范围正式被接受的标准和要素。

（4）确定范围核实会议的组织步骤。

（5）组织范围核实会议。

项目范围确认的方法和技术主要应用在项目范围核检表和项目工作分解结构检核表中。

项目范围核检的主要内容如下：

（1）项目目标是否完善和准确，指标是否可靠和有效。

（2）约束和限制条件是否真实和符合实际，重要假设前提是否合理。

（3）风险是否可以接受。

（4）成功把握是否很大。

（5）范围定义是否能够保证上述目标的实现。

（6）范围能够给出的效益是否高于成本，范围定义是否需要进一步进行辅助性研究。

项目工作分解结构检核的主要内容如下：

（1）项目目标的描述是否清楚。

（2）生成物的各项成果的描述是否清楚。

（3）所有成果是否都是为实现项目目标服务的。

（4）工作分解结构中的工作包是否都是为形成项目某项成果服务的。

（5）项目目标的层次描述是否清楚，工作分解结构的层次分解结构是否合理。

（6）工作分解结构的层次是否与项目目标层次的描述统一。

（7）工作、成果、目标和目标之间的逻辑是否正确、合理。

（8）工作分解结构各项工作所需资源是否明确与合理。

（9）工作分解结构总体协调是否合理。

（10）指标值是否是可度量的数量、质量、时间指标。

（11）工作是否有合理的数量、质量和时间度量指标。

（12）指标值与项目工作绩效的度量标准是否匹配。

4.5.2 项目范围控制

一个项目的范围计划制订得再好，但不出现任何改变几乎是不可能的。项目组必须意识到范围变更本身并没有什么不对，很多时候会让系统更健壮、更实用。客户通常不能一开始就确定所有需求，而且情况也会随时间而变化，如果不能包容变更，那么最终的解决方案就可能达不到应有的价值。

但是如果变更失控，后果也非常严重，甚至导致整个项目失败。根据 1995 年斯坦迪什公司的研究结果，最可能引起 IT 项目失败的前 3 个因素分别为：缺乏用户参与、不完整的要求和说明、易变的要求和说明，这几个因素都直接或间接地与范围变更管理有关。范围变更的表现形式多种多样，如客户改变对功能需求的想法、项目预算发生改变甚至项目环境发生变化等。在 IT 项目中，范围变更可能来自服务商、供应商或者客户，也可能来自项目组织内部。

（1）产生变更可能的原因有以下几点：

① 需求不明确。

② 系统实施时间过长。

③ 用户业务需求改变。

④ 系统正常升级。

变更控制的目的不是控制变更的发生，而是对变更进行管理，确保变更有序进行。范围变更控制是指对有关项目范围的变更实施控制。主要的过程输出是范围变更、纠正行动与教训总结。项目范围控制关心的是对项目范围变更的因素施加影响，并控制这些变更，使它朝着有利于项目成功的方向发展。图 4-10 所示为项目范围变更框图。

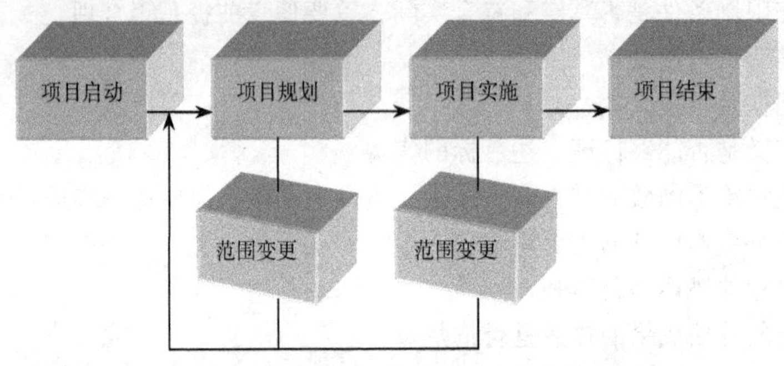

图 4-10　项目范围变更

通常对发生的变更需要识别是否在既定的项目范围之内。如果是在项目范围之内，就需要评估变更所造成的影响，以及应对的措施，受影响的各方都应该清楚自己所受的影响；如果变更是在项目范围之外，就需要商务人员与用户方进行谈判，看是否增加费用，还是放弃变更。

（2）进行项目范围控制时，需要重点考虑以下几个方面：

① 范围控制是必须的，世界上不存在没有变化的 IT 项目。

② 项目范围变化，并不仅仅意味着工作量的增加。

③ 项目范围控制的目的不是阻止变更的发生。

④ 积极地、主动地进行项目范围管理，使变更朝着有利于项目顺利完成的方向发展。

4.5.3　项目范围变更流程

再好的计划也不可能做到一成不变，因此变更是不可避免的，关键问题是如何对变更进行有效的控制。控制好变更必须有一套规范的变更管理过程，在发生变更时遵循规范的变更程序来管理变更。范围变更控制程序如图 4-11 所示。

1. 范围变更流程中的 4 个关键点

目前流行的变更管理思想认为在范围变更流程中有 4 个关键点必须严格控制，即谁有权确认变更、什么样的变更需要执行、变更的影响有多大、客户是否接受变更的代价。

（1）授权（谁有权确认变更）。不应当为节省时间而允许客户的业务人员与开发人员直接联系，因为这样无法控制变更。必须事先明确客户方有权提出变更请求的人员和项目组有权受理变更的人员，变更请求必须有书面材料。

客户出钱请项目组来做实施，这应该算是“公对公”的事情，如果有用户以“私人感情”为由要求范围变更，开发人员可以拒绝。

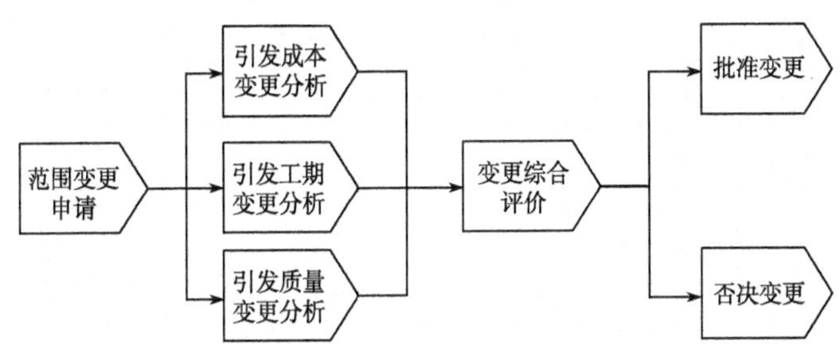

图 4-11　范围变更控制程序

用户如果发现由于业务变化而引起的需求变更，需要向客户方项目负责人提出书面申请，由客户方项目负责人审批后移交实施方项目经理。

对所有的变更，双方的项目负责人都能做到心里有数。而且用户在递交书面变更申请时比较慎重，一般都在自己科室内部经过讨论后进行，这样减少了因用户内部看法不同导致的反复变更。

（2）审核（什么样的变更需要执行）。不是所有的变更都需要修改，更不是所有的变更都需要立刻修改。必须对客户提出的范围变更进行审核，然后决定哪些变更需要修改和什么时候修改。

客户一般对 IT 项目不甚了解，他们认为很简单的事情，但由计算机来解决时却会很复杂。因此，项目经理和项目小组要冷静分析：用户到底想要实现什么目的，抓住他们本质的需求。如果用户的建议很难实现，可以和用户进行沟通，询问用户是否可以用其他方式来实现其目的。

一般来说，用户的镀金（Golden Plating）需求可以延期解决甚至不考虑。用户的新增需求如果不影响核心业务的实现，也可以安排在现有功能完善之后进行。

（3）评估（变更的影响有多大）。项目组成员要认识到变更都是有代价的。必须评估变更的代价和对项目的影响，并要让客户了解到变更可能会发生的问题，一起判断变更后再决定是否依然进行。

例如，一个软件开发项目需要某项重要数据，原本计划从已有的相关系统中读取，但是需要对该系统做变更。用户认为很简单，但是经过评估，发现需要对该已有系统做重大变更，变更所花费的人力物力远超过在本项目中另外开发。最终决定在本项目中另外开发，并用接口的方式从已有系统读取基本信息数据。

（4）确认（客户是否接受变更的代价）。在进行代价评估和与客户讨论的过程中，客户已经参与进来，这时需要客户一起判断：“修改是没有问题的，但是你能接受由此引起的进度延迟、费用增加、性能下降等代价吗？”

一般来说，如果客户认为该变更是必须的（非常有可能变更是其上级领导提出的），就会接受这些后果，通过与客户的协商，项目组可能会得到回报或者即使没有回报也不会招致公司和客户双方的埋怨。如果客户认为该变更虽然有必要但是可以暂缓，双方签署备忘录后留待以后解决。如果客户认为该变更可有可无，多数情况下会取消变更。

这时，比较稳妥的做法是让客户对于明显的变更做出确认，一般是签字确认。这样即可防止频繁变更，也让客户认识到变更带来的工作量加大是项目延期的原因。

当合同变更影响到合同内容时，要及时签署合同变更协议。

项目主管必须学会如何对范围变更进行控制，控制客户需求的增加或频繁变更，保证项目健壮地进行。

最后，变更进行时必须保证最终方案的唯一性和完整性。同时，要对所有变更进行跟踪和验证，确保所有变更按要求完成。

2. 范围变更的过程

项目经理在管理过程中必须通过监督绩效报告、当前进展情况等来分析和预测可能出现的范围变更，在发生变更时遵循规范的变更程序来管理变更。

范围变更的过程如图 4-12 所示。

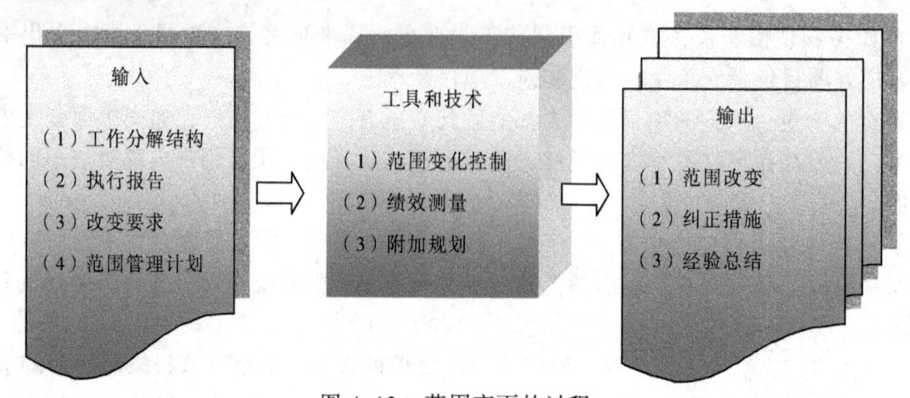

图 4-12　范围变更的过程

（1）工作分解结构。WBS 在前文中进行了阐述，它确定了项目的范围基准线。

（2）执行报告。执行报告在前文中进行了阐述。执行质量报告是提供一个项目范围执行情况，如中间产品已经完成或没有完成的资料。执行报告也能提醒项目团队公布未来可能发生的情况。

（3）改变要求。改变要求可以采取很多形式：口头的或书面的、直接的或间接的、从内部或外部开始及法定的（合法的）批准的或任选的。改变的可能是要求扩大项目范围或缩小范围。许多要求的改变都是由下列情况导致的：

① 一个外在事件发生了（如政府的法规发生了变化）。

② 产品范围的界定有错误或疏漏（如程控交换系统设计的失败，是因为它的覆盖面不够大）。

③ 项目范围的界定有错误或疏漏（如用材料清单代替了工作分析结构）。

④ 产值增加的变化（如通过采用先进的技术，改变项目的发展环境，可降低成本，当环境还是原来的情况时，降低成本是不可能的）。

（4）范围管理计划。范围管理计划已经在前文中进行了阐述。

（5）范围变化控制系统。项目范围变动控制系统给出了项目范围变动控制的基本控制程序、控制方法和控制责任。包括文档化工作系统，变动跟踪监督系统，以及项目变更请求的审批授权系统。一个范围变化控制系统定义为这样一些程序，即通过它能改变项目范围，包括工作面、跟踪系统和权威部门允许变化所需的认可标准。范围变化控制系统应该结合使用综合管理中的全程变化控制系统，尤其要与适合于控制产品范围的系统结合在一起。当项目按照合同执行时，范围变化控制体系必须按所有相关的合同规定执行。

（6）绩效测量。绩效测量技术能帮助人们评估所发生的任何重大变化。如果变化发生后要求有纠正措施，那么，范围变化控制的一个重要部分是分析导致变化的原因，并做出对应的处理决定。

（7）附加规划。很少有项目能按合同的要求精确地运转。预期的范围变化可能要求对 WBS 进行修改或对其他的任选方法进行分析。

（8）范围变化。范围变化是对已被认可的 WBS 所确认的项目范围的任何修改。范围变化经常要求对成本、时间、质量和其他项目目标进行判定。通过规划程序反馈的范围变化情况、技术信息和规划文件，根据需要进行更新，并适当地通知参与者。

（9）纠正措施。纠正措施所做的事是把未来项目按照人们的预期，纳入项目计划所要求的轨道进行运作。

（10）经验总结。我们应该把各种变化的原因，纠正行为选择的背后理由，以及从范围变化控制中得出的其他形式的经验教训，当做文件记录下来，目的是把这些资料变成历史记录的一部分，为项目执行组织执行这个项目和其他项目提供参考。

3. **项目范围变更请求表**

由于现实的复杂性和不确定性，信息系统项目中，范围的变化是必然的，项目组既无法阻止变化，更不能完全预言变化，虽然有一些新的分析方法能够容纳一些变化，但也不是万能的。项目管理者需有要正式而严格的过程将变化纳入计划中，所有请求的变更必须有正式的文件，即项目变更请求表，如表 4-4 所示。

表 4-4　项目范围变更请求表

提交人		日　期		审 核 人	
电　话		编　号		审核结论	
变更请求：					
变更目的：					
资金需求：					
进度影响：					
已知风险：					
其他：					

案例7 需求评审检查表

××软件公司的需求评审检查表

编 号	检 查 项	适用项目类型
R01	需求是否列出清晰的业务需求	开发类
R02	用例图上所有角色是否都进行了定义；是否遗漏了重要的角色，例如其他的软件、硬件系统；角色的划分是否正确	开发类
R03	系统的边界是否清晰；哪些处于系统内，哪些处于系统外是否明确	开发类
R04	每个角色对应的用例是否清晰，需求是否存在二义性	开发类
R05	用例的命名是否符合动词+名词的约定俗成，是否具有歧义；如果用例命名不容易理解，用例说明是否给予足够的描述	开发类
R06	用例是否进行了统一的编号，是否确定了每一个用例的优先级	开发类
R07	用例与业务需求的对应是否严格	开发类
R08	用例的典型事件流是否典型。有特别需要说明的可选事件流、异常事件流是否进行了描述，例如用户特别强调的或有特别权限要求的或者可能带来重大数据丢失的	开发类
R09	是否存在过多的不需要特别描述的可选事件流或异常事件流	开发类
R10	是否对非功能性需求进行了描述	开发类
R11	需求中是否涉及了过多的设计范畴的内容	开发类
R12	需求中是否包含了我们加入的而用户根本不需要的功能	开发类
R13	需求都可以实现吗	所有
R14	需求的实现与客户和组织的资源、时间限制是否有冲突	所有
R15	每一个需求是否都可以得到测试或验证	所有
R16	是否说明了项目的发起组织，及该组织的结构和运行的主要业务的简介	所有
R17	是否说明了系统应用的环境，包括人员的计算机应用能力，硬件、软件、网络的资源情况	所有
R18	项目的时间限制是否明确	所有

案例8 ××学校校园网项目分解结构

××学校校园网项目分解结构，采用行首缩进式表格结构。

1 服务器系统

1.1 客户业务需求分析评估

1.2 客户需求确认

1.3 系统设计

1.3.1 服务器的选择

1.3.2 网络操作系统的选择

1.3.3 网络数据库的选择

1.3.4 服务器系统配置

1.4　编码
1.5　测试
1.6　交接
1.7　试运行
1.8　该系统验收
2　网络安全系统
2.1　客户业务需求分析评估
2.2　客户需求确认
2.3　安全体系总体结构设计
2.3.1　采用防火墙来保证 Internet 接入的安全性
2.3.2　应用级安全
2.3.2.1　应用系统安全机制
2.3.2.2　Windows 2000 系统的安全设置
2.3.3　网络防病毒设计
2.4　网络系统场地要求
2.4.1　机房的要求
2.4.2　机房环境要求
2.4.3　电源要求
2.5　测试
2.6　交接
2.7　试运行
2.8　该系统验收
3　结构化综合布线
……
3.3　客户需求确认
3.3.1　客户需求问卷及答案
3.3.2　客户访谈记录
3.3.3　经过客户签字的客户需求确认书
3.4　设计方案细化
3.4.1　经过客户签字的设计方案
3.4.1.1　传输介质选择方案
3.4.1.2　工作区子系统设计方案
3.4.1.3　水平（配线）子系统设计方案
3.4.1.4　管理子系统设计方案
3.4.1.5　设备间子系统设计方案
3.4.1.6　（垂直）干线子系统设计方案
3.4.1.7　建筑群子系统设计方案

3.4.2 经过客户签字的验收测试方案

3.4.2.1 传输介质验收测试方案

3.4.2.2 工作区子系统验收测试方案

3.4.2.3 水平（配线）子系统验收测试方案

3.4.2.4 管理子系统验收测试方案

3.4.2.5 设备间子系统验收测试方案

3.4.2.6 （垂直）干线子系统验收测试方案

3.4.2.7 建筑群子系统验收测试方案

3.5 材料采购

3.5.1 合同中的产品清单

3.5.2 材料订单

3.5.3 装箱单

3.5.4 经过客户签字的材料接收确认书

3.5.5 材料差异清单

3.6 综合布线主要分项工作的施工

3.6.1 器材检验

3.6.1.1 型材、器材与铁件的检验

3.6.1.2 线缆的检验

3.6.1.3 接插件的检验

3.6.2 线缆的敷设

3.6.2.1 预埋线槽和暗管敷设缆线

3.6.2.2 设置电缆桥架或线槽敷设

3.6.3 线缆的端接

3.6.3.1 对绞电缆芯线终接

3.6.3.2 光缆芯线终接

3.6.3.3 各类跳线终接

3.6.4 光纤的熔接

3.6.5 设备的安装

3.6.5.1 设备间的设计

3.6.5.2 设备的安装

3.6.6 线缆的测试

3.6.7 光纤测试

3.6.8 板槽安装

3.6.9 电缆桥架的安装

3.6.10 线管的安装

3.7 测试与演示

3.7.1 测试计划和申请

3.7.2　经过客户签字的测试结果报告

3.8　交接

3.8.1　经过客户签字的交接计划

3.8.2　经过客户签字的交接完成测试报告

3.9　试运行

3.9.1　试运行记录和报告

3.10　综合布线系统验收

3.10.1　竣工手册

3.10.2　用户手册

3.10.3　经过客户签字的综合布线系统验收报告

4　校园网信息管理系统

4.1　学校基本信息管理

4.1.1　客户业务需求分析评估

4.1.2　客户需求确认

4.1.3　系统设计

4.1.4　编码

4.1.5　测试

4.1.6　交接

4.1.7　试运行

4.1.8　该系统验收

4.2　教务管理

4.3　学籍管理

4.4　考试管理

4.5　成绩管理

4.6　教师管理

4.7　学生管理

4.8　电子备课授课

4.9　信息交流系统

4.10　电子图书馆

4.11　校产管理

4.12　系统管理

4.13　排课系统

5　网站发布平台

5.1　网站功能模块

5.1.1　信息采编模块

5.1.2　全文检索模块

5.1.3　页面风格定制模块

5.1.4　权限管理模块

5.1.5　专题维护模块

5.1.6　数据库备份模块

5.1.7　用户信息维护模块

5.1.8　信息发布模块

5.1.9　BBS 和 CHAT

5.2　网站页面设计

5.2.1　首页信息设计

5.2.2　首页界面设计

5.2.3　信息页面信息设计

5.2.4　信息页界面设计

6　系统集成

6.1　需求阶段各系统间相容性检查

6.2　设计阶段各系统间相容性检查

6.3　实施阶段各系统间相容性检查

6.4　安装调试阶段各系统间相容性检查

6.5　系统整体测试验收

知识拓展——80/20 原则

80/20 原则（也叫帕累托原则），又称 80/20 法则，是按事情的重要程度编排行事优先次序的准则，是建立在“重要的少数与琐碎的多数”原理的基础上。这个原理是由 19 世纪末期与 20 世纪初期的意大利经济学家兼社会学家维弗利度·帕累托所提出的。它的大意是：在任何特定群体中，重要的因子通常只占少数，而不重要的因子则占多数，因此只要能控制具有重要性的少数因子即能控制全局。

帕累托原则对我们的启示是：大智有所不虑，大巧有所不为。工作中应避免将时间花在琐碎的多数问题上，因为就算你花了 80%的时间，也只能取得 20%的成效，出色地完成无关紧要的工作是最浪费时间的。

80%的学习效果来自于 20%的有效时间，而剩下的 20%的学习效果来自于 80%的无效时间安排。20%的有效时间创造 80%的学习效果；抓住学习的关键，集中 80%的主要精力突破 20%的学习难点，可以保证 80%的学习效果；突破这 20%的学习难点，可以获得 80%的学习效率。

误区：完全主义——都想做完（平均分配时间和精力）。

　　　面面俱到——都想做好。

小　　结

本章主要讲述了项目需求与项目范围、项目范围规划、项目范围定义、工作分解结构

（WBS）、项目范围核实以及项目范围控制。通过范围规划确定项目范围，明确项目的可交付成果，制订项目范围管理计划，记载如何确定、核实与控制项目范围，以及如何制订与定义WBS。范围定义根据范围规划阶段定义的范围管理计划，采取一定的方法，逐步得到精确的项目范围。项目范围说明书是范围定义工作最主要的成果。

项目范围核实指的是对范围定义的工作结果进行审查，确保项目范围包含了所有的工作任务。项目范围控制是通过变更控制系统完成的。变更不可避免，因而必须强制实施某种形式的变更控制过程。

软件项目变更控制的目的是对变更进行管理，确保变更有序进行。软件项目范围变更必须有一套规范的变更管理流程。

习题与思考

1. 项目范围的定义。
2. 项目范围管理的定义。
3. 关于项目范围，以下________说法是正确的。
   A. 只是在项目开始时才加以考虑
   B. 在合同或其他项目授权文件被批准后通常就不成为问题了
   C. 应该从项目概念形成阶段到收尾阶段一直加以管理与控制
   D. 主要是项目执行期间变更控制程序处理的一个问题
4. 项目章程是在项目生命期的________阶段创建的。
   A. 计划　　B. 可行性研究
   C. 执行　　D. 起始
5. ________是指项目相关利益者（项目业主/客户、项目发起人、项目委托人、项目组织等），对于项目范围的正式认可和接受的工作过程。________是对变更进行管理，确保变更有序进行。变更控制的目的不是控制变更的发生，而是对变更进行管理，确保________。
6. 范围规划指的是什么？
7. 说明范围界定的重要性。
8. 在项目队伍会议上，一名队伍成员建议增加工作范围，而该范围超出了项目章程的范围。项目经理指出：项目队伍应该完成所有的工作，而且只完成要求的工作。这是的一个例子。
   A. 极权行为　　B. 范围管理
   C. 项目章程　　D. 范围分解
9. 如何理解WBS的概念？
10. 简述WBS的作用。
11. 制订WBS的方法有哪些？

第5章 项目进度管理

项目管理一个重要的约束性目标是在给定的时间完成项目，能否按照进度交付是衡量项目是否成功的重要标志。进度控制是项目控制的重要内容，也是项目的最大难点。软件项目的进度安排有时比软件成本的估算要求更高。成本的增加可以通过提高产品定价或通过大批量销售得到补偿，而项目进度安排不当会引起顾客不满，影响市场销售。然而，软件开发项目进度失控的例子却层出不穷，甚至进度的迟滞在计划时间表上即将结束的时刻才暴露出来，更不幸的是没有人知道问题到底出在什么地方、什么时候才能够结束项目。因此，项目进度管理是 IT 项目管理中的重中之重，进度管理又称时间管理、工期管理，它关乎项目的效益和成败。

5.1 进度管理的过程

进度管理可以从阶段和过程两个角度进行分析，一个是从外到内，一个是从内到外。从外部看，进度管理可以分为以下 4 个阶段：

（1）概念阶段：重点是里程碑控制、项目周期初步估计。

（2）规划阶段：规划本身的进度控制、规划结果的审核。

（3）实施阶段：工程施工进度的检查、工程施工进度的调整、工程延期的控制。

（4）结束阶段：验收工作的进度控制、项目后进度管理经验总结和后续工作安排。

从进度管理的内涵看，它可以分为 5 个过程：活动定义、活动排序、活动资源和活动历时估算、项目进度计划制订、项目进度控制。

根据本企业规定和项目的实际情况，确定项目的工作流程。编制项目的工作计划，此计划为高层计划，各阶段的工作时间安排要包括完成阶段文档成果、文档成果提交评审及进行修改的时间，各阶段结束的标志是阶段成果发布。在计划中要求明确以下内容：

（1）工作任务划分。

（2）显示项目各阶段或迭代的时间分配情况的时间线或甘特图。

（3）确定主要里程碑和阶段成果。

（4）要求用文字对项目工作计划做出解释。最终用一张时间表来完整说明整个工作计划；对于迭代开发的项目，应编制出第一阶段的阶段计划。阶段内的任务分割以 2～5 天为合适，特殊任务的时间跨度在两个星期内；在项目的进行过程中，项目经理编制双周工作计划，指导成员的具体工作。

5.1.1 活动定义

活动定义是确定各项目所必须进行的各项具体活动。

1. 活动定义的输入

活动定义的输入就是活动定义的主要依据，主要包括工作分解结构（WBS）、范围说明、历史信息、约束条件、假定。

2. 活动定义的工具和技术

活动定义的一个主要成果是项目活动清单，对于小的项目，项目团队成员采用“头脑风暴法”（详见本章末尾）进行集思广益就可得到项目活动清单，对于更大、更复杂的项目就需要用到活动定义的工具和方法：活动分解技术和模板法。

3. 活动定义的输出

活动定义作为项目进度管理的第一个过程，往往要输出 3 个结果：活动清单、详细依据和更新的工作分解结构。

5.1.2 活动排序

活动排序确定各活动之间的依赖关系，并形成文档。

活动排序是对活动清单中各项活动的相互关系进行识别，并据此对各项活动的先后顺序进行安排和确定。可见，活动排序首先必须识别出各项活动之间的先后依赖关系，这种依赖关系有的是活动之间本身存在的、无法改变的逻辑关系，有的则是根据需要人为确定的。

1. 活动排序的输入

活动排序工作的有效进行需要依赖以下信息输入：活动清单、产品描述、依赖关系、约束条件和假设、里程碑。

依赖关系是存在于一对活动间的简单关系。依赖关系有以下 4 种：

（1）完成——开始关系（FS）。活动 A 必须在活动 B 开始前结束，如活动 A 是数据采集，活动 B 是数据录入。数据采集结束后立即进行数据录入。

（2）开始——开始关系（SS）。活动 A 一旦开始，活动 B 就可以开始，这里不存在必然的紧随关系，可以描述为一边做 A，一边做 B。进度压缩时使用这种依赖关系。

（3）开始——完成关系（SF）。活动 A 开始前，活动 B 不能完成，如新系统开始运行（活动 A）时，旧系统就可以终止（活动 B）。

（4）完成——完成关系（FF）。活动 B 在活动 A 完成后才能完成，如活动 A 是敷设电缆，活动 B 是给电缆贴标签，电缆敷设完成后，电缆标签才可能贴完。

2. 活动排序的工具和方法

活动排序的工具和技术有前导图法（PDM）、箭线图法（ADM）、条件图法和网络模板。图 5-1 所示为前导图法，图 5-2 所示为箭线图法。

PDM 和 ADM 都不允许存在回路或条件分支，因此这两种方法在某些情况下将不能很好地描述活动之间的依赖关系，如“软件测试发现错误时才需要程序员修改源代码”中“软件测试”和“修改源代码”两个活动之间就不是顺序关系，而是一种条件分支关系，只能用条件图法描述。随着计算机技术的发展，箭线图（又称双代号法 TOA）已逐渐失去了以往的辉煌，而前导图法（又称单代号法 TON）由于适合于计算机进行处理而变得流行。

一些标准的网络图可以应用到项目网络图的准备和绘制过程中，标准的网络图可能包括整个项目的网络或其中一部分的子网络。

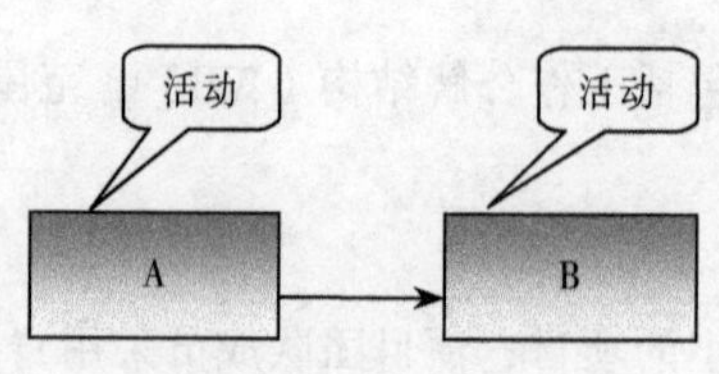

图 5-1　前导图法符号示例

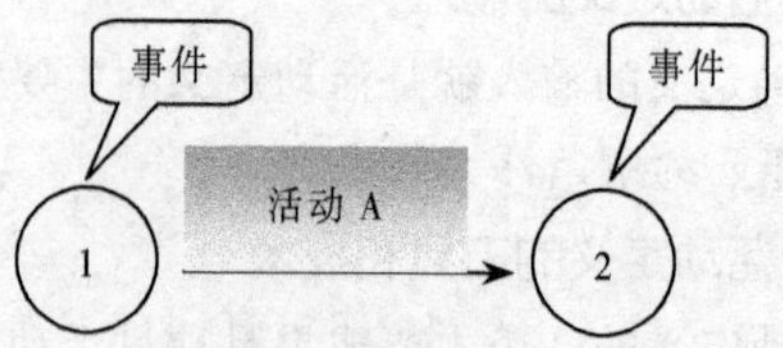

图 5-2　箭线图法符号示例

3. **活动排序的输出**

活动排序的结果主要有项目网络图（见图 5-3）和更新后的活动清单。

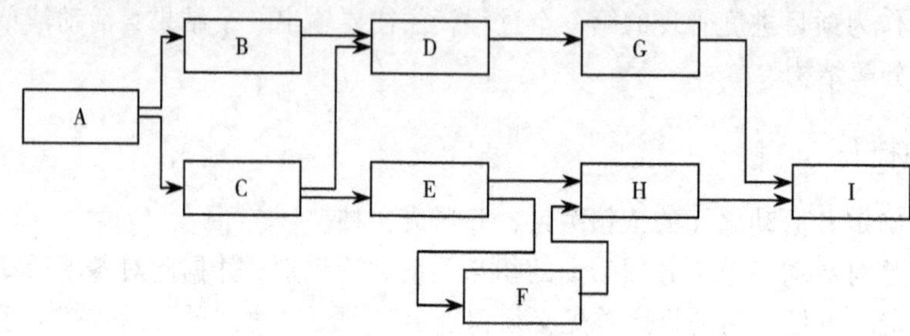

图 5-3　前导图法的项目网络图

5.1.3　活动历时估计

活动历时估计即是估算完成单项活动所需的时间长度。

活动历时估计又叫活动持续时间估计或活动工期估计，是根据项目范围、资源和相关信息对项目已确定的各种活动的可能持续时间长度的估算工作。活动持续时间估算不是一劳永逸的事情，应随着时间的推移和经验的增多不断对估算进行更新，因为在项目进展中可以获得更多的经验和认识，从而能够得到更加准确的估算。

1. **活动历时估计的输入**

活动历时估计需要依据活动清单、约束条件、假设条件、资源需求、资源能力、历史信息、已识别的风险等信息。

2. **活动历时估计的工具和方法**

活动历时估计的工具和方法主要包括专家评估法、类比估算法、模拟法、德尔菲法。

（1）专家评估法是专家运用他们的经验和专业特长对项目活动持续时间进行估计和评价的方法，由于专家主要依赖历史经验和信息，因此估算结果具有一定的不确定性和风险。

（2）类别估算法是依据以前的类似项目的活动持续时间来推测和估计当前项目各项活动持续时间的方法。当项目活动持续时间方面的信息有限时，如在项目的初期阶段，这是一种最常用的方法。

（3）模拟法是一种以一定的假设条件为前提对活动持续时间进行估算的方法，这种方法也可以用来对整个项目的工期进行估算，如三点估计法。

三点估计法的基本思路是首先确定活动的 3 个估计时间，即乐观时间（Optimistic Time）、最可能时间（Most Likely Time）、悲观时间（Pessimistic Time）。假定一项活动的乐观时间为 1 周，最可能时间为 5 周，悲观时间为 15 周，则该项活动的期望持续时间和标准差分别为（假定乐观时间、最可能时间、悲观时间分别为 t_o、t_m、t_p）：

$$\text{期望持续时间 } t_e = (t_o+4\ t_m + t_p)/6 = (1+4\times 5+15)/6 = 6 \text{ 周}$$

$$\text{标准方差 } \sigma = (t_p - t_o)/6 = (15-1)/6 \approx 2.3 \text{ 周}$$

（4）德尔菲法是一种群体技术，集中利用一个群体的知识来获得一种估计，在专家难以请到时，该方法是一种有效的替代方法。

3. 活动历时估计的输出

活动历时估计输出的结果包括 3 个方面：估算出的活动持续时间、活动持续时间估算的依据和更新的活动清单。

5.1.4 进度计划制订

制订项目计划的过程被称为项目策划。进度计划制订就是根据项目的活动定义、活动排序及活动持续时间估算的结果和所需要的资源进行的进度计划编制的工作，其主要任务是要确定各项目活动的起始和完成日期、具体的实施方案和措施。项目进度计划目前多采用网络计划技术的形式，这一形式有助于明确反映项目各活动之间的相互关系，有利于项目执行过程中各工作之间的协调与控制。

1. 进度计划制订的输入

进度计划制订的输入主要包括项目网络图、活动持续时间的估算、资源需求、资源库描述、日历、约束条件、假设、提前或滞后要求、风险管理计划、活动特性。

约束条件是制约项目团队选择方案的因素，在项目进度计划的制订过程中，有两类主要的约束条件必须考虑，即强制日期（最常用的约束条件是“开始不早于”和“完成不晚于”）和关键事件或主要里程碑。项目干系人可能要求在某一规定日期前完成某些可交付成果，并以此作为项目的关键事件或项目进度计划中的一个里程碑，这样的关键事件或里程碑在进度计划制订时必须作为约束条件考虑。

【里程碑事件】所谓里程碑事件，往往是一个时间要求为零的任务，就是说它并非是一个要实实在在完成的任务，而是一个标志性的事件，例如在软件开发项目中的 alpha 测试，测试是一个子任务，撰写测试报告也是一个子任务，但完成 alpha 测试报告可能就不能成为一个实实在在需要完成的子任务了，但在制订计划以及跟踪计划时，往往加上完成 alpha 测试报告这一个子任务，但工期往往设置为 0 工作日，目的就在于检查这个时间点，这是 alpha 测试整个任务的结束的标志。里程碑事件的目的在于将一个过程性的任务用一个结论性的标志标的，从而使得任务拥有明确的起止点，这一系列的起止点就成为引导整个项目进展的 milestone。

提前（Lead）或滞后（Lag）是活动的逻辑关系中提前后续活动或推迟后续活动的限定词，如图 5-4 所示。

2. 进度计划制订的工具和技术

项目进度计划涉及到的因素很多，因此它的编制往往需要反复试算和综合平衡。项目进度计划在各个项目专项计划中最为重要，它直接影响到项目的集成计划和其他专项计划。由于项目进度计划的以上特性，使得该计划的编制方法比较复杂，主要使用的工具和技术有数学分析、持续时间压缩、模拟法、资源均衡的启发式方法和项目管理软件。

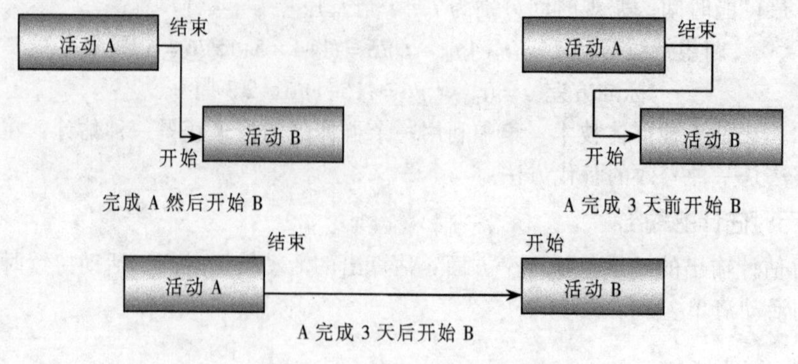

图 5-4　提前和滞后示意图

3. **进度计划制订的输出**

进度计划制订的输出主要有项目进度计划、详细依据、进度管理计划和更新的项目资源需求等。

5.1.5　项目进度控制

项目进度控制是围绕进度计划对项目进度的变化（通常是不利的）进行调控，使之朝着有利于实现项目目标的方向发展。控制过程如图 5-5 所示。

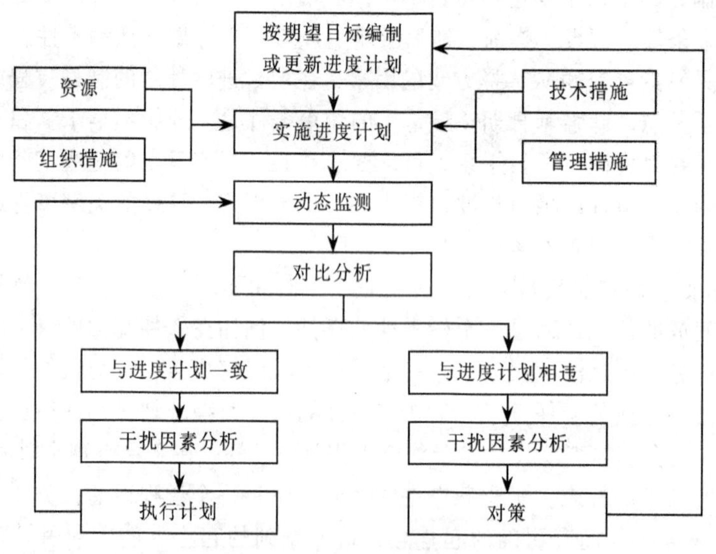

图 5-5　进度控制过程

5.2　从活动到进度计划

估算项目进度、项目成本以及项目风险，其依据其实都是 WBS，WBS 就是将项目范围不断地分解和细化，最终分解到达成最基本单元任务目标所需完成的工作。通常，项目进度和项目成本之间存在着相互制约的关系。紧迫的项目进度需要额外的人力资源，旷日持久的项目进度也会加大各种资源的耗费，估算项目进度是为了合理而且高效地利用人力、设备、信息、资金、环境、专利等各种资源。

有好的想法才会有好的结果。项目进度的估算既要考虑到实际运行的现实性、稳健性，也要充分体现科学的、积极的高效性，使得项目进度在合同谈判中具有竞争力。

5.2.1　网络图和活动持续时间估计

1. 网络图——网络计划技术网络图

【网络计划国家标准 92】

网络计划国家标准共包括 3 项标准：一是《网络计划技术常用术语》（GB/T 13400.1—1992），其中有术语 127 个；二是《网络计划技术网络图画法的一般规定》（GB/T 13400.3—1992），其中详细规定了网络图图形名称及图形符号的基本形式，图形符号在网络图中应用的基本形式，网络图的标识，时间坐标画法，网络图画法的基本规则，简化绘图法，特殊标识，逻辑关系的表示方法，非肯定逻辑关系节点的补充画法等；三是《网络计划技术》在项目计划管理中应用的一般程序（GB/T 13400.3—1992），该标准规定的程序是：

第一阶段，准备阶段，包括确定网络计划目标、调查研究和工作方案设计 3 个步骤。

第二阶段，绘制网络图，包括项目分解、逻辑关系分析、绘制网络图 3 个步骤。

第三阶段，时间参数计算与确定关键线路，包括计算工作持续时间、计算其他时间参数、确定关键线路 3 个步骤。

第四阶段，编制可行网络计划，包括检查与调整、编制可行网络计划 2 个步骤。

第五阶段，优化并确定正式网络计划，包括优化、编制正式网络计划 2 个步骤。

第六阶段，实施、调整与控制，包括网络计划贯彻、检查和数据采集、调整控制 3 个步骤。

第七阶段，结束阶段，整合总结分析 1 个步骤。

【行业标准《工程网络计划技术规程》（JGJ/T 121—99）】

该规程是 1999 年 8 月 4 日由建设部发布的，2000 年 2 月 1 日起施行，由中国建筑科学研究院负责管理，中国建筑学会建筑统筹管理分会负责解释。该规程共 8 章、24 节、172 条，包括总则，术语与符号、代号，双代号网络计划，单代号网络计划，双代号时标网络计划，单代号搭接网络计划，网络计划优化，网络计划控制。该规程做到了与前述国家标准的一致，适用于施工项目管理中的进度计划的编制和进度控制。

项目网络图中涉及的概念有最早与最迟时间、正推法和逆推法、浮动时间。网络图中两种活动表示方法如图 5-6（单代号网络图）和图 5-7（双代号网络图）所示。

最早开始时间 ES		最早结束时间 EF
活动描述　活动序号		
最迟开始时间 LS	活动持续时间 DU	最迟结束时间 LF

图 5-6　单代号网络图

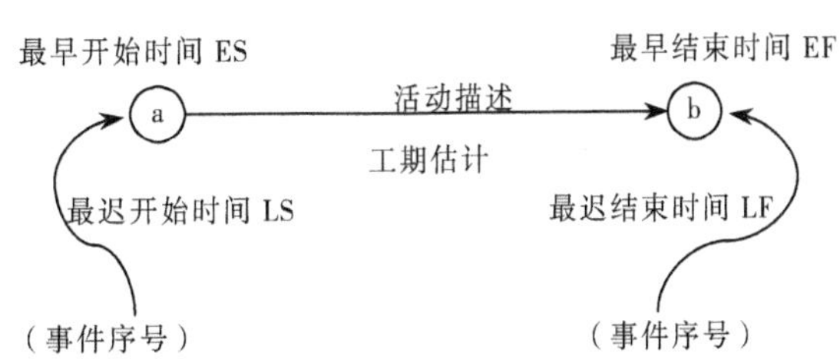

图 5-7　双代号网络图

正推法是按照时间顺序计算最早开始时间和最早结束时间的方法。

逆推法是从最迟结束时间来推导出最迟开始时间的方法。

浮动时间又称时差，它是一个活动在不影响项目完成的情况下可以延迟的时间量。

某项目网络图如图 5-8 所示，活动①②ES=4，EF=9，DU=5，LS=5，LF=10。

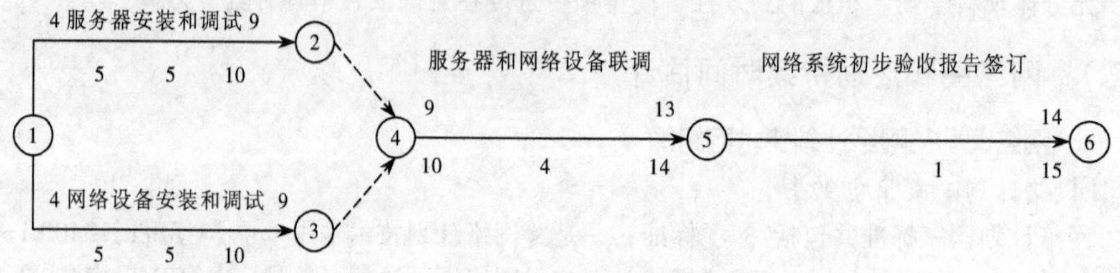

图 5-8　网络和主机安装子项目网络图

2. **估算活动持续时间**

估算活动持续时间是对完成某一活动可能需要的时间的定量估算，估算出的活动持续时间都应以某种指标表明可能结果的变动范围，例如 12 ± 2 天（表明该活动至少 10 天，最多不超过 14 天）。具体的估算方法参见本章 5.5.1，估算出的结果要直观地体现在网络图中，使整个项目的活动关系和工期一目了然。

5.2.2　初步进度计划表和甘特图

在估算出每个活动持续时间后，在明确各活动之间的逻辑次序的前提下，我们可以得到一个初步进度计划表，虽然还不完善，在实施过程中可能会有改动，但是可以看出整个项目可能的大致进展过程。初步进度计划表如图 5-9（用 Project 软件做的 × × 项目进度计划表的截图）所示。

	❶	任务名称	工期	开始时间	完成时间	前置任务
1		**× × 学校校园网建设项目**	**63 工作日**	**2007年4月11日**	**2007年7月5日**	
2		**工程设计和准备**	**2 工作日**	**2007年4月11日**	**2007年4月13日**	
3		图纸会审	1 工作日	2007年4月11日	2007年4月11日	
4		现场勘查	1 工作日	2007年4月12日	2007年4月12日	3
5		材料准备	0 工作日	2007年4月11日	2007年4月11日	
6		技术交底	0 工作日	2007年4月13日	2007年4月13日	
7		**项目实施和调试**	**59 工作日**	**2007年4月13日**	**2007年7月3日**	**2**
8		设备订货、到货	30 工作日	2007年4月16日	2007年5月24日	6
9		**网络和主机的安装**	**20 工作日**	**2007年4月16日**	**2007年5月10日**	
10		服务器系统和安装和调试	10 工作日	2007年4月23日	2007年5月4日	
11		网络设备的安装和调试	15 工作日	2007年4月16日	2007年5月4日	
12		网络和服务器系统的所有硬件设备联调	4 工作日	2007年5月5日	2007年5月9日	11
13		网络系统初步验收报告签订	1 工作日	2007年5月10日	2007年5月10日	12
14		**综合布线**	**59 工作日**	**2007年4月13日**	**2007年7月3日**	
15		室内板槽安装	10 工作日	2007年4月13日	2007年4月26日	
16		室内桥架安装	3 工作日	2007年4月16日	2007年4月18日	
17		室内线缆敷设	10 工作日	2007年4月27日	2007年5月9日	15
18		室外光纤敷设	5 工作日	2007年5月10日	2007年5月16日	17
19		室内信息节点安装	4 工作日	2007年5月17日	2007年5月22日	18
20		室内机柜、配线架安装	3 工作日	2007年5月23日	2007年5月25日	19
21		安装接线箱和终端盒光缆熔接等	3 工作日	2007年5月28日	2007年5月30日	20
22		室内线缆测试	3 工作日	2007年5月31日	2007年6月4日	21
23		光纤测试	8 工作日	2007年6月5日	2007年6月14日	22
24		室内设备安装	5 工作日	2007年6月15日	2007年6月21日	23
25		系统调试	5 工作日	2007年6月22日	2007年6月28日	24
26		资料收集、整理	53.5 工作日	2007年4月16日	2007年6月27日	
27		验收	3 工作日	2007年6月29日	2007年7月3日	25
28		系统试运行和验收	2 工作日	2007年7月4日	2007年7月5日	7

图 5-9　初步进度计划表

虽然初步进度计划表上各项活动时间点比较详细，逻辑关系也可以看得出来（从前置任务中），但是对于进度控制而言还不够直观和方便，因此在实际的进度控制过程中多采用甘特图，又称横道图，如图 5-10 所示为项目进度估算（甘特图）。通过应用 Project 软件，通过箭头很容易看出各活动之间的逻辑关系，而且在项目实施过程中，通过各任务的完成百分比能大致掌握项目的进度。

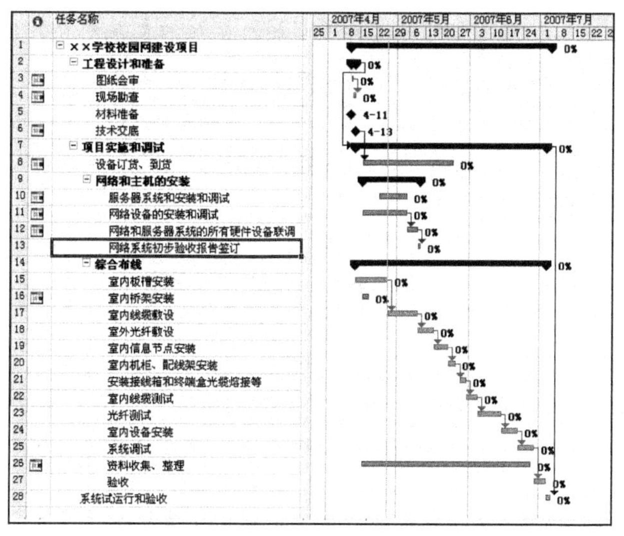

图 5-10　项目进度估算（甘特图）

5.2.3　项目进度计划的制订步骤

良好的计划等于成功了一半。项目进度计划的制订可以参考进度估算，但在合同签订之后制订的项目进度计划应该更具有可操作性，要充分考虑到合同中对进度的承诺、实际环境和资源配置等诸多因素。

项目进度计划的产生是在初步进度计划的基础上，在项目资源分配得到确认后才能得到的，也就是说，两个完全相同的项目它们的初步进度计划可能是一模一样的，但对于完全不同的建设方，最终形成的项目进度计划就会有很大的不同。例如设备供货，交通方便的城市要比偏远的城镇快捷得多；而室外施工，北方和南方又有很大的区别。另外，资金充裕的建设方对于工期的要求也可能更高些，愿意以更多的投入换取更快的时间。尤其对于采用新技术的信息系统项目，人力资源的配置优劣将直接影响到项目的进度。

（1）计划的制订步骤和方法如下：

① 项目描述。

② 项目分解与活动界定。

③ 工作描述。

④ 项目组织和工作责任分配。

⑤ 工作排序。

⑥ 计算工程量或工作量。

⑦ 估计工作持续时间。

⑧ 绘制网络图。

⑨ 进度安排。

（2）与项目进度计划相关的文件如下：

① 制订项目计划的详细依据：包括所有的假定、约束条件、资源要求、现金流向和订货交货计划。

② 项目进度管理计划：项目进度计划的一个补充，也被当做整体计划中的一个附属文

件。项目进度管理计划主要是说明何种进度变化将应给予必要的处理。根据项目的需要，进度管理计划可以是正式的或非正式的，十分详细的或基本框架的。对于涉及单位较多或稍大的项目，项目进度管理计划是整个项目计划中的一个有机部分。

③ 更新的项目资源需求：在项目进度计划的编制过程中，对初步估算的资源需求所做的改动，要进行整理并保存记录文件。

5.3 项目进度控制

没有执行一切等于空谈，实施阶段的进度管理即进度控制无疑是非常重要的。进度控制主要是监督进度的执行状况，及时发现和纠正偏差、错误。在控制中要考虑影响项目进度变化的因素、项目进度变更对其他部分的影响因素、进度表变更时应采取的实际措施。

5.3.1 进度控制的环节

项目计划从付诸实施开始，便一直处于动态的变化调整之中，会遇到各种意外情况，以致于使项目不能按照计划轨道进行而出现偏差。进度控制就是比较实际状态和计划之间的差异，并依据差异做出必要的调整以使项目向有利于目标达成的方向发展。项目的进度控制就是在既定工期内，编制出最优的进度计划，在执行计划的过程中，经常检查项目实际进度情况，并将其与进度计划相比较，若出现偏差，便分析其产生的原因及对工期的影响程度，确定必要的调整措施，更新原计划。这一过程不断循环，直至项目完成。

进度控制可包括相互影响的 3 个环节。

1. 进度计划是进度控制的基础

计划指出了项目组织未来努力的方向和奋斗目标，是经过仔细分析后综合形成的对未来的构思，又是当前行动的准则。一个完善的计划可以使失败的概率降至最低，以最大限度地保证在预期的期限内取得预期的效果。

2. 进度控制通过项目的动态监控而实现

进度控制随着项目的进行而不断进行，是一个动态过程，也是一个循环进行的过程。从项目开始，实际进度就进入了运行的轨迹，也就是计划进入了执行的轨迹。

3. 对比分析并采取必要的措施是进度控制的关键

当实际进度与进度计划不一致时，应分析偏差的原因，采取措施并调整计划。从而使实际与计划在新的起点上重合，并尽量使项目按调整后的计划继续进行。进度偏差的计算请参阅 6.4.2 节。

5.3.2 进度控制的基本原则

项目进度控制的原则有以下 6 点：

1. 动态控制原则

进度按计划进行时，实际符合计划，计划的实现就有保证；否则产生偏差。此时应采取措施，尽量使项目按调整后的计划继续进行。但在新的因素干扰下，又有可能产生新的偏差，需继续控制，进度控制就是采用这种动态循环的控制方法。

2. 系统原则

为实现项目的进度控制，首先应编制项目的各种计划，包括进度和资源计划等。计划的对象由大到小，计划的内容从粗到细，形成了项目的计划系统。项目涉及各个相关主体、各类不同人员，需要建立组织体系，形成一个完整的项目实施组织系统。为了保证项目进度，自上而下都应设有专门的职能部门或人员负责项目的检查、统计、分析及调整等工作。当然，不同的人员负有不同的进度控制责任，分工协作，形成一个纵横相连的项目进度控制系统。所以无论是控制对象，还是控制主体，无论是进度计划，还是控制活动，都是一个完整的系统。进度控制实际上就是用系统的理论和方法解决系统问题

3. 封闭循环原则

项目进度控制的全过程是一种循环性的例行活动，其中包括编制计划、实施计划、检查、比较与分析、确定调整措施和修改计划。从而形成一个封闭的循环系统，进度控制过程就是这种封闭循环中不断运行的过程。

4. 信息原则

信息是项目进度控制的依据，项目的进度计划信息从上到下传递到项目实施相关人员，以使计划得以贯彻落实；项目的实际进度信息则自下而上反馈到各有关部门和人员，以供分析并做出决策和调整，以使进度计划仍能符合预定工期目标。为此需要建立信息系统，以便不断地传递和反馈信息，所以项目进度控制的过程也是一个信息传递和反馈的过程。

5. 弹性原则

项目一般工期长且影响因素多，这就要求计划编制人员能根据统计经验估计各种因素的影响程度和出现的可能性，并在确定进度目标时分析目标的风险，从而使进度计划留有余地。在控制项目进度时，可以利用这些弹性缩短工作的持续时间，或改变工作之间的搭接关系，以使项目最终能实现工期目标。例如在编制项目计划时，不要一开始就将节假日当做工作日；室外作业要考虑到天气的影响，既要有最好的打算也要做最坏的准备。

6. 网络计划技术原则

网络计划技术不仅可以用于编制进度计划，而且可以用于计划的优化、管理和控制。网络计划技术是一种科学且有效的进度管理方法，是项目进度控制，特别是复杂项目进度控制的完整计划管理和分析计算的理论基础。

5.3.3 进度控制的步骤

进度控制的主要步骤如下：

（1）收集到已完成活动的实际结束时间和项目变更带来的影响的有关数据，据此更新项目进度后，对进度进行分析并与原计划进行比较，找出需要采取纠正措施之处。

（2）对需要采取措施之处确定应采取的具体措施。

（3）根据确定的纠正措施修改网络计划，并重新计算进度。

（4）估计所采取的纠正措施的效果，如果采取纠正措施仍无法获得满意的进度安排，则重复以上步骤。

进度管理的5个主要过程（活动定义、活动排序、活动历时估算、项目进度计划制订、项目进度控制）既相互影响又相互关联，表现出相互交叉和重叠的关系，很难截然分开。

5.4 影响进度的因素

要有效地进行进度控制，必须对影响进度的因素进行分析，事先或及时采取必要的措施，尽量缩小计划进度与实际进度的偏差，实现对项目的主动控制。IT项目中影响进度的因素很多，如人为因素、技术因素、资金因素、环境因素等。在IT项目的实施中，人的因素是最重要的因素，技术的因素归根到底也是人的因素。以软件开发为例，项目进度控制常见的问题有以下几种情况：

1. **80/20原则与过于乐观的进度控制**

80/20原则在软件开发项目进度控制方面体现在：80%的项目工作可以在20%的时间内完成，而剩余的20%的项目工作需要80%的时间。这个80%的项目工作不一定是在项目的前期，而可能是分布在项目的各个阶段，但是剩余的20%左右的项目工作大部分是在后期。所以软件开发在进入编码阶段后会给人一种"进展快速"的感觉，使得项目经理、项目团队成员、用户以及高层领导产生了过于乐观的估计。这样的结果是拖延了后期的工作，如果同时软件还不成熟的话，会给用户造成不好的影响。

2. **范围、质量因素对进度的影响**

软件开发项目的变更比其他任何建设项目的变更都多，用户经常是想改就改，造成需求的蔓延，项目经理如果不懂得拒绝而轻易答应修改就会使项目范围逐渐扩大，最终影响项目进度。

如果某项工作在进度上从表面上来看是达到目标了，但经检验其质量却没有达到要求，这必然要通过返工等手段，增加人力资源的和时间的投入，实际上是拖延了进度。无论是从横向或纵向来看，部分任务的质量会影响总体项目的进度，前面的一些任务质量总会影响到后面的一些任务质量。

3. **资源、预算变更对进度的影响**

资源最主要的是人力资源，有时某方面的人员不到位，或者在多个项目的情况下某方面的人员中途被抽到其他项目、或身兼多个项目、或在别的项目不能自拔无法投入本项目而影响进度。还有一个很重要的资源是信息资源，如某些国家标准、行业标准，用户可能提供不了，而是需要去收集或购买，如果不能按时得到，就会影响需求分析、设计或编码的工作。其他资源如开发设备或软件没有到货，也会对进度造成影响。

预算其实就是一种资源，它的变更会影响某些资源的变更，从而对进度造成影响。

4. **低估了软件开发项目实现的条件**

低估软件开发项目实现的条件表现在低估技术难度、低估协调复杂度、低估环境因素这几个方面。

首先是低估技术难度。软件开发项目团队成员，有时甚至是企业的高级项目主管也经常低估项目技术上的困难。低估技术难度实际上就是高估人的能力，认为或希望项目会按照已经制订的乐观项目计划顺利地实施，而实际则不然。软件开发项目的高技术特点本身说明其实施中会有很多技术的难度，除了需要高水平的技术人员来实施外，还要考虑为解决某些性能问题而进行科研攻关和项目实验。

其次，低估了协调复杂度，也低估了多个项目团队参加项目时工作协调上的困难。软件开发项目团队成员比较强调个人的智慧和个性，这给项目工作协调带来更多的复杂度。当一个大项目由很多子项目组成时，不仅会增加相互之间充分沟通交流的困难，更会增加项目协调和进度控制上的困难。

另外，企业高级项目主管和项目经理也经常低估环境因素，这些环境因素包括用户环境、行业环境、组织环境、社会环境、经济环境。低估这些条件，既有主观的原因，也会有客观的原因。对项目环境的了解程度不够，造成没有做好充分的准备。

5. 项目状态信息收集的情况

由于项目经理的经验或素质原因，会对项目状态信息的收集掌握得不充足，及时性、准确性、完整性比较差。另外其他一些原因也会造成这种现象，例如某些项目团队成员报喜不报忧，不希望别人知道自己不好的工作情况，可能会先编制一些表面的、简单的程序，看起来好像完成了任务，实际上只是一个“原型系统”或演示系统，给领导造成比较乐观的感觉。

如果项目经理或者管理团队没有及时检查发现这种情况，将对项目的进度造成严重的影响。当然，如果出现这种需要时时刻刻都互相提防的氛围，管理人员就应该从管理的角度，从制度的角度检讨，进行改进，让大家实事求是地进行沟通。温伯格说：“无论你多么聪明，离开了信息，对项目进行成功的控制就是无源之水、无本之木。”

6. 执行计划的严格程度

（1）没有把计划作为项目过程行动的基础，而是把计划放在一边随意去做。例如对于项目团队内部沟通或外部沟通，在计划中要明确说明人员、周期、方式和方法，不能遗漏，但在实际项目过程中，可能出现沟通没有按时或没有完整地达到所有项目干系人的情况。

（2）若项目计划本身有错误，执行错误的计划肯定会产生错误。例如计划制订者在计划系统框架设计考虑上的错误、进度安排上的失误等。

（3）实际的项目实施中，除了计划本身的错误之外，还可能因为项目执行上的错误造成项目的麻烦。例如，项目的客户及其他项目干系人没有及时为项目中出现的情况采取必要的措施，或者所采取的措施不适合具体的情况、没有效果或者有副作用等。

（4）如果在项目中的某项工作（如某个子系统或模块、组件）被转包给第三方开发后，不能进行有效的管理，也会造成进度上的延误。

7. 计划变更调整的及时性

渐近明细是项目的特点，特别对于软件开发项目，并不是一个一成不变的过程。开始时的项目计划可以先制订得比较粗一些，随着项目的进展，特别是需求明确以后，项目的计划就可以进一步的明确，这时应该对项目计划进行调整修订，通过变更手续取得项目干系人的共识。计划应随着项目的进展而逐渐细化、调整、修正。没有及时调整的计划或者是随意的不负责任的计划的项目是难以控制的。在高技术行业，日新月异是主要特点，因此计划的制订需要在一定条件的限制和假设之下采用渐近明细的方式，随着项目的进展进行不断细化、调整、修正和完善。对于较为大型的软件开发项目的工作分解结构可采用二次甚至多次 WBS 方法，即根据总体阶段划分的总体 WBS，需求调研阶段结束、概要设计完成后专门针对详细设计或编码阶段的二次 WBS。由于需求的功能点和设计的模块或组件之间并不是一一对应的关系，所以只有在概要设计完成以后才能准确地得到详细设计或编码阶段的二次 WBS，根据

代码模块或组件的合理划分而得出的二次 WBS 才能在详细设计、编码阶段乃至测试阶段起到有效把握和控制进度的作用。有些项目的需求或设计做得不够详细，无法对工作任务的分解、均衡分配和进度管理起参考作用，因此要随着需求的细化和设计的明确，对项目的分工和进度进行及时的调整，使项目的计划符合项目的变化，使项目的进度符合项目的计划。

8. **其他因素**

未考虑不可预见事件发生造成的影响、程序员方面的因素对进度的影响等。尽管存在很多不可控的因素，我们的任务是首先分清哪些是可以控制的，哪些是不能控制的。项目经理一是要尽量扩大可控的领域，减少不可控的领域；二是不要在“不可控”上花太多时间，而是多花一些时间把可控的工作控制好，做好防范措施，减轻不可控因素对项目进度的影响。

项目进入实施阶段后，项目经理的几乎所有的活动都是围绕进度展开的。进度控制的目标与成本控制的目标和质量控制的目标是对立统一的关系。项目的进度、质量和成本构成一个相互制约的三角关系，需要项目经理去平衡。

5.5 进度控制的方法和技术

进度控制的方法和技术在 5.1 与 5.2 节中略有谈及，本节从专业角度对方法和技术进行系统论述。

5.5.1 工作量和工期的估计

1. **LOC**

软件开发项目通常用 LOC（Line of Code）来衡量项目规模，LOC 指的是所有的可执行的源代码行数，包括可交付的工作控制语言语句、数据定义、数据类型声明、等价声明、输入/输出格式声明等。项目经理可以根据对历史项目的审计来核算组织的单行代码价值。

例如，某软件公司每一万行源代码形成的源文件约为 250 KB，某项目的源文件大小为 5 MB，则可估计该项目源代码大约为 20 万行。该项目累计投入工作量为 320 人月，每人月费用为 10 000 元（包括人均工资、福利、办公费用公摊等），则该项目中 LOC 的价值为：

$$(320 \times 10000)/200000=16\ \text{元/LOC}$$

该项目的人月均代码行数为：

$$200000/320=62.5\text{LOC/人月}$$

2. **德尔菲法**

德菲尔（Delphi）法是最流行的专家评估技术，在没有历史数据的情况下，这种方式适用于评定过去和将来，新技术与特定程序之间的差别。这个技术，要求有多种相关经验人的参与，互相说服对方。

3. **类比法**

类比法适合评估一些与历史项目在应用领域、环境和复杂等方面相似的项目，通过新项目与历史项目的比较得到规模估计。由于类比法估计结果的精确度取决于历史项目数据的完整性和准确度，因此，用好类比法的前提条件之一是组织建立起较好的项目后评价与分析机制，对历史项目的数据分析是可信赖的。基本步骤如下：

（1）整理出项目功能列表和实现每个功能的代码行。

（2）标识出每个功能列表与历史项目的相同点和不同点，特别要注意历史项目做得不够的地方。

（3）通过（1）与（2）得出各个功能的估计值。

（4）产生规模估计。

4. **功能点估计法**

功能点测量是在需求分析阶段基于系统功能的一种规模估计方法。通过研究初始应用需求来确定各种输入和输出，计算与数据库需求的数量和特性。通常的步骤如下：

（1）计算输入、输出、查询、主控文件与接口需求的数目。

（2）将这些数据加权乘。

（3）估计者根据对复杂度的判断，总数可以用+25%、0、-25%进行调整。

统计发现，对一个软件产品的开发，功能点对项目早期的规模估计很有帮助。在充分了解产品后，功能点可以转换为软件规模测量更常用的 LOC。

5.5.2 项目计划编排方法和技术

1. **网络计划技术**

网络计划技术的实际应用就是生成描述项目进展状态的任务网络图。网络图中按一定的次序列出所有的子任务和任务进展的里程碑，表示各子任务之间的依赖关系。网络图也是工作分解结构（WBS）的发展。20 世纪 70 年代，作业分解结构就已广泛应用于航天、航空、航海、雷达、通信、火控系统等领域基于计算机项目的分解，并用以命名各项子任务，这些子任务不仅可以用网络图的形式表示，还可以用树形或层次结构图表示。

2. **甘特图**

甘特图又叫做横道图或线条图，如图 5-11 所示，以横线来表示每项活动的起止时间。由于甘特图具有简单、明了、直观、易于编制的优点，因此到目前为止仍然是小型项目中常用的工具。即使在大型工程项目中，甘特图也是高级管理层了解全局、基层安排进度时有用的工具。

一般甘特图只表明各项活动的开始和终止时间，没有表明活动之间的逻辑关系，同时也没有指出影响项目进度的关键所在，因此，对于复杂项目而言，甘特图就显得不足。

时间 任务	1	2	3	4	5	6	7	8	9	10
A										
B										
C										
D										

图 5-11 甘特图

3. **关键路径法**

关键路径法（Critical Path Method，CPM）最早出现于 20 世纪 50 年代，它是通过分析项目过程中哪个活动序列进度安排的总时差最少来预测项目工期的网络分析。这种方法产生的

背景是当时出现了许多庞大而复杂的科研和工程项目，这些项目常常需要运用大量的人力、物力和财力，因此如何合理而有效地对这些项目进行组织，在有限资源下以最短的时间和最低的成本费用下完成整个项目就成为一个突出的问题，这样 CPM 就应运而生。

项目网络图中最长的或耗时最多的活动路线就是关键路线，通过分析哪个活动序列进度安排的灵活性（总时差）最少来预测项目工期的分析技术就是关键路径法。项目是由各个活动构成的，每个活动都有一个最早、最迟的开始时间和结束时间，如果一个活动的最早和最迟时间相同（时差最小，即最不可延误），则表示其为关键活动，一系列不同活动链条上的关键活动链接成为项目的关键路径，关键路径是整个项目的主要矛盾，是确保项目能否按时完成的关键。

关键路径具有以下几个特点：

（1）关键路径上的活动持续时间决定项目的工期，关键路径上所有活动的持续时间加起来就是项目的工期。

（2）关键路径上的任何一个活动都是关键活动，其中任何一个活动的延迟都会导致整个项目完成时间的延迟。

（3）关键路径是从开始到结束的项目路线中耗时最长的路线，因此缩短项目工期就要从缩短关键路径上的活动时间方面考虑。

（4）关键路径的耗时是可以完成项目的最短的时间量。

（5）关键路径上的活动是总时差最小的活动。

CPM 实质上是一种基于单点时间估计、有严格次序的一种网络图。它的出现为项目提供了重要的帮助，特别是为项目及其主要活动提供了图形化的显示，这些量化信息为识别潜在的项目延迟风险提供了极其重要的依据。但是，我们也应用看到其不足之处。首先，现实生活中的项目网络往往包括上千项活动，在制订网络图时，极容易遗漏；其次，各个工作之间的优先关系未必十分明确，难以作图；最后是各个活动时间经常需要利用概率分布来估计时间点有可能发生的偏差；最后，确定关键路径目标其实质上是为了确保项目按照这一特定的顺序严格执行，从而不至于使整个项目停顿、拖延，管理团队对确实无法确定的工作，就应该在项目运作的计划中进行充分的分析和重新安排，此时网络计划就会显得无能为力。因此，在项目中，CPM 也需要配合其他工具和方法进行辅助使用。

4. 计划评审技术 PERT

计划评审技术（Program Evaluation and Review Technique，PERT）是 20 世纪 50 年代末美国海军部开发北极星潜艇系统时为协调 3 000 多个承包商和研究机构而开发的，其理论基础是假设项目持续时间以及整个项目完成时间是随机的，且服从某种概率分布。PERT 可以估计整个项目在某个时间内完成的概率。

计划评审技术对每项活动都采用 3 个时间估计值：乐观时间、最可能时间、悲观时间。可以采用三点估计法来估算活动的持续时间。PERT 不仅可以估算活动的最早时间与最晚时间，还可以得到各项活动的方差，因此 PERT 可以计算出总的关键路线消耗的时间（数学期望）和总的方差。

假定 3 个估计服从 β 分布，由此可以算出每个活动的期望 t_i：

$$t_i = \frac{a_i + 4m_i + b_i}{6}$$

其中：a_i 表示第 i 项活动的乐观时间，m_i 表示第 i 项活动的最可能时间，b_i 表示第 i 项活动的悲观时间。根据 β 分布的方差计算方法，第 i 项活动的持续时间方差为：

$$\sigma_i^2 = \frac{(b_i - a_i)^2}{36}$$

例如，某 OA 系统的建设可分解成需求分析、设计编码、测试、安装部署 4 个活动，各个活动顺次进行，没有时间上的重叠，活动的完成时间估计如图 5-12 所示。

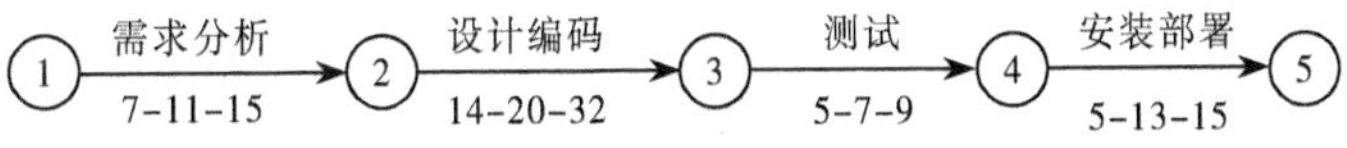

图 5-12　OA 系统工作分解和活动工期估计

则各活动的期望工期和方差为：

$$t_{需求分析} = \frac{7+4\times 11+15}{6} = 11 \qquad \sigma^2_{需求分析} = \frac{(15-7)^2}{36} = 1.778$$

$$t_{设计编码} = \frac{14+4\times 20+32}{6} = 21 \qquad \sigma^2_{设计编码} = \frac{(32-14)^2}{36} = 9$$

$$t_{测试} = \frac{5+4\times 7+9}{6} = 7 \qquad \sigma^2_{测试} = \frac{(9-5)^2}{36} = 0.444$$

$$t_{安装部署} = \frac{5+4\times 13+15}{6} = 12 \qquad \sigma^2_{安装部署} = \frac{(15-5)^2}{36} = 2.778$$

PERT 认为整个项目的完成时间是各个活动完成时间之和，且服从正态分布。整个项目的完成时间的数学期望 T 和方差 σ^2 分别等于：

$$\mathrm{T} = \sum t_i = 11+21+7+12 = 51$$

$$\sigma^2 = \sum \sigma_i^2 = 1.778+9+0.444+2.778 = 14$$

标准方差为：

$$\sigma = \sqrt{\sigma^2} = 3.742$$

通过查标准正态分布表，可得到整个项目在某一时间内完成的概率。例如，如果客户要求在 60 天内完成，那么可能完成的概率为：

$$P\{t \leqslant 60\} = \Phi(\frac{60-T}{\sigma}) = \Phi(\frac{60-51}{3.742}) = 0.992$$

5. **综合法**

PERT 和 CPM 方法为软件规划人员提供了定量描述工具，包括：

（1）关键路径。完成关键路径上所有任务时间之和，就是项目开发所需要的最短时间。

（2）用统计模型估算开发每个子任务需要的工作量和时间。

（3）计算各子任务的最早启动时间和最迟启动时间，即确定启动子任务的时间窗口边界。

实际上，大型项目的工期估算和进度控制非常复杂，往往需要结合使用 CPM 和 PERT，用 CPM 求出关键路径，再对关键路径上的各个活动用 PERT 估算完成期望和方差，最后得出项目在某一时间段内完成的概率。

PERT 还告诉我们，任何项目都有不可压缩的最小周期，这是客观规律，千万不能不顾客观规律而对用户盲目承诺，否则必然会受到客观规律的惩罚。

6. **挣值法**

挣值法是一种进度测量技术，可用来估计和确定变更的程度和范围，又被称为偏差分析法。挣值法通过测量和计算已完成的工作的预算费用与已完成的工作的实际费用及计划工作的预算费用，得到有关计划实施的进度和费用偏差，从而达到判断项目预算和进度计划执行情况的目的。它的独特之处在于以预算和费用来衡量工程的进度。挣值法取名正是因为这种分析方法用到了一个关键数值——挣值（Earned Value）：已完成工作量的预算成本。

5.6 进度控制的目的与措施

5.6.1 项目进度控制的目的

项目进度控制和监督的目的是增强项目进度的透明度，以便当项目进展与项目计划出现严重偏差时可以采取适当的纠正或预防措施。已经归档和发布的项目计划是项目控制和监督中活动、沟通、采取纠正和预防措施的基础。

1. **根据计划进行监控**

项目控制的第一个目的是根据计划对项目的各项活动进行监控，即根据已经制订并取得共识的软件开发项目计划来监控项目的实际表现和进度。为此应该根据项目计划来监控项目计划参数的实际值，这些参数包括进度表、项目成本、工作量、工作产品和任务的属性、使用的资源、项目成员的知识和技能；根据项目计划来监控项目团队所做的承诺是否已经或可能兑现、原来确定的风险是否可以避免或减少损失，是否有新的风险出现；根据项目计划来收集、管理、使用项目数据；根据计划监督项目干系人的参与情况，监控各项任务承担人的参与活动；定期进行必要的进度评审，确定项目是否存在重大偏差、跟踪变更请求和问题报告直到变更或问题得到解决；用项目的里程碑对项目的成果进行评审。

2. **管理纠正和预防措施**

项目控制的另一个目的是管理纠正和预防措施，即当项目进度或者结果已经或即将与计划有严重偏差时，对需要采取的纠正或预防措施进行管理。为此应当收集并分析项目进行中可能存在的问题，并以此确定解决这些问题的纠正或预防措施；对已经确定的问题采取纠正和预防措施；监控要实施的纠正和预防措施，分析措施采取以后的结果，判断这些措施的有效性，确定和记录纠正与计划结果存在偏差的问题而采取的必要且合适的措施。

项目执行过程中仅仅靠最初建立的一份“完善”的基准计划是不够的，最好的计划也未必会一直有效。根据项目任务渐进明晰的特点，特别是软件开发项目的特点，在项目进行过程中，肯定需要在适当和必要时对项目进行变更控制，这种控制过程包括定期搜集有关项目进展情况的信息，把实际进展情况与计划进展情况进行对比；如果实际进展情况与计划进展情况有差距，或可能会有差距，就应当采取纠正或预防措施。变更控制应当在项目期间定期进行，这里所说的变更控制不一定要进行真正的变更，而是要定期对变更进行控制。

如果在项目生命周期内的某一时间点，把实际进度与计划中约定的进度相对比，显示出项目已经延误或即将延误、超出预算目标或不符合质量要求时，就必须采取纠正或预防措施使项目回到正轨上来，重新符合计划的安排要求。在已做出执行纠正或预防措施的决定之前，应评估一下纠正与预防措施的有效性和无副作用性，以确保纠正措施使项目回到项目的工作范围、时间和预算约束内，且对项目的其他目标不会造成太大的影响。

3. **在各种项目目标中进行平衡**

如果经过评估确定项目确实已无法控制，就应当下定决心以牺牲软件功能范围、工作成果范围（如某些中间文档）、成本预算、进度计划或软件质量中的某一项目标为代价，来保住项目最重要的那些目标，在各种项目目标中进行平衡，最终确定一个最合适的解决方案。有效的项目控制的关键是定期及时测量实际进程，并与计划进程相比较，如有必要就立即采取纠正或预防措施。指望不采取纠正和干预措施，问题就自行消失的想法是不现实的。问题越早发现就越好改正，造成的影响和损失也就越小。问题越提前发现就越好采取预防措施，可以用最小的代价避免造成损失。基于项目实际进展情况，就有可能准确预测项目进度计划和成本预算的实施情况，以便顺利完成项目。如果这些项目参数超出项目目标的限制范围，就必须马上采取纠正措施；如果发现这些项目参数有超出项目目标的限制范围的趋势，就必须马上采取预防措施。

软件开发项目实施中进度控制是项目管理的关键，若某个分项或阶段实施的进度没有把握好，则会影响整个项目的进度，因此应当尽可能地排除或减少干扰因素对进度的影响，确保项目实施的进度。

5.6.2 项目进度控制措施

进度控制所采取的措施主要有组织措施、技术措施、合同措施、经济措施和管理措施。

组织措施是指落实各层次的进度控制人员，具体任务和工作责任；建立进度控制的组织系统；对项目进行分解，建立目标控制体系；确定进度控制工作制度；对影响进度的因素进行分析和预测。

技术措施是指采用加快项目进度的技术方法。

合同措施是指项目的发包方和承包方之间，总包方与分包方之间等通过签订合同明确工期目标，对项目完成的时间进行制约。

经济措施是指实现进度计划的资金保证措施。

管理措施是指加强信息管理，不断收集项目实际进度的有关信息资料，进行整理统计，与项目进度计划比较，并定期提出项目进展报告，以此作为决策的依据之一。

5.6.3 避免进度失控的措施

避免进度失控的措施可以有以下 6 点：

1. **内外合作**

以面向明确责任制约供应商客户的角度整理需求，通过科学估算，考虑资源配置情况，共同制订合理的双方认可的进度计划。因此，从一开始就以面向客户的角度来整理需求，让这些需求的实现成为项目团队共同的目标，让项目团队中的每一个成员参与估算，这样才能够保证项目计划的可行性。这将使项目始终保持正确的方向。UML 中的 UseCase、特征驱动

开发中的 Feature、极限编程中的 UserStory 都是很好的办法，以这些方式组织的需求，作为项目计划中的血肉，将更有利于进度的安排与控制。

2. **重视里程碑**

细分任务，制订更加精细的里程碑，确保里程碑是可验证的，并按里程碑进行验收和考核。任何一个项目都是由若干个相对独立的任务链组成的，只有在任何一条链都已经优化的基础上，才可能进行系统的优化，因此，保证每条任务链的效率是整个项目进度优化的前提和基础。通常，可以采用设置里程碑事件的方法来保证单独任务链的最优。在项目管理进度跟踪的过程中，给予里程碑事件足够的重视，往往可以起到事半功倍的效果。只要能保证里程碑事件的按时完成，整个项目的进度也就有了保障。

3. **进度检查**

建立常规的进度报告制度，以便及时掌握项目进度。为了检查方便，在制订计划时要注意任务的颗粒度要适中，即应该尽量让任务的工期小于检查周期，这样例会上可以比较确切地判断任务的完成情况。

4. **动态控制**

采用严格的流程来控制需求变更，根据项目的变化动态地更新项目计划。项目的进度管理并不是一个静态的过程，项目的实施与项目的计划也是互动的，在项目进度的管理过程中，需要不断调度、协调，保证项目的均衡发展，实现项目整体的动态平衡。

5. **制约供应商**

加强对供应商项目进度的管理。在项目的进行过程中，需要建立起一个机制，以保证供应商与企业内团队的沟通协调，确保进度的一致性。

6. **明确责任**

明确每个成员的责任对于项目中相对独立的关键任务组可采用专项承包的方式，设立子项目，就是定任务、定人员、定目标，进一步明确责任，确保关键任务的进度。

案例 9　MS Project 使用指南

封面（略）

修订履历（略）

目录（略）

1　引言

1.1　阅读对象

本指南的阅读对象是使用 MS Project 进行项目计划的人员。

1.2　术语

1.3　引用文本

1.4　适用范围

2　概述

下面列出在使用 MS Project 及其 Alesh 插件中经常会出现的一系列问题，然后对其原因进行解释并提出相应的解决方法或相关的注意事项。

3 使用指南

提示 1：利用 MS Project 做计划，第一件事就是要设置该项目的开始时间（项目→项目信息→项目开始时间），切记。

提示 2：尽量设置前置任务来排定任务的时间安排，不要直接设定某个任务的开始时间，这样任务的限制类型就会是“越早越好”，在以后做计划调整时，MS Project 就会根据一个任务的调整自动调整后续任务。

现象 1：任务限制类型无效，开始日期无法自动变化。例如 A 任务是“越早越好”限制类型，原则上这个任务的开始日期应该紧接着前置任务的开始日期或者是项目开始日期（如果没有前置任务）。但事实却不是这样。

原因或解决办法：检查 A 任务的完成度。如果完成度不为零，则这种现象是正常的。因为微软认为，任务限制类型只对计划中的任务有效，对执行中的任务是无效的。一旦该任务已经开始就不会再根据该任务的限制类型来自动更改任务开始日期，而且也不会根据你对任务开始日期的更改而改变任务的限制类型。

注意事项：在计划制订时经常会 Copy 任务，在 Copy 已经执行中（“完成度”不为 0%）的任务作为新任务时，注意首先要将新任务的“完成度”改为 0%，这样才能使 MS Project 根据改动而改变任务限制类型。

现象 2:通过 Copy 以前的任务而增加了几个新任务,导入 Alesh 系统,然后再刷新 Project，发现 Project 中新增任务的开始日期发生了变化，而 Alesh 中却是正确的。再次修改 Project 的新增任务的开始日期，再次导入 Alesh 系统，刷新，变成正常。

原因或解决方法：与现象 1 一样，也是任务“完成度”不为 0%引起的问题。因为“完成度”不为 0%，所以对新任务的开始日期的修改并没有引起 MS Project 改变该任务的限制类型。一旦导入 Alesh 系统，Alesh 系统为数据安全性考虑，是不导入任务的“完成度”的，所以当再次从 Alesh 导出任务时，该任务“完成度”变成了 0%，这次任务限制类型生效了，但仍是原来 Copy 的那条任务的限制类型，所以 MS Project 自动根据任务的原限制类型对项目的开始日期进行了调整，但第二次再次调整时，MS Project 就会改变任务的限制类型，因为“完成度”已经为 0%，所以就一切正常了。

现象 3：A 任务明明是 B 的前置任务，然而 B 任务的开始日期却是 A 任务的结束日期，而不是紧接着的下一天。

原因和解决办法：这是因为项目的日历与项目的工作时间设置不一致导致的。如果你的项目日历是每天工作 7 小时，则你的项目工作时间必须全部设置为 7 小时。

现象 4：父任务的工时不等于子任务的工时之和。

原因和解决办法：这是因为在父任务上也设置了资源。MS Project 不建议在父任务上设置资源，去掉该资源就正常了。

案例 10　××项目进度计划

项目名称：××项目

项目编号：××××××

项目经理：×××（电话：×××××××××××）

1. 版本信息
2. 项目进度计划
3. 项目进度管理计划

1 版本信息

版本信息 文件版本编号：CHSH1109NT-YS2-1 版本 2.0			新版本发布日期：	
序号	WBS 编号	更新内容	更新原因	相关文件

2 项目进度计划

在项目进度估算的基础上考虑到更多的外在因素和条件而修改的，如供货合同、资源情况、施工环境等。

××项目技术实施（硬件）计划

编号：
制订日期：
版本：1.0

序 号	工 作 内 容	里程碑描述	开 始	完 成	责 任	配 合	备 注
1	项目正式启动						
1.1	提交系统解决方案						
1.2	系统解决方案修改、确认						
1.3	详细设计(路由/IP 地址规划)						
2	环境平台						
2.1	提交《机房环境按照条件表》						
2.2	准备机房安装环境						
3	系统安装						
3.1	交货验收						
3.2	设备安装调试						
3.3	系统调试						
3.4	提交测试大纲						
3.5	系统测试						
4	系统割接						
4.1	提交割接计划						
4.2	割接计划确认、修改						
4.3	割接						
5	系统验收						
5.1	提交竣工文档						
5.2	系统验收						

续表

序　号	工 作 内 容	里程碑描述	开　始	完　成	责　任	配　合	备　注
5.3	签署系统验收报告						
6	培训						
6.1	制订培训计划						
6.2	编制培训计划						
6.3	使用人员培训						
6.4	维护人员培训						

审批：　　　　　　　拟制：

3　项目进度管理计划

（1）此计划只有项目经理有权更新和发布。

（2）本项目中任务延期达 2 个工作日以上将被视为严重的进度偏差。

（3）各项目小组每天下班前依据项目进度计划检查项目实际进展，并完成项目进度管理一览表（可以在进度计划表的基础上以打√的形式来做，也可以直接在甘特图上表明当前活动完成的百分数，0%～100%可变，遇到里程碑，则完成时插上小红旗）。

知识拓展——头脑风暴法

在群体决策中，由于群体成员心理相互作用影响，易屈于权威或大多数人的意见，形成所谓的“群体思维”。群体思维削弱了群体的批判精神和创造力，损害了决策的质量。为了保证群体决策的创造性，提高决策质量，管理上发展了一系列改善群体决策的方法，头脑风暴法是其中较为典型的一个。

头脑风暴法又叫集思广益法，是以专家的创造性思维来获取未来信息的一种直观预测和识别方法，具体来说就是团队的全体成员自发地提出主张和想法，产生热情的、富有创造性的更好的方案。此法是由美国人奥斯本于 1939 年首创的，从 20 世纪 50 年代起就得到了广泛应用。我国于 20 世纪 70 年代末开始引入头脑风暴法，很快受到有关方面的重视和采用。

头脑风暴法又分为直接头脑风暴法（又称头脑风暴法）和质疑头脑风暴法（又称反头脑风暴法）。

前者是在专家群体决策的基础上尽可能激发创造性，产生尽可能多的设想的方法；后者则是对前者提出的设想、方案逐一质疑，分析其现实可行性的方法。

采用头脑风暴法组织群体决策时，要集中有关专家召开专题会议，主持者以明确的方式向所有参与者阐明问题，说明会议的规则，尽力创造融洽轻松的会议气氛，由专家们“自由”提出尽可能多的方案。

1. 头脑风暴法的参加者

为了提供一个良好的创造性思维环境，应该确定专家会议的最佳人数和会议进行的时间。经验证明，专家小组规模以 10～15 人为宜，会议时间一般以 20～60 分钟为最佳。专家的人选应严格限制，便于参加者把注意力集中于所涉及的问题；具体应按照下述 3 个原则选取：

（1）如果参加者相互认识，要从同一职位（职称或级别）的人员中选取。领导人员不应参加，否则可能对参加者造成某种压力。

（2）如果参加者互不认识，可从不同职位（职称或级别）的人员中选取。此时不应宣布参加人员的职称，不论成员的职称或级别的高低，都应同等对待。

（3）参加者的专业应力求与所论及的决策问题相一致，但这并不是专家组成员的必要条件。专家中最好包括一些学识渊博，对所论及问题有较深理解的其他领域的专家。

头脑风暴法专家小组应由下列各领域人员组成：

（1）方法论学者——专家会议的主持者。

（2）设想产生者——专业领域的专家。

（3）分析者——专业领域的高级专家。

（4）演绎者——具有较高逻辑思维能力的专家。

头脑风暴法的所有参加者，都应具备较高的联想思维能力。在进行“头脑风暴”（即思维共振）时，应尽可能提供一个有助于把注意力高度集中于所讨论问题的环境。有时某个人提出的设想，可能正是其他准备发言的人已经思维过的设想。其中一些最有价值的设想，往往是在已提出设想的基础之上，经过“思维共振”的“头脑风暴”，迅速发展起来的设想，以及对两个或多个设想的综合设想。因此，头脑风暴法产生的结果，应当认为是专家成员集体创造的成果，是专家组这个宏观智能结构互相感染的总体效应。

2. **头脑风暴法的主持工作**

头脑风暴法的主持工作，最好由对决策问题的背景比较了解并熟悉头脑风暴法的程序和方法的人担任。头脑风暴法以“宏观智能结构”为基础，发挥专家的创造性思维来获取未来信息。这就要求头脑风暴主持者在会议开始时的发言应能激起专家们的思维“灵感”，促使专家们感到急需回答会议提出的问题。通常在“头脑风暴”开始时，主持者需要采取询问的做法，因为主持者很少有可能在会议开始5~10分钟内创造一个自由交换意见的气氛，并激起参加者踊跃发言。主持者的主动活动也只局限于会议开始时，一旦参加者被鼓励起来，新的设想就会源源不断地涌现出来。这时，主持者只需根据“头脑风暴”的原则进行适当引导即可。应当指出，发言量越大，意见越多种多样，所论问题也就越广越深，出现有价值设想的概率也就越大。

头脑风暴法更注重所想出主意的数量，而不是质量。这样做的目的是要团队想出尽可能多的主意，鼓励成员有新奇或突破常规的主意。

头脑风暴法的具体做法是：讨论某个问题时，由一个协助的记录人员在翻动记录卡或黑板前做记录。首先，由某个成员说出一个主意，接着下一个出主意，这个过程不断进行，每人每次想出一个主意。这一循环过程一直进行，直到想尽了一切主意或限定时间已到。

3. **头脑风暴法遵循的原则**

应用头脑风暴法时，要遵循以下原则：

（1）庭外判决原则。对各种意见、方案的评判必须放到最后阶段，此前不能对别人的意见提出批评和评价。认真对待任何一种设想，而不管其是否适当和可行。

（2）欢迎各抒己见，自由鸣放。创造一种自由的气氛，激发参加者提出各种荒诞的想法。

（3）追求数量。意见越多，产生好的意见的可能性就越大。

（4）探索取长补短和改进办法。除提出自己的意见外，鼓励参加者对他人已经提出的设想进行补充、改进和综合。

（5）会议提出的设想应由专人简要记载下来或录在磁带上，以便由分析组对会议产生的设想进行系统化处理，供下一（质疑）阶段使用。系统化处理程序如下：

① 对所有提出的设想编制名称一览表。

② 用通用术语说明每一设想的要点。

③ 找出重复的和互为补充的设想，并在此基础上形成综合设想。

4. 实施脑力风暴要点

（1）预先准备的力量：有效的脑力风暴要求先进行一些艰苦的工作，在真空中你不可能成功地进行脑力风暴。在去开会前，对于要解决的问题必须要有所了解。不要指望一进会议室每个人都会为你的即时灵感喝彩。也就是每个人要提前进行自己的脑力风暴。

（2）在一干二净的屋子中进行：头脑风暴的关键是产生新的想法，所以应该从没任何痕迹的写字板开始，把每个人的预想都留在门外，把你所了解的事实带进去，但要找到看待这些事实的新的方法。

（3）没有坏主意：在召开头脑风暴会议时，不应有人因为害怕获得“这是个坏主意”的指责而在发表意见时考虑再三。观点的争论本身就是脑力风暴的一个组成部分，经过几分钟的讨论也许大家不会认为它是个坏主意。

（4）没有不值得回答的问题：就像没有坏主意一样，对任何问题都要考虑其价值，千万不要害怕对事物本身或做事情的方式刨根问底。千万不要低估对那些似乎是显而易见或是简单的问题进行探究的价值。

（5）准备好扼杀自己的婴儿：无论你的主意有多奇妙，如果在会议结束时没有作为问题答案的一部分，那就得忍痛割爱，把它投进脑力风暴搅拌机中作为一种原料，不要带着一种誓死捍卫它的情绪参加会议。

（6）知道什么时候说什么话：脑力风暴是要花一点时间的，随着时间的延长，特别是随着夜色的加深人们会变得疲惫、暴躁和迟钝，所以你最好是在团队开始困乏之前结束。如果可能的话，让大家有半个小时的时间散步、整理思维、舒展筋骨。

（7）好记性不如烂笔头：与会议不同，会议一般有专人记录，脑力风暴本身不允许进行详细记录。在任何情况下，都不得在没有对结果做永久性记录的情况下离开会议室。

小　　结

综上所述，项目进度管理是项目管理中十分重要的内容，本章从进度管理的过程（活动定义、活动排序、活动资源和活动持续时间估算、进度计划制订、进度计划控制）、制订项目进度计划、实施项目进度控制着手，对项目进度管理的概念、原则、步骤、方法和技术进行了阐述，并结合实际情况对进度控制的目的与措施做了进一步的介绍。

习题与思考

1. 进度管理可以分为 4 个阶段，具体内容是什么？
2. 进度管理可以分为哪几个过程？

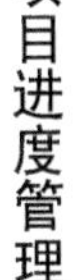

3. 活动排序的工具和方法有哪些？

4. 活动持续时间估计的方法主要有几种？

5. 什么是网络图？

6. 网络图有什么作用？

7. 根据下面的单代号网络图给出的估计工期，计算ES、EF、LS、LF、时差、找出关键路径。

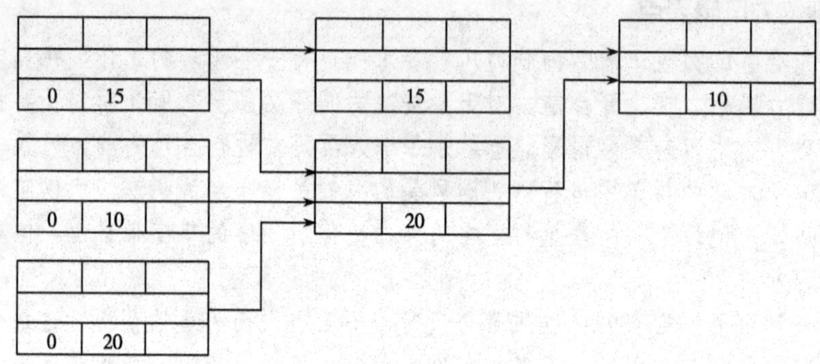

8. 有以下进度计划项目任务表，画出对应的甘特图。

任务名称	工期	开始时间	完成时间
⊟网上考试系统	**55 工作日?**	**2007年10月8日**	**2007年12月21日**
⊟可行性研究分析	**9 工作日**	**2007年10月8日**	**2007年10月18日**
市场调查	4 工作日	2007年10月8日	2007年10月11日
可行性分析	5 工作日	2007年10月12日	2007年10月18日
⊟需求分析	**7 工作日**	**2007年10月19日**	**2007年10月29日**
需求研究	7 工作日	2007年10月19日	2007年10月29日
⊟总体设计	**9 工作日**	**2007年10月30日**	**2007年11月9日**
系统架构设计	5 工作日	2007年10月30日	2007年11月5日
数据库设计	4 工作日	2007年11月6日	2007年11月9日
⊟详细设计	**2 工作日**	**2007年11月12日**	**2007年11月13日**
程序设计	2 工作日	2007年11月12日	2007年11月13日
模块设计	2 工作日	2007年11月12日	2007年11月13日
⊟编码	**16 工作日?**	**2007年11月14日**	**2007年12月5日**
功能设计	5 工作日	2007年11月14日	2007年11月20日
编码	11 工作日?	2007年11月21日	2007年12月5日
⊟系统测试	**19 工作日?**	**2007年11月22日**	**2007年12月18日**
制定测试计划	2 工作日?	2007年11月22日	2007年11月23日
设计测试方案	15 工作日?	2007年11月26日	2007年12月14日
实施测试	7 工作日?	2007年12月10日	2007年12月18日
⊟验收	**3 工作日?**	**2007年12月19日**	**2007年12月21日**
文档整理	1 工作日?	2007年12月19日	2007年12月19日
系统试运行	1 工作日?	2007年12月20日	2007年12月20日
提交给用户	1 工作日?	2007年12月21日	2007年12月21日

9. 简述项目进度检查的常用方法。

10. 解释项目持续时间压缩法的含义。

11. 解释时间/成本平衡法的含义。

12. 以下是用甘特图表示的“软件学院广告网论坛”项目各阶段的进度计划：

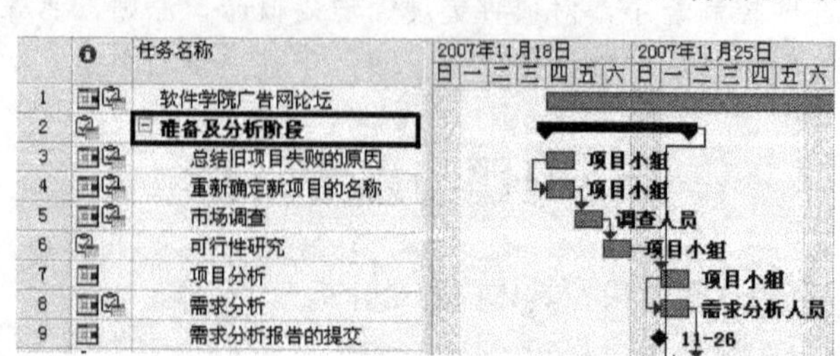

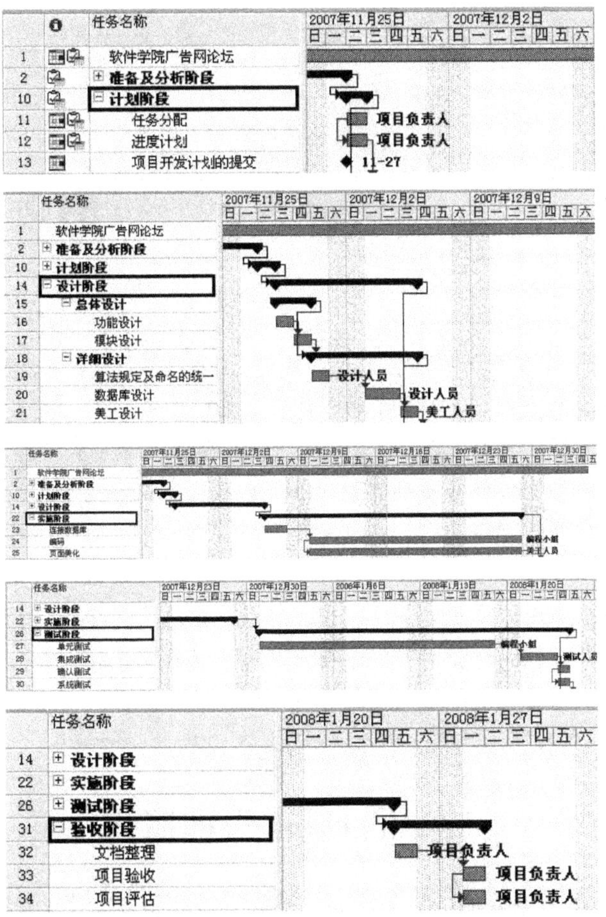

请用 MS Project 完成一个自拟项目的甘特图。也可以集体讨论，注意工作步骤。

项目成本管理

IT 企业的主体是由众多的工程项目单元组成的，工程项目是 IT 企业各项目要素的集结地，是企业管理水平的体现和来源，直接维系和制约着企业的发展。IT 企业只有把管理的基点放在项目管理上，通过加强项目管理，实现项目合同目标，进行项目成本控制，提高工程投资效益，才能达到最终提高企业综合经济效益的目的，求得全方位的社会信誉，从而获得更为广阔的企业自身生存、发展的空间。

近年来，虽然软件工程、信息系统项目管理得到了广泛的承认和使用，但仍有近一半的信息系统项目完成时的成本超过了原定成本。项目管理成败的三要素是时间、质量和成本，最容易失控的是成本。如果将软件行业的项目管理当成一个装水的木桶，那么成本管理就是其中最短的那块木板。项目成本管理过程分为资源计划编制、费用估算、费用分配（预算）和费用控制阶段。

6.1 项目成本管理概述

项目成本管理是指为保障项目实际发生的成本不超过项目预算，使项目在批准的预算内按时、按质、经济高效地完成既定目标而开展的项目成本管理活动。项目成本管理的效果将直接影响到项目的绩效，因此成本管理必须坚持全生命期成本最低原则、全面成本管理原则、成本五分制原则、成本管理有效化原则和成本管理科学化原则。

6.1.1 项目成本

项目成本是指为完成项目目标而付出的费用和耗费的资源，即项目全过程所耗用的各种费用的总和。

1. 成本类别

成本类别如表 6-1 所示。

表 6-1 成本类别

名　称	含　义	举　例
直接成本	可以从项目上找到直接出处	技术人员工资
间接成本	多个项目分摊	水费、房租、管理费用
固定成本	不会随着产品生产数量而增加	计算机
可变成本	随着生产产品的数量增加而增加	原材料

续表

名　　称	含　　义	举　　例
可控成本	项目经理可以控制的	直接、可变
不可控成本	项目经理不能直接控制的	间接、固定、其他
机会成本	因为选择另一个机会而放弃的机会原来可以获得的收益	为了选择 A，放弃 B，B 的收益就是 A 的机会成本
沉没成本	以前花出去的费用，在确定是否继续做项目时不需要考虑	当项目最终可研结果是取消项目时，那么该项目可研费用就属于沉没成本
运营成本	项目本身可以运用的所有资金	

2. 项目成本构成

项目成本是因为项目而发生的各种资源耗费的货币体现，有时也被称为项目费用。项目成本包括项目生命周期每一阶段的资源耗费，其基本要素有人工费、材料费、设备费、咨询费、其他费用等。项目成本的影响因素有项目的范围、质量、工期、资源数量及其价格、项目管理水平等。项目成本包括以下内容：

（1）项目决策成本：管理决定是否实施项目要进行市场调查、查阅资料和进行可行性分析，这些都需要时间和资金。

（2）招标成本：如果项目需要招标，那么就需要一定的费用。

（3）项目实施成本：在项目开始后所发生的各种费用，包括人工费、材料费等直接成本和项目管理费这样的间接成本。

例如，信息系统集成的费用构成包括工程前期费用、监理费、咨询/设计费用、工程费用、第三方工程测试费用、工程验收费用、系统运行维护费用、风险费用和其他费用。

下面以表 6-2 所示列出项目成本的表现形式。

表 6-2　项目成本比较

项 目 成 本	IT 项目成本	软件项目成本
项目成本是完成项目所需要的全部费用的总和，包括决策与定义成本、获取成本、设计成本和实施成本等	包括硬件成本、软件成本、集成成本、人力资源成本、场所成本、外包服务成本等	包括开发生产成本（分析设计成本、系统实施成本）和运行维护成本（专业培训成本、系统运行成本、维护改进成本和行政管理成本）等

6.1.2　项目成本管理的概念

项目成本管理就是在整个项目的实施过程中，为确保项目在批准的预算条件下尽可能保质按期完成对所需的各个过程的管理与控制。对于许多组织来说，现实似乎并不是项目管理者在进行项目的成本管理，而是被项目成本所控制。

成本管理并不只是把项目的成本进行监控和记录，而是需要对成本数据进行分析，以发现项目的成本隐患和问题，在项目遭受可能的损失之前采取必要的行动。

成本管理本身并不是一个完整的系统，而是项目管理成本和控制系统的子系统，如图 6-1 所示。

图 6-1 管理成本和控制系统

6.1.3 项目成本管理的过程

美国《项目管理知识体系指南》将项目成本管理过程定义为项目资源规划、项目成本估算、项目成本预算、项目成本控制等过程。资源规划指确定为完成项目诸工序，需用何种资源（人、设备、材料）以及每种资源的需要量；项目成本估算指编制为完成项目各工序所需的资源的近似估算总费用；项目成本预算指根据项目 WBS 将总费用精确估算并分配到各单项工作上的过程；项目成本控制指控制项目预算变更的过程。

项目成本管理包括确保在批准的预算范围内完成项目所需的各个过程。成本管理计划是成本控制的标准，不合理的计划可能使项目失去控制并超出预算。成本估算是整个成本管理过程中的基础，成本控制是使项目的成本在开发过程中控制在预算范围之内。

项目成本管理的主要过程如图 6-2 所示。

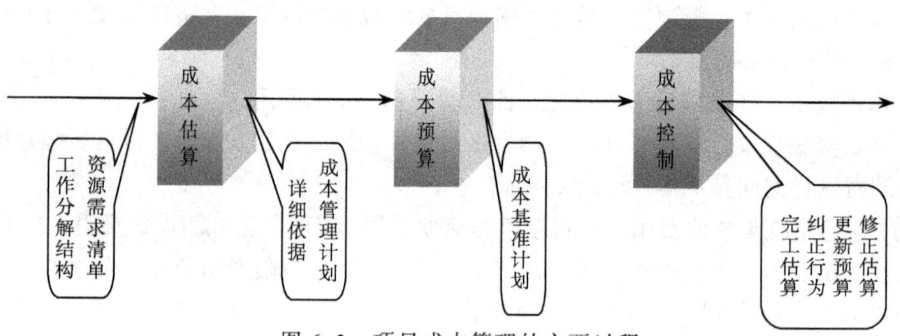

图 6-2 项目成本管理的主要过程

（1）资源计划：包括决定为实施项目活动需要使用什么资源（人员、设备和物资）以及每种资源的用量。其主要输出是一个资源需求清单。

（2）成本估算：对完成项目所需成本的估计和计划，是项目计划中的一个重要的、关键的、敏感的部分。包括估计完成项目所需资源成本的近似值。其主要输出是成本管理计划。

（3）成本预算：把估算的总成本分配到项目的各个工作细目，建立成本基准计划以衡量项目绩效。包括将整个成本估算配置到各单项工作，以建立一个衡量绩效的基准计划。其主要输出是成本基准计划。

（4）成本控制：保证各项工作在各自的预算范围内进行。包括控制项目预算的变化。其主要输出是修正的成本估算、更新预算、纠正行动和取得的教训。

以上 4 个过程相互影响、相互作用，有时也与外界的过程发生交互影响，根据项目的具体情况，每一过程由一人或数人或小组完成，在项目的每个阶段，上述过程至少出现一次。以上过程是分开陈述且有明确界线的，实际上这些过程也可能是重叠的，相互作用的，此处不做详细讨论。

下面就资源计划编制、费用估算、费用分配、费用控制及收尾进行详细说明。

（1）资源计划编制：

- 目标：确定完成项目活动需要使用什么资源以及多少资源。
- 输入：工作范围说明书，工作分解结构 WBS，资源配置库说明，活动的工期估算，公司项目管理库中的机构政策和历史信息。
- 输出：项目的资源需求计划，包括人、物等资源的需求计划。
- 技术：专家判断方案选择方法或借助项目管理软件，如 Microsoft Project、IBM Rational Portfolio Manager、P3E、Artemis 等。

（2）费用估算：

- 目标：估算要完成项目活动所需资源将耗用多少费用。
- 输入：上一个过程的输出，资源价格。
- 输出：费用估算值，费用计划等文档。

注意：WBS 是确定成本估算准确性的关键。我们需要为 WBS 中列出的每项活动所需的资源做出成本估算。而且，一定要估算出项目所需的所有资源，包括员工工资、外包合作单位的成本、材料费、设备及硬件、软件工具等成本或者成本分摊。

- 技术：类别估算，自下而上估算。

（3）费用分配：

- 目标：把费用预算分配到每一项活动中，以便获得项目费用计划基准。
- 输入：费用估算值，WBS，项目进度计划和风险管理计划。
- 输出：项目的费用计划基准。

（4）费用控制：

- 目标：评估影响引起费用变更的因素，以便保证变更可以让项目各方干系人接受；判定费用计划基准是否偏离，对出现的偏离进行管理和纠正。
- 输入：项目状况报告，项目变更情况及申请，费用管理计划。
- 输出：修订费用估算，更新项目预算以及纠正措施。

注意：这是成本管理中最难的部分。

- 技术：挣值法。用费用偏差 CV，进度偏差 SV，费用指数 CPI 以及进度指数 SPI 等指标进行量化计算。

（5）收尾：

- 对项目成本进行分析和记录，以便为本项目管理进行总结和后续项目估算参考使用。常进行成本偏差以及 ROI（投资回报率）等各种财务指标分析。

6.1.4 软件项目成本管理的难点

软件项目的成本很难控制，仅依靠项目预算几乎是不可能的。不可能的理由如下：

（1）需求不确定，因此，项目工期不确定、费用无法控制。

（2）项目采用的技术先进，技术风险很大，因此，费用无法控制。

（3）软件开发是一个个人行为，因此，人员的积极性、工作效率、配合情况等不像其他行业的项目那样，可以准确地预测。因此，工作效率无法确定。

（4）项目具有独特性没有历史资料可以借鉴。因此，成本估算带有很大的盲目性。

项目成本管理主要与完成活动所需资源成本有关，然而，项目成本管理也考虑决策对项目产品的使用成本的影响。

6.2 项目成本估算

6.2.1 项目成本估算的概念及依据

1. 项目成本估算的概念

成本估算是对完成项目各项任务所需资源的成本进行的近似估算。项目成本估算是根据项目资源计划以及各种资源的价格信息，粗略地估算和确定项目各项活动的成本及其项目总成本的项目管理活动，如图 6-3 所示。

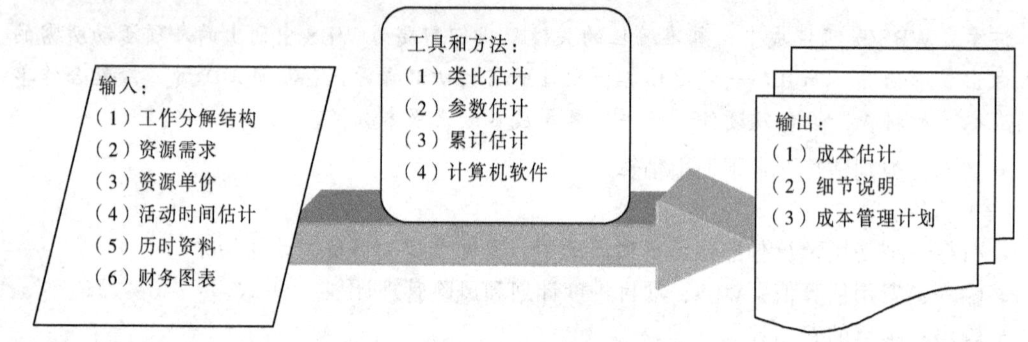

图 6-3　项目成本估计

成本估算是对完成项目所需费用的估计和计划，是 IT 项目计划中的一个重要的、关键的、敏感的部分，是项目成本管理的核心工作；成本估算是项目决策、资金筹集和评标定标的依据，是承包商报价的基础，是项目进度计划编制、项目资源安排和绩效考评的依据；项目成本估算是项目成本管理的起点，估算的准确度直接关系到项目成本管理的有效性。

2. 项目成本估算的依据

项目成本估算的依据如下：

（1）资源需求计划。

（2）项目范围说明书。

（3）项目进度计划。

（4）工作分解结构。

（5）风险管理计划。

（6）相关历史资料和经验教训。

6.2.2 项目成本估算的方法

1. 自顶向下估算法

根据管理人员的经验和判断，再结合以前相关类似活动的历史数据，管理人员估计项目整体的成本和子项目的成本，把这个估计的成本给底层的管理人员，底层管理人员再对任务和子任务的成本进行估计，最后到最底层。这个过程如图 6–4 所示。

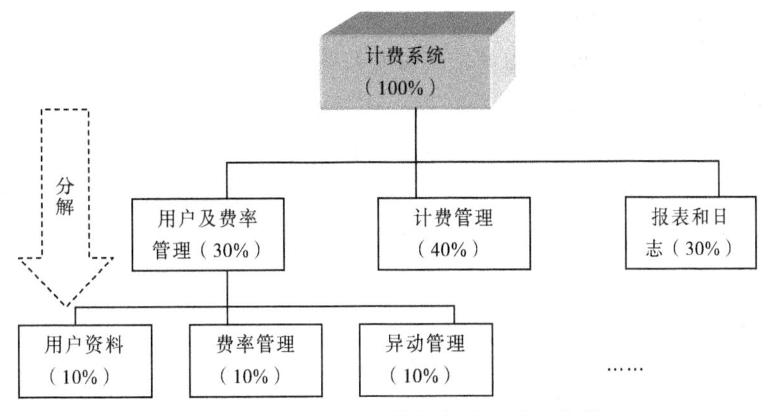

图 6–4　根据 WBS 进行自顶向下的估算

自顶向下的依据主要是历史的同类项目的成本。参考同类项目的成本是人们最常用的对新项目的成本估计方法。通过和历史同类项目的比较，比较需要进行估算的项目在规模、范围、难度等方面与历史项目的不同，管理层就能大致估算项目的成本。

自顶向下估算法的主要优点是管理层会综合考虑项目中的资源分配，由于管理层的经验，他们能相对准确地把握项目的整体需要，能把预算控制在有效的范围内，并避免某些任务有过多的预算，而忽视另外一些任务。

自顶向下估算法的主要缺点是如果下层人员认为所估算的成本不足以完成任务时，由于人微言轻的原因可能会保持沉默，直到管理层发现估算中的问题再自行纠正。这样会使项目的执行出现困难，甚至是失败。

2. 自底向上估算法

先把基本的任务和它们所需要的估算列出来，即对任务的时间和资源进行确定，然后把资源转换成所需要的经费。这个转换有时需要进行某些修正，而且要与管理层一致。所有任务的估算的总和再加上间接成本，就是项目完成所需要的估算值。图 6–5 所示为自底向上的项目成本估算的例子。

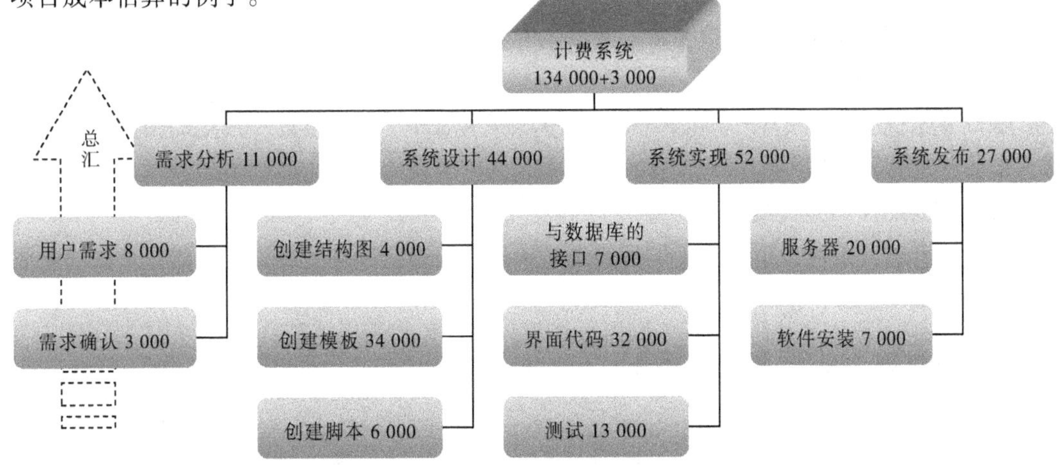

图 6–5　自底向上的项目成本估算的例子

自底向上估算法的主要优点是任务和子任务的估算更为精确，并且能避免实施人员对管理层所作估算的不满和对立情绪。

自底向上估算法的缺点是实施人员对于技术实施的理解不同而估算结果会大相径庭，也可能会因为担心管理层的削减而故意高估所需要的成本，因此估算会因人为因素而不准确。

3. **类比估算法**

类比估算法叫专家判断法，是一种在成本估算精确程度要求不高的情况下使用的方法。它比照以前的、相似项目的实际成本作为目前项目成本估算的根据，来估算出当前项目的成本。其优点是基于有代表性的经验，用经验进行客观的修正，具有代表性、交互性、意外情况评估。缺点是存在偏见，用过去而非未来的事情来进行修正，专家并不比普通参与者更好。

4. **参数模型估算法**

参数模型估算法在数学模型中应用项目特征参数来估算项目成本的方法。其优点是有客观、可重复、可分析的公式，有效率、便于灵敏度分析。其缺点是输入带有主观性，必须对意外情况进行评估。

6.2.3 项目成本估算的困难

1. **复杂的信息**

信息系统要满足的是人的主观需要，这与传统项目有很大的区别，因此对于项目的成本估算也很困难，往往是随着项目的进展，项目的成本估算也会相应地有所变化。

2. **技术的变化**

开发工具软件的不断升级、技术方案的不断更新，没有什么项目比信息系统项目的技术变化更快更广泛了，这都会给项目的成本估算带来困难。

3. **同类项目的缺乏**

信息系统项目往往和创新联系在一起，例如企业的业务流程再造，以前都没有可以参考的同类项目，因此，对于缺乏历史成本数据的项目而言，成本估算的确很难不出现偏差。

4. **缺乏专业和富有经验的人才**

考量历史项目和当前项目的不同点和相同点，是估算过程中需要判断的重要问题，这需要丰富的经验和专业知识，遗憾的是，这方面的人才非常缺乏。

5. **信息系统项目建设人员的不同**

在信息系统建设的成本中，很大一部分是人力资源成本，而参与项目的人员因能力、经验、技术水平、工作态度的差别，在工作效率上会有很大的不同，这也给成本估算带来了不确定性。

6. **管理层的压力与误解**

为了赢得合同或者投资，管理层可能会对项目成本进行带有主观意愿的估算，其结果是估算脱离了实际。

6.2.4 项目成本估算常见的错误

1. **草率的成本估算**

面对激烈的市场竞争以及内部高层的压力，项目组成员或者管理者常常被迫在没有进行真正的准备的情况下做出成本估算。

2. 在项目范围尚未确定时就进行成本估算

这在信息系统项目中比较常见，范围尚未完全确定，就要做成本估算。

3. 过于乐观或者保守的估算

由于以往的经验不能完全对应现实的情况，过于乐观的估算会给项目实施带来极大的压力。而过于保守的估算也会带来不利的影响，造成项目利益损失。

6.3 项目成本预算

成本管理的现金流分析采用的数据大都来自估算和预测，具有一定的不确定性，可能造成项目的现金流入减少或现金流出增加。不确定性成本管理或风险成本管理已成为我国项目管理中的弱项，也是很多商业银行贷款最关心的问题。

项目成本预算是进行项目成本控制的基础，它负责为项目活动分配预算，确定成本定额和项目总预算，规定项目不可预见费用的划分与使用规则等。预算主要包括：直接人工费用预算、咨询服务费用预算、资源采购费用预算和不可预见费用预算。

预算的主要依据包括项目成本估算、工作分解结构和项目进度计划。

6.3.1 项目成本预算的概念及特征

1. 项目成本预算的概念

项目成本预算是在项目成本估算的基础上，更精确地估算项目总成本，并将其分摊到项目的各项具体活动和各个具体项目阶段上，为项目成本控制制订基准计划的项目成本管理活动，又称项目成本计划。

成本估算和成本预算既有区别、又有联系。成本估算的目的是估计项目的总成本和误差范围，而成本预算是将项目的总成本分配到各工作项和各阶段上。成本估算的输出结果是成本预算的基础与依据，成本预算则是将已批准的估算（有时因为资金的原因需要砍掉一些工作来满足总预算要求，或因为追求经济利益而缩减成本额）进行分摊。

尽管成本估算与成本预算的目的和任务不同，但两者都以工作分解结构为依据，所运用的工具与方法有些相同，两者均是项目成本管理中不可或缺的组成部分，如图 6-6 所示。

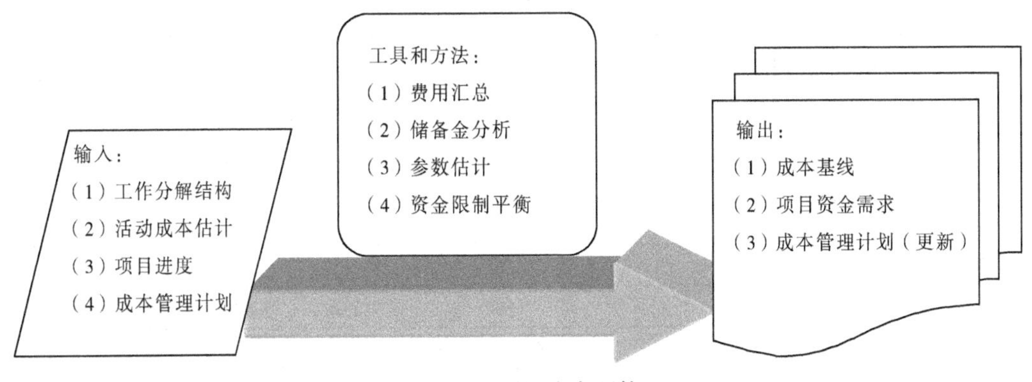

图 6-6 项目成本预算

项目成本预算是进行项目成本控制的基础，它负责为项目活动分配预算，确定成本定额和项目总预算，规定项目不可预见费用的划分与使用规则等。

预算主要包括直接人工费用预算、咨询服务费用预算、资源采购费用预算和不可预见费用预算。

预算的主要依据包括项目成本估算、工作分解结构和项目进度计划。

2. **成本预算的构成**

成本预算由项目总成本、应急储备和管理储备三大块构成，成本基线由项目总成本和应急储备两部分构成，如表 6-3 所示。

表 6-3　成本预算构成

ID	组成部分	说　明
8	成本预算	=Σ（3）+5+7
7	管理储备	
6	成本基线	=Σ（3）+5
5	应急储备	
4	项目总成本	=Σ（3）
3	控制账户	=Σ（2）
2	工作包	=Σ（1）
1	活动	

3. **成本预算的特征**

（1）计划性：对 WBS 的每一种组成部分估算相应的成本形成预算。预算是另一种形式的项目计划。

（2）约束性：预算是一种分配资源的计划，预算分配的结果可能并不能满足所涉及的管理人员的利益要求，而表现为一种约束，所涉及人员只能在这种约束的范围内行动。

（3）控制性：项目预算是一种控制机制，预算可作为一种比较标准而使用。

6.3.2　项目成本预算需考虑的因素

（1）首先是直接用于项目的成本，信息系统项目成本组成如表 6-4 所示。

表 6-4　信息系统项目成本的组成

类　别	说　明
工资成本	企业的固定支出
硬件成本	服务器、打印机、工作站、线材
软件成本	软件许可证、下载补丁
旅行和住宿	飞机、宾馆、汽油
管理、支持成本	个人、资金和法律支持
培训成本	用户培训、基于计算机的培训、培训计划
系统文档成本	手册、规则和过程说明、在线文档
家具成本	工作空间、工作台

在信息系统项目中，人力资源的成本是最主要的项目成本之一。为了进行人力资源成本的预算，必须根据工作分解结构，确定每一项工作包所需要的人力资源和占用的时间，再根据不同类型的人力资源的成本对每个工作包所需要的人力资源成本进行计算，最后把所有工作包的人力资源成本进行汇总，才能得到项目的总的人力资源成本。

（2）在进行项目预算时，除了考虑现实的成本，还要考虑间接成本和其他一些对成本有影响的因素：

① 非直接成本。

② 隐没成本。

③ 学习曲线。

④ 项目完成的时限。

⑤ 质量要求。

⑥ 保留。

6.3.3 项目成本预算的实际做法

1. 零基准预算

零基准预算是指不考虑过去的预算项目和收支水平，以零为基点编制预算的一种预算制度。零基准预算的基本特征是不受以往预算安排和预算执行情况的影响，一切预算收支都建立在成本效益分析的基础上，根据需要和可能来编制预算。

零基准预算的基本做法：一是要掌握准确的信息资料，对单位的人员编制、人员结构、工资水平，以及工作性质、设备配备所需资金规模等都要了解清楚，在平时就要建立单位情况数据库，非经法定程序，不得随意变动。二是要确定各项开支定额，这是编制零基准预算的基本要求。三是要根据事业需要和客观实际情况，对各个预算项目逐个分析，按照效益原则，分清轻重缓急，确定预算支出项目和数额。零基准预算的主要目标是减少浪费，避免在一些实际上没有继续存在必要的成本支出由于预算人员的惰性或者疏忽而继续在新的项目中存在。

2. 累加预算成本

在项目预算中，每一个工作包都有自己的成本预算和进度计划，根据这些数据，能够确定在某个时间点上的项目所需要的资源和成本，把这个时间点以前的所有成本累加的值，称为累加预算成本。表 6-5 所示为一个信息系统项目的累加预算成本。

表 6-5　累加预算成本表

工作任务＼时间	1月	2月	3月	4月	5月	6月	7月	8月	9月	10月	总计
需求调查	9	7	1								17
系统分析			18	26	4						48
系统实现					28	30	58	22			138
集成测试								3	3	1	7
总计	9	7	19	26	32	30	58	25	3	1	210

累加预算成本是进行成本控制的重要依据，在项目执行的过程中，需要不断将累加预算成本与实际成本做比较，以判断当前项目是否存在成本偏差。

3. **购买还是自作**

为了完成项目目标，需要许多的中间产品和支持产品，这些产品既可以由组织自己生产，也可以向其他组织购买。选择的理由主要是经济上的考虑，如表 6-6 所示。

表 6-6　购买与自己制作

购买的原因	自己制作的原因
比自己制作的价格低	比购买的价格低
员工无自己制作的能力	项目组可学习新的技术
项目组只要关注项目可交付成果	项目允许关注其他方面
更高的可控制性	较少的工作

除了考虑成本预算方面的要求外，有时也要考虑风险。

6.4　项目成本控制

项目成本管理的主要目的是项目成本的控制，将项目的运行成本控制在预算范围内，或可接受的范围内，是项目成功完成的一个重要的指标。项目成本控制的关键是找到一种行之有效的分析成本绩效的方法，以便在项目失控之前能及时采取纠正措施。

6.4.1　项目成本控制的概念

项目成本控制是指在项目成本的形成过程中，对项目实施所消耗的人力资源、物质资源和费用开支，进行指导、监督、调节和限制，及时纠正将要发生和已经发生的偏差，把各项实施费用控制在计划成本的范围之内，保证成本目标的实现。进行成本控制必须依据费用基准、进展报告、变更请求和费用管理计划。

实施项目成本控制原则是企业成本管理的基础和核心，项目经理在对项目实施过程进行成本控制时，必须遵循以下基本原则：

1. **最低化原则**

实施项目成本控制的根本目的在于通过成本管理的各种手段，促进不断降低实施项目成本，以达到可能实现最低的目标成本的要求。在实行成本最低化原则时，应注意降低成本的可能性和合理的成本最低化。一方面挖掘各种降低成本的能力，使可能性变为现实；另一方面要从实际出发，制订通过主观努力可能达到合理的最低成本水平。

2. **全面成本控制原则**

全面成本管理是全企业、全员和全过程的管理，亦称“三全”管理。项目成本的全员控制有一个系统的实质性内容，包括各部门、各单位的责任网络和项目团队经济核算等等，应防止成本控制人人有责而又人人不管。项目成本的全过程控制要求成本控制工作要随着项目实施进展的各个阶段连续进行，既不能疏漏，又不能时紧时松，应使实施项目成本自始至终置于有效的控制之下。

3. **动态控制原则**

实施项目是一次性的，成本控制应强调项目的中间控制，即动态控制，因为实施准备阶段的成本控制只是根据实施组织设计的具体内容确定成本目标、编制成本计划、制订成本控制的方案，为今后的成本控制做好准备；而竣工阶段的成本控制由于成本盈亏已基本定局，即使发生了纠差，也已来不及纠正。

4. **目标管理原则**

目标管理的内容包括目标的设定和分解，目标的责任到位和执行，检查目标的执行结果，评价目标和修正目标，形成目标管理的计划、实施、检查、处理循环，即 PDCA 循环。

5. **责、权、利相结合的原则**

在项目实施过程中，项目经理部各部门、各班组在肩负成本控制责任的同时，享有成本控制的权力，同时项目经理要对各部门、各班组在成本控制中的业绩进行定期的检查和考评，实行有奖有罚。只有真正做好责、权、利相结合的成本控制，才能收到预期的效果。

6.4.2 成本偏差和挣值法

偏差控制法是在计划成本的基础上，找出计划成本和实际成本之间的偏差，并分析产生偏差的原因和发展趋势，制订需要采取的减少或者消除偏差的方法。

在实践中，还需要引入当前完成项目的进度占总进度的百分比这一概念，通过累加预算成本、实际成本、计划成本这 3 个值一起来对项目的进度和费用进行综合的分析，使项目的进度和成本的偏差能够同时被发现。这时，使用的是一种被称为挣值法的方法进行分析。挣值法是监视和报告项目进展情况的必要工具，它能监视、跟踪和报告项目的进度和成本情况，适用于各种类型的项目。挣值法中的基本概念如表 6-7 所示。

表 6-7 挣值法中的基本概念

名　称	英文名称和缩写	意　义
计划工作预算成本	Budgeted cost of work scheduled（BCWS）	累加预算成本，是当前本应该完成的所有工作的预算值之和。即计划成本（PC）
已完成工作实际成本	Actual cost of work performed（ACWP）	实际成本（AC），这个定义更精确
已完成工作预算成本	Budgeted cost of work performed（BCWP）	这个值就是所谓的“挣值”(EV)，它表示当前完成的所有工作的预算值之和
完成工作预算	Budget at Completion（BAC）	整个项目的所有阶段的预算的总和，也就是整个项目成本的预算值

1. **挣值法的 3 个基本参数**

（1）计划工作量的预算费用（BCWS），是指项目实施过程中某阶段计划要求完成的工作量所需的预算工时（或费用）。计算公式为 BCWS=计划工作量 × 预算定额。BCWS 主要是反映进度计划应当完成的工作量而不是反映应消耗的工时（或费用）。

例如：某项目打算安装一台 Web 接入服务器，预计硬件、软件、安装等计划用一周的时间，购买软硬件及请别人安装等的成本预算，拟为 3 万元。则这一周的计划工作预算费用 BCWS 就是 3 万元。

（2）已完成工作量的实际费用（ACWP），是指项目实施过程中某阶段实际完成的工作量所消耗的工时（或费用）。ACWP 主要是反映项目执行的实际消耗指标。

例如：上例中，最后实际用了二周时间，完成了服务器的购买和安装。在第一周花 2.5 万元购买了服务器，在第二周花 0.5 万元完成了安装工作。则第一周的 ACWP=2.5 万元，第

二周的 ACWP 为 0.5 万元。

（3）已完工作量的预算成本（BCWP），是指项目实施过程中某阶段按实际完成工作量及按预算定额计算出来的工时（或费用），即挣值 EV(Earned Value)。BCWP 的计算公式为 BCWP=已完工作量×预算定额。

例如：上例中，认为第一周购买了服务器和软件，是完成总计划工作量的 70%，第一周的计划成本是 3 万元。那么第一周的挣值就是 70%×3 万=2.1 万元，即在第一周时间点上的挣值是 2.1 万元。

2. **挣值法的 4 个评价指标**

（1）费用偏差（Cost Variance-CV）：CV 是指检查期间 BCWP 与 ACWP 之间的差异，计算公式为 CV=BCWP-ACWP。当 CV 为正值时表示实际消耗人工(或费用)低于预算值，表示有节余或效率高，反之当 CV 为负值时表示执行效果不佳，即实际消费人工(或费用)超过预算值即超支，如图 6-7 所示。

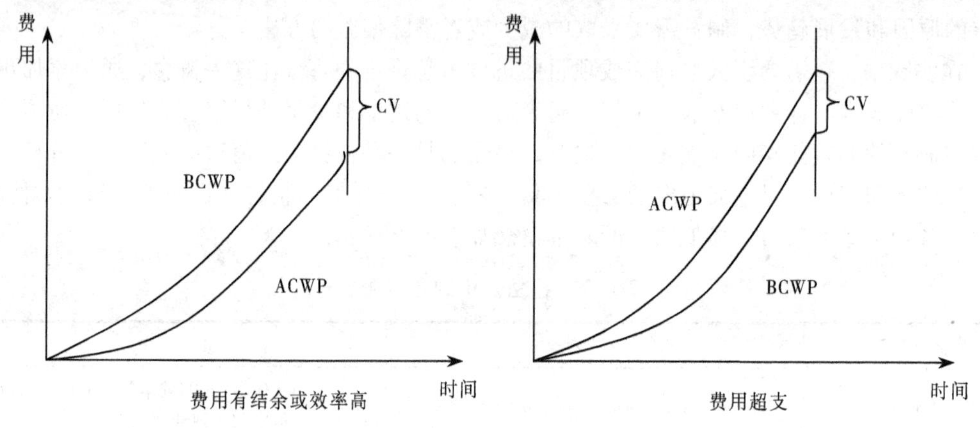

图 6-7　费用偏差

（2）进度偏差（Schedule Variance-SV）：SV 是指检查日期 BCWP 与 BCWS 之间的差异。其计算公式为 SV=BCWP-BCWS。当 SV 为正值时表示进度提前，SV 为负值表示进度延误，如图 6-8 所示。

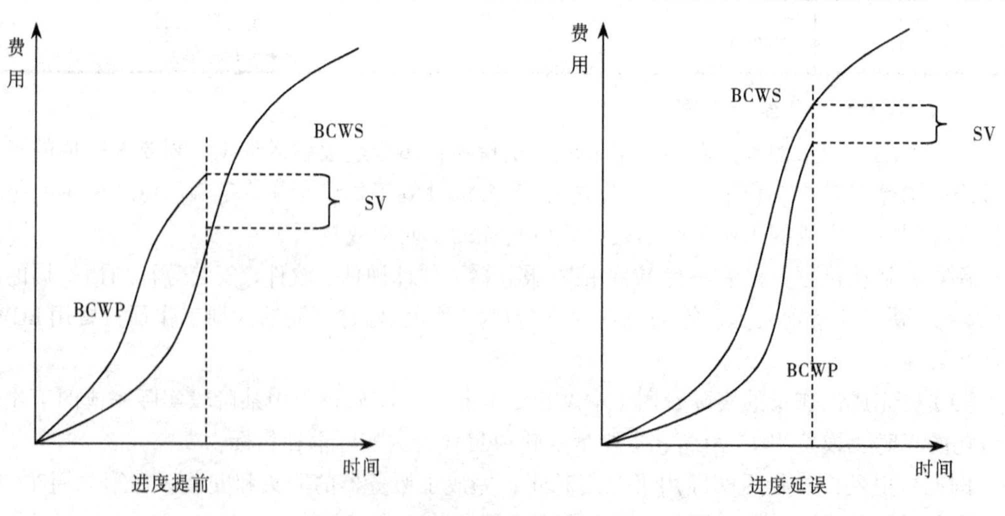

图 6-8　进度偏差

（3）费用执行指标（Cost Performed Index–CPI）：CPI 是指预算费用与实际费用值之比（或工时值之比）。CPI=BCWP/ACWP，当 CPI > 1 时表示低于预算，CPI < 1 时表示超出预算，CPI = 1 时表示实际费用与预算费用吻合。

（4）进度执行指标（Schedule Performed Index–SPI）：SPI 是指项目挣得值与计划值之比，即 SPI=BCWP/BCWS。当 SPI > 1 时表示进度提前，SPI < 1 时表示进度延误，SPI = 1 时表示实际进度等于计划进度。

6.4.3 控制成本的措施

降低实施项目成本的途径，应该是既开源又节流，或者说既增收又节支。只开源不节流，或者只节流不开源，都不可能达到降低成本的目的，至少是不会有理想的降低成本效果。

项目实践中成本失控的主要原因如下：

（1）缺乏计划。没有经过详细计划的信息系统，没有成本、范围、风险等计划都会造成项目的成本失控。

（2）目标不明。项目管理者无法清晰地描述项目目标时，项目成本失控就已经开始了。

（3）范围蔓延。在项目实施过程中，无论是客户的要求还是项目实现人员对新技术的试验，都可能导致信息系统项目成本的失控。

（4）缺乏领导力。项目管理者缺乏领导力，将无法领导项目走向成功，也无法控制项目成本。

控制项目成本的措施归纳起来有 3 个方面：组织措施、技术措施和经济措施。

1. 组织措施

（1）项目经理是项目成本管理的第一责任人，全面组织项目部的成本管理工作，应及时掌握和分析盈亏状况，并迅速采取有效措施。

（2）工程技术部是整个工程项目实施技术和进度的负责部门，应在保证质量、按期完成任务的前提下尽可能采取先进技术，以降低工程成本。

（3）经营部主管合同实施和合同管理工作，负责工程进度款的申报和催款工作，处理实施赔偿问题，经济部应注重加强合同预算管理，增创工程预算收入；财务部主管工程项目的财务工作，应随时分析项目的财务收支情况，合理调度资金。

（4）项目经理的项目组成员都应精心组织，为增收节支尽责尽职。

2. 技术措施

（1）制订先进的、经济合理的实施方案，以达到缩短工期、提高质量、降低成本的目的。实施方案包括四大内容：实施方法的确定、实施机具的选择、实施顺序的安排和流水实施的组织。正确选择实施方案是降低成本的关键所在。

（2）在实施过程中努力寻求各种降低消耗、提高工效的新技术、新设备等降低成本的技术措施。严把质量关，杜绝返工现象，缩短验收时间，节省费用开支。

3. 经济措施

（1）人员费用控制管理：主要是改善项目组织，减少窝工浪费；实行合理的奖惩制度；加强技术和培训工作；加强组织纪律。

（2）设备费控制管理：主要是改进设备的采购、运输、收发、保管等方面的工作，减少各个环节的损耗，节约采购费用；合理堆置现场设备，避免和减少二次搬运；严格材料进场验收和限额领取制度；制订并贯彻节约的技术措施，合理使用，综合利用一切资源。

（3）机械费控制管理：主要是正确选配和合理利用机械设备，搞好机械设备的保养修理，提高机械的完好率、利用率和使用效率，从而加快实施进度、增加产量、降低机械使用费。

（4）间接费及其他直接费控制：主要是精简管理机构，合理确定管理幅度与管理层次，节约实施管理费等。

项目成本控制的组织措施、技术措施、经济措施，三者是融为一体、相互作用的。项目经理是项目成本控制中心，要以投标报价为依据，制订项目成本控制目标，各部门以及项目组各成员之间通力合作，形成以市场投标报价为基础的实施方案经济优化、设备采购经济优化、人员配备经济优化的项目成本控制体系。

案例 11　项目成本管理的经验教训

某信息技术有限公司的郑工是一名出色的高级项目经理，不仅技术扎实，而且具有丰富的项目管理经验。该公司承接了省人才交流中心档案管理系统和门户网站建设的项目。由于市场竞争非常激烈，该公司为了拿到这个项目，在价格上做了很大的让步。在没有对项目的范围进行确定，也没有对项目的成本进行估算的情况下，公司就与中心签订了合同。在讨论项目经理人选时，公司管理层意识到了该项目的价格太低，将严重影响项目开发质量和进度，更谈不上盈利了。但考虑到该项目产品的发展前景和相关客户群，项目必须在规定的时间内按质按量完成。为此，公司将任务交给了郑工。

郑工接到这个项目后，立即对合同书和项目任务书进行分析，他发现客户对项目的需求并不十分明确，项目范围也很模糊。通过与人才交流中心交流，他愈发感到客户们对项目的需求在不停地变化。郑工很清楚，如果按照合同的报价和进度要求，项目根本无法在规定的时间内按质按量完成，尤其是面对用户不断变化的需求，如果不采取措施是不可能在预算范围内完成项目的，而且项目成本也必将失控，最终可能导致项目失败。

郑工在与多名项目干系人沟通后，对项目成本与范围的突出问题进行了深刻的分析，实事求是地将项目组在合同规定的时间和价格内能够完成的任务进行了界定，并写成了书面报告交给了客户。在此基础上，郑工利用一切可能的机会跟省人才交流中心的主管信息化的领导多次沟通，得到对方的认同，最终同意了他的意见，批准了报告中明确的项目需求与系统功能，并对报告进行了签字确认。

项目开发组界定的项目范围得到了用户的认可后，郑工感觉项目起死回生了。他和项目组其他成员一起对项目重新做了工作结构分解，并重新做了预算，在预算中预留了一部分不确定费用。为了控制成本，他还明确要求用户的需求变更必须得到用户方的直接领导签字才能生效，这一要求也得到了中心领导的理解和支持。另外，在项目组的人员安排、资源利用上也尽可能地挖掘潜力，为了控制项目成本，项目实行目标管理，责任到人，工作到位，责、权、利相结合。

案例 12　项目估算指南

封面（略）

修订履历（略）

目录（略）

1 引言

1.1 阅读对象

本指南的阅读对象是在软件项目计划过程中需要进行规模或任务估算的项目经理或其他人员。

1.2 术语

1.3 引用文件

《Estimating Object-Oriented Sofware Projects with Use Cases》Kirsten Ribu

1.4 适用范围

这里描述的估算方法分别适用于宝迅信息的软件开发、软件维护及软件推广项目。

2 概述

项目规模估算是指根据项目的某种特性对项目整体规模的估算，根据这个估算的结果，项目组就可以给出一个项目总体的工作量、成本和工期，相当于项目组织管理层的一个承诺。

相反，工作包估算是指根据每个具体工作包或任务的属性来估算该工作包或任务的工作量、成本和工期。工作包估算可以把项目规模估算的结果作为参考或依据输入；反过来，工作包估算的结果累加也可以形成项目规模，例如自底向上的估算方法。工作包的估算见《PSSP_GUD_PP_002_工作包估算指南》。

下面介绍 3 种规模估算方法，分别适用于软件开发项目、软件维护项目和软件推广项目：

（1）用例点法。该方法主要应用在软件开发类项目，是根据用户的需求进行估算，在估算之前，用户需求必须以用例的方式进行描述并细致到一定的程度。对每一个用例和角色定义其属性，根据这些属性最终计算出项目尺寸，然后除以生产率即得到项目总工作量。

（2）年度递减法和周期 CR 递减法。该两种方法应用于软件维护类项目，主要根据系统的现有的质量状况来估算维护该系统所需的工作量。

（3）自底向上估算法。该方法主要应用于软件推广类项目，因为相对而言，软件推广项目的工作包更明确。同时，也可以用于软件开发类项目在项目后期的估算。该方法先针对 WBS 最底层的工作包的工作量进行估算，然后汇总成整个项目的工作量估算。

最后我们介绍 3 类项目的估算流程，将项目规模估算和工作包估算结合起来完成项目计划或计划的变更、调整。

3 用例点法

用例点法以用户需求为基础，为了使用用例点法进行估算，用户需求应该按照用例的方式进行组织，并达到一定程度的细节。用例点法先计算角色权重，然后计算用例权重，接着计算环境调整因子，最后算出调整后的用例点。

（1）先在估算表上列出用例模型上所有的角色名或角色编号。

（2）按照以下标准决定每一个角色的复杂度，并分类计数。

简单的角色：代表通过 API 接口进行访问的另外一个系统。

中等的角色：代表通过一套协议（例如 TCP/IP 协议）相互通信的另外一个系统。

复杂的角色：代表通过 GUI 或者 Web 页面进行交互的人。

（3）根据角色的复杂度按照以下标准给角色赋权重值。

简单的角色：权重值为 1。

中等的角色：权重值为 2。

复杂的角色：权重值为 3。

（4）每种角色计数乘以相应权重，最后累加在一起就是角色量 UAW（Unadjusted Actor Weights）。

（5）在估算表上列出所有的用例名或用例编号。

（6）按照以下标准决定每一个用例的复杂度。

简单的用例：3 个以及 3 个以下的步骤。

中等的用例：4 个到 7 个步骤。

复杂的用例：8 个或 8 个以上步骤。

（注意在计算用例的步骤时除了计算主成功场景外，还应该计算替换场景的步骤。）

（7）根据用例的复杂度按照下面的标准给用例赋权重值。

简单的用例：权重值为 5。

中等的用例：权重值为 10。

复杂的用例：权重值为 15。

（8）将所有用例的权重值累加起来就是用例量 UUCW（Unadjusted Use Case Weights）。

（9）UUCW 与 UAW 相加即为调整前的用例点 UUCP（Unadjusted Use Case Points）。

（10）参考下面的标准为 8 个环境因子（F1–F8）赋值，每个环境因子取值范围为 0～5。

① F1：熟悉所使用的规范化的软件过程。

- 0：项目组对规范化的软件过程都不熟悉。
- 1：项目组对软件过程有理论上的理解，但几乎没有实际经验。
- 2～3：项目组中有少数人使用过规范的软件过程一次或多次。
- 3～4：项目组中有一半以上的人在不同的项目中使用过规范的软件过程。
- 5：整个项目组都有在不同的项目中使用过该软件过程的经验。

② F2：相似类型的应用开发经验。

- 0：项目组成员都没有相似的应用开发经验。
- 1～2：少部分项目组成员有一年到一年半的经验，而另外一些人则没有任何类似应用的经验。
- 3：所有项目组成员都有一年半以上的相似应用的开发经验。
- 4：大部分项目组成员都有两年以上的相似的应用开发经验。
- 5：所有项目组成员都有两年以上的相似应用的开发经验。

③ F3：面向对象分析设计（OOAD）经验。

- 0：项目组完全不熟悉 OOAD。
- 1：所有项目组成员都没有一年的经验。
- 2～3：所有项目组成员都只有一年到一年半的经验。
- 4：大部分的项目组成员都有两年以上的经验。
- 5：整个项目组成员都有两年以上的经验。

④ F4：分析人员需求分析及建模的能力。

- 0：分析人员是个新手。
- 1～2：有见个项目的 1～2 年的经验。
- 3～4：有两年以上、几个项目的经验。
- 5：有 3 年以上、不同类型的多个项目的经验。

⑤ F5：项目开发激情。

- 0：没有。
- 1～2：有一点，很少。
- 3～4：项目组有把工作做好的激情。
- 5：项目组非常富有激情。

⑥ F6：需求稳定性。

- 0：需求非常不稳性，持续不断地变化。
- 1～2：需求不稳定，客户要求一些变化。
- 3～4：总体上是稳定的，有一些小的变更。
- 5：需求始终都是稳定的。

⑦ F7：兼职人员（人员只能部分时间参与该项目）。

- 0：没有兼职人员。
- 1～2：个别（少于 20%）的兼职人员。
- 3～4：一半以上的人都是兼职的。
- 5：所有人员都是兼职的。

⑧ F8：编程语言的难度。

- 0：所以编程人员对选择的编程语言都是有经验的（两年以上经验）。
- 1：大部分的人都有两年以上的使用经验。
- 2：所有编程人员都有一年到一年半的使用经验。
- 3：大部分的编程人员有一年以上的经验。
- 4：一些人有一年左右的使用经验，其他的人是新手。
- 5：所有的编程人员都是新手。

（11）把每个环境因子的职值与权重相乘，然后累加起来得到环境因子加权值 Efactor。

环境因子	权　重	环境因子	权　重
F1	1.5	F5	1
F2	0.5	F6	2
F3	1	F7	–1
F4	0.5	F8	–2

（12）使用以下公式计算出环境系数（EF）：

$$EF=1.4+(-0.03\times EFactor)$$

（13）计算最终的调整后用例点 UCP=UUCP × EF。

估算工作量=UCP × 开发项目平均生产率

开发项目平均生产率由 PG 进行统计、维护，其中定义见度量与分析定义表，其最新值

见组织度量数据库。

4 年度递减法

（1）先统计需要维护的产品或系统在上一年度发现的缺陷总数，包括开发阶段发现的缺陷和维护阶段发现的缺陷。

（2）列出需要维护的产品或系统在本年度已经完成并完成部署的每一个开发项目的缺陷数及本年度维护周期。

分　类	缺　陷　数	维护周期（月）	加权缺陷数
上年度	300	12	300×12÷12=300
本年度项目 A	200	8	200×8÷12=133
本年度项目 B	300	2	300×2÷12=50
上年度加权缺陷总数			485

（3）根据以上这些缺陷及这些缺陷发现后产品或系统本年度要完成的维护周期计算上年度加权缺陷总数 Nb。加权缺陷数=缺陷数×维护周期÷12，注意维护周期指该缺陷相关的子系统在本年度的维护周期。例如 A 项目，为系统增加了一个新功能，4 月完成并投入用户使用，因此其在本年度的维护周期为 8（12−4）个月。

（4）根据加权缺陷总数计算本年度估算项目规模 Ne=Nb×缺陷平均递减率（BDR）。

缺陷平均递减率由 PG 进行统计更新，其定义见度量与分析定义表，其最新值见组织度量数据库。

（5）根据年度估算项目规模计算本产品或系统的年度维护项目估算工作量 Em=Ne×维护项目平均生产率。

维护项目平均生产率由 PG 进行统计更新，其缺陷平均递减率由 PG 进行统计更新，其定义见度量与分析定义表，其最新值见组织度量数据库。

5 自底向上估算法

（1）在估算表中先列出所有最底层工作包或任务。

（2）填写每个最底层工作包的工作量估算值。工作包或任务的估算方法见工作包估算指南，一般有统计比例法、类比法、专家分析法等。

（3）汇总所有的工作包的工作量估算值即得到项目的工作量估算值。

工作包/任务	估算工作量（人时）	估 算 方 法	参 考 项 目	参 考 任 务	估 算 理 由
工作包 1					
工作包 2					
工作包 3					
…					
合计					

6 周期 CR 递减估算法

本方法主要适用于软件维护项目规模估算。该方法认为软件维护的规模与软件的不成熟度有关，软件的不成熟度主要反映在两个方面：软件的变更包括缺陷和软件的被使用程度。因此，项目规模的估算如下：

（1）列出在维护项目范围内的系统/子系统/模块。

（2）确定估算周期，可以是年度、季度、月度甚至更小，但建议最佳是季度。

系统/子系统/模块	上上个周期		上个周期		第一周期		第二周期		第三周期		第四周期		CR 递减率
	CR 数	使用程度	CR 数	使用程度	CR 数	使用程度	CR 数	使用程度	CR 数	使用程度	CR 数	使用程度	
A	150	30%	100	50%	67	70%	38	80%	22	90%	12	100%	47%
B	0	0%	100%	50%									

（3）针对每个系统/子系统/模块首先确定估算点之前的两个周期的数据。使用程度可以是实际收集的数据，也可以进行估算。估算时可以以目标使用客户的覆盖率或者系统功能的使用度来估算，例如目标客户为 6 个县局，目前只有 3 个县局的用户完整使用，可以设定为 50%的使用程度。注意这里的使用程度的标准必须与估算点之后的使用程序估算的标准保持一致，不能采用历史使用程度。例如估算点之前项目一直都使用在市局三区，历史使用程度已到 100%，但估算点之后，项目决定再应用到 7 个县局，则估算点之前两个周期的使用程度都应该根据 10 个单位进行修订，应为 30%。CR 数则为两个周期各自实际发生的 CR 数。新开发的模块将系统测试阶段作为上上个周期，将实施阶段作为上个周期，如果没有到周期长度或超出周期长度的，按周期长度进行折算。

（4）根据估算点前两个周期的数据计算 CR 递减率。CR 递减率=(上个周期 CR 数/上上个周期 CR 数)–(上个周期使用程度–上上个周期使用程度)。新模块的 CR 递减率也可以直接参考其他类似系统/子系统/模块的递减率。

（5）逐个周期估算估算点之后每周期的使用程度，可以参考实施推广计划，然后计算 CR 数。本周期 CR 数=上一周期 CR 数 × (CR 递减率+本周期使用程序–上一周期使用程度)。

（6）某一系统/子系统/模块的维护规模等于估算点后所有周期的 CR 数之和。

（7）项目维护规模等于纳入该项目维护范围的所有系统/子系统/模块的维护规模之和。

（8）确定维护生产率。维护生产率可以参考估算点之前的一个或多个周期的维护生产率，当然也可以取组织级的维护生产率数据，然后再根据实际情况进行调整。

（9）项目维护成本=项目维护规模/维护生产率。

7 项目估算流程

下面介绍三类项目典型的估算流程，项目组可以根据需要进行适当调整。

（1）开发类项目。

时机	估算方法	说明
计划及需求开发	工作包估算（属性估算法）	这阶段需求还没有出来，不能进行项目规模估算，初次计划可以明确计划、需求、监控、配置管理任务的估算
需求阶段结束	项目规模估算（用例点法） 工作包估算（统计百分比法） 工作包估算（属性估算法）	这时需求已经出来，可以按照用例点法对项目规模进行估算，并根据项目规模估算的结果应用统计百分比法明确各个顶级工作包的工作量和工期（因为 MS Project 大纲任务不能输入工作量的缘故，记录在各顶级工作包下的“未明确任务”上）。同时对“设计”和“系统测试”下的工作包或任务应用属性估算法进行估算、计划

续表

时　机	估算方法	说　明
设计阶段结束	工作包估算（属性估算法） 项目规模估算（用例点法）（需求有较大变更时或计划与实际存在较大偏差时） 工作包估算（统计百分比法）（需求有较大变更时或计划与实际存在较大偏差时）	设计阶段结束，对“编码、单元测试、集成测试”下的工作包或任务应用属性估算法进行估算、计划。如果需求出现较大变更或计划与实际存在较大偏差或其他需要对项目计划做大的调整时，可再次进行项目规模估算，并根据项目规模估算结果，应用统计百分比法对顶级工作包的估算进行调整
编码阶段结束	项目规模估算（用例点法）（需求有较大变更时或计划与实际存在较大偏差时） 工作包估算（统计百分比法）（需求有较大变更时或计划与实际存在较大偏差时）	如果需求出现较大变更或计划与实际存在较大偏差或其他需要对项目计划做大的调整时，可再次进行项目规模估算，并根据项目规模估算结果，应用统计百分比法对顶级工作包的估算进行调整
测试阶段结束	项目规模估算（用例点法）（需求有较大变更时或计划与实际存在较大偏差时） 工作包估算（统计百分比法）（需求有较大变更时或计划与实际存在较大偏差时）	测试阶段结束，对“部署”下的工作包或任务应用属性估算法进行估算、计划。如果需求出现较大变更或计划与实际存在较大偏差或其他需要对项目计划做大的调整时，可再次进行项目规模估算，并根据项目规模估算结果，应用统计百分比法对顶级工作包的估算进行调整
部署阶段结束		

（2）维护类项目。

时　机	估算方法	说　明
项目初次计划	工作包估算（属性估算法） 项目规模估算（逐年递减法、周期 CR 递减法）	应用属性估算法对“项目计划”、“项目监控”、“配置管理”下工作包或任务进行估算、计划；同时应用逐年递减法对维护项目的规模进行估算，因为 MS Project 大纲任务不能输入工作量的缘故，规模估算结果记录在 “未明确任务”上）
需求变更收集	工作包估算（属性估算法）	因为维护需求大多是“事件触发型”，所以维护需求收集这个工作包或任务的估算在项目规模估算后即可应用属性估算法进行估算、计划
变更修正（设计、编码、测试、部署）	工作包估算（属性估算法）	根据每个变更的属性，应用属性估算法估算每个任务的工作量
里程碑点	项目规模估算（用例点法）（需求有较大变更时或计划与实际存在较大偏差时）	如果需求出现较大变更或计划与实际存在较大偏差或其他需要对项目计划做大的调整时，可再次进行项目规模估算

（3）推广类项目。

时　机	估算方法	说　明
项目初次计划	工作包估算（属性估算法） 项目规模估算（自底向上法）	应用属性估算法对所有工作包或任务进行估算。最后累加即为项目规模
里程碑点	项目规模估算（自底向上法）（需求有较大变更时或计划与实际存在较大偏差时）	如果需求出现较大变更或计划与实际存在较大偏差或其他需要对项目计划做大的调整时，可再次进行项目规模估算

知识拓展——调节心态的方法

心态很重要，无论对于工作还是学习，良好的心态是成功的保证。

网上有个小幽默：女大学生如果不想读书，就想想银联卡上的余额；如果仍然看不进书，就照照镜子；如果还是看不进书，就想想新婚姻法。

当然这是一个笑话，一个人如果不能学会调节心态，就会越来越接近崩溃。下面给大家介绍几种常用的心态调节方法。

1. 学习或工作期间的调节方法

（1）深呼吸法：上课/上班前 10 分钟 ，全身放松，心理进入冥想，什么开心想什么。在现实中得不到的在冥想得到了。慢慢地再从冥想回到现实中，不开心的事就烟消云散了。

（2）幽默调节法：工作休息或课间的小幽默。

（3）转移法：当心情不好时，可以转移注意力，比如做一些需要较多注意力的事情。

2. 工作或学习之余的调节方法

（1）疏泄法：如晚上蒙头大哭一场，痛哭一场后，心理上会觉得好多了，据说还可以排出毒素。

（2）音乐调整法：早晨的音乐可以使人心旷神怡、精神振奋。

（3）环境熏陶法：溶入一个积极向上的环境，而不是一个消极的环境。

（4）做运动：这是最健康的做法。如果真的能痛痛快快地流一身汗也能缓解一下心里的不快。最好做一些不太需要动脑筋的运动，比如跑步。

（5）睡觉：洗个热水澡，然后换上干净的被套，什么也别想，美美地睡上一个香喷喷的觉。

（6）打扫卫生：这是最让别人高兴的事，也是最不需要成本的。做完后自己的心情也会因为干干净净的家而使心情舒畅起来。

（7）看书：找一两本平时想看却没有时间看，或者自己很感兴趣的书来阅读。

3. 有利于调节心态的其他方法

（1）要对自然事物保持兴趣。像孩子一样，对环境中的色彩、声、光、香味、美景等自然万物保持兴趣，使人生变成一段趣味无穷的旅程。

（2）广交朋友，积极处世。与朋友一起，积极参与一些有意义的活动，克服顾影自怜，郁郁寡欢的自卑心理。

（3）乐观开朗的人生态度。无论在学校里或家庭中，避免过多的抱怨、挑剔和指责。遇事不忘超脱，放弃一切成见。尤其在用餐时切忌苦恼、害怕、焦灼或责难。

（4）对问题当机立断，不要左思右想，犹豫不决。问题一经决定，不要再去多想。

（5）珍惜时光。不要热衷于空想未来追忆从前而使自己陷入苦思冥想的深渊，应该以最有效的方法来从事现在的工作和生活。

（6）此外，还可以约上几个好朋友出去郊游，当然要注意安全。可以听听自己喜欢的音乐、看看自己喜欢的影片，总之要让自己放松下来。

小　　结

综上所述，实施项目管理与项目成本控制是相辅相成的，只有加强实施项目管理，才能控制项目成本；也只有达到项目成本控制的目的，加强实施项目管理才有意义。项目成本控制体现了项目管理的本质特征，并代表着项目管理的核心内容。项目成本控制是项目管理绩效评价的客观、公正的标尺。本章主要讲述了项目成本管理的概念及过程、成本估算的概念及方法、成本预算的概念及实际做法、成本控制的概念及挣值法等。

习题与思考

1. 全寿命期成本计算中的 4 种成本是________。
   A. 运作成本/维护成本、废弃成本、直接成本、可变成本
   B. 间接成本、辅助成本、开发成本、生产成本
   C. 运作成本/维护成本、开发成本和生产成本
   D. 间接成本、辅助成本、可变成本和直接成本
2. 影响软件项目维护成本的因素有哪些？
3. PMBOK 的成本管理过程是：________、________、________、________。
4. 解释项目成本、项目成本估算、项目成本预算、项目成本控制、项目成本管理。
5. 项目成本估算的方法有哪些？
6. 项目成本估算的依据有几点？
7. 项目预算具有哪三大特征？
8. 成本预算可以分为哪 3 部分？
9. 成本预算的依据是________。
10. 系统集成商 C 公司承担了某市电子政务网络工程建设，合同额为 820 万元，全部工期预计 16 周。目前，该项目已进展到第 11 周，对项目前 10 周的实施情况进行了总结，有关执行情况如下表所示。

各项工作成本预算及前 10 周计划于执行情况统计

工作	计划完成工作预算费用（万元）	已完成工作量（%）	实际发生费用（万元）
A	160	80	120
B	60	90	65
C	75	80	75
D	10	100	9
E	20	90	19
F	25	80	24
G	120	80	65
H	90	30	40
I	40	90	30
J	18	100	25

（1）计算 10 周末的累加 PV、AC 和 EV 的合计值。

（2）计算成本偏差（CV）、进度偏差（SV）、成本绩效指数（CPI）、进度绩效指数（SPI），并进行相关的分析。

项目质量管理

质量管理是一门科学，它是随着生产技术的发展而发展的，有着自己的一般发展过程。现代质量管理是在传统质量管理（以质量检验为主）、统计质量管理的基础上发展起来的，其特点是质量管理工作强调全员参与并且始终贯穿于项目建设的各个阶段，是一种全攻全守型的质量管理。例如，软件项目的质量管理指的是保证项目满足其目标要求所需要的过程，包括质量计划编制、质量保证和质量控制 3 个过程域。

7.1 质量与质量特性

质量的概念有狭义和广义之分，狭义的质量指产品质量，广义的质量除产品质量外，还包括工作质量。技术对于质量固然有十分重要的意义，而管理对于质量却有极端重要的意义。

7.1.1 质量的含义

1. 质量

质量是反映实体（产品、过程或活动等）满足规定或潜在需要的特征和特性的总和。它既包括有形产品也包括无形产品；既包括产品内在的特性，也包括产品外在的特性，即包括了产品的适用性和符合性的全部内涵。简言之，质量就是产品的适用性，即产品在使用时能够满足用户需要的程度。产品的质量不是由生产者定义的，而是由客户定义的。

2. 软件质量

软件质量是与软件产品满足明确或隐含需求的能力有关的特征和特征的总和。软件质量是有 4 个含义：

（1）能满足给定需要的特性之全体。

（2）具有所希望的各种属性的组合的程度。

（3）顾客或用户认为能满足其综合期望的程度。

（4）软件的组合特性，确定软件在使用中将满足顾客预期要求的程度。

软件的质量是软件开发各个阶段质量的综合反映。

从用户最感兴趣的角度来说，软件质量可以从 3 个不同的角度来看待，即如何使用软件、使用效果如何、软件性能如何；从软件开发团队的角度来说，不仅要生产出满足质量要求的软件，也对中间产品的质量感兴趣，也对如何运用最少的资源、最快的进度生产出质量最优的产品感兴趣；从软件维护者的角度来看，对软件维护方面的特性感兴趣；对企业的管理层来说，注重的是总体效益和长远利益，就是说质量好的软件一般可以帮助企业扩大市场；反之，质量差的软件一般会造成企业市场萎缩。

7.1.2 质量特性

质量特性就是产品或服务为满足人们明确或隐含的需要所具备的能力、属性和特征的总和，包括内在质量特性、外在质量特性、经济质量特性、商业质量特性和环保质量特性。

根据《信息技术：软件产品评价、质量特性及其使用指南》（GB/T 16260—2002），软件的质量特性包括功能性、可靠性、易用性、效率、可维护性、可移植性等6个方面，每个方面都包含若干个子特性：

（1）功能性：适合性、准确性、互操作性、依从性、安全性。

（2）可靠性：成熟性、容错性、可恢复性。

（3）易用性：易理解性、易学性、易操作性。

（4）效率：时间特性、资源特性。

（5）可维护性：易分析性、易改变性、稳定性、易测试性。

（6）可移植性：适应性、易安装性、遵循性、可替换性。

7.2 软件质量管理

质量管理是在质量方面指挥和控制组织的协调的活动，指对确定和达到质量所必需的全部职能和活动的管理，其管理职能主要包括制订质量方针和质量目标以及质量策划、质量控制、质量保证和质量改进。质量是今天的活动也是明天的保证。

软件开发质量管理就是为了开发出符合质量要求的软件产品，贯穿于软件开发生存期过程的质量管理工作。软件开发质量管理层次初步划分如下：

（1）技术层次（数据、编程、文档）。

（2）方法体系层次（措施、项目、过程）。

（3）社会因素层次（质量环境、技术标准、业务标准、人员）。

下面仅从技术层面解析软件质量管理的特点。

7.2.1 数据质量管理

多数情况下，软件系统的最终目的是对用户关心的各类数据（信息）完成各种各样静态或者动态的处理或管理任务，为用户创造他们所期望和额外的价值。因此，数据质量是用户最为关心的，数据质量也反映了软件系统产品的质量。数据质量是数据抽取、数据转换、数据整合、数据仓库以及管理信息系统开发等项目中质量控制和质量保证必须考虑的主要工作。数据质量管理可分为人工比对、程序比对、统计分析3个层次。

1. 人工比对

为了检查数据的正确性，测试人员打开相关数据库，对转换前和转换后的数据进行直接比对，发现其不一致性，通知相关人员进行纠正。

2. 程序比对

为了自动化地检查数据的质量，更好地进行测试对比，程序员编写查询比对程序给测试人员使用。测试人员使用此程序对转换前和转换后的数据进行比对，发现其不一致性，通知相关人员进行纠正。

3. 统计分析

为了更加全面地从总体上检查数据的质量，需要通过统计分析的方法，主要通过对新旧数据不同角度、不同视图的统计对数据转换的正确程度进行量化分析，发现其在某个统计结果的不一致性，通知相关人员进行纠正。

7.2.2 编程质量管理

软件系统是“编”出来的，为了确保软件产品的质量，就必须确保软件程序代码的质量。为了提高编程质量，应检查源码的逻辑、属性、对象命名标准、语言代码布局等内容；代码的编译、连接、集成和构建必须得到验证和确认。编程质量管理层次可分为黑盒测试、灰盒测试、白盒测试、编译检查、编程规范、编程逻辑、编程优化。

1. 黑盒测试

黑盒测试检验程序是否符合系统需求，又称功能测试或数据驱动测试。它是在已知产品所应具有的功能，通过测试来检测每个功能是否都能正常使用。在测试时，把程序看做一个不能打开的黑盒子，在完全不考虑程序内部结构和内部特性的情况下，测试者在程序接口进行测试，它只检查程序功能是否按照需求规格说明书的规定正常使用，程序是否能适当地接收输入数据而产生正确的输出信息，并保持外部信息（如数据库或文件）的完整性。

2. 灰盒测试

灰盒测试介于白盒与黑盒之间，关注输出对于输入的正确性，同时也关注内部表现，但这种关注不像白盒那样详细、完整，只是通过一些表征性的现象、事件、标志来判断内部的运行状态，有时输出是正确的，但内部其实已经出现错误了，这种情况非常多。如果每次都通过白盒测试，效率会很低，因此需要采取这样的一种灰盒测试。

3. 白盒测试

白盒测试又称结构测试或逻辑驱动测试，它是在知道产品内部工作过程的情况下，按照程序内部的结构测试程序，检验程序中的每条通路是否都能按预定要求正确工作。白盒测试的主要方法有逻辑驱动、基路测试等。

4. 编译检查

使用开发工具所带的编译功能或专门程序对软件源码进行检查，分析和寻找源码存在的问题。

5. 编程规范

通过人工源码检查判断源码是否符合企业已经制订的相关编程规范。制订编程规范，在企业内形成一个开发约定和规则，有利于整体风格统一，有利于代码的可读性、可维护性和可扩展性。

6. 编程逻辑

编辑逻辑是指所编写的源码是否考虑周全，无矛盾或遗漏之处。常见问题有忘记定义变量就使用、变量没有赋值初就直接使用、输入/输出的数据类型与所用格式说明符不一致、没有注意数据的数值范围造成数组越界或数据溢出、输入时数组的组织方式与要求不符、循环语句可能会造成死循环、条件语句只考虑符合的情况而没有考虑例外的情况、读取文件或数据库中的数据没有考虑例外情况等。

7. **编程优化**

编程优化是指通过人工或软件检查判断是否可进一步提高源码总体性能和运行可管理性。总体性能如内存管理，数据库组织和内容，非数据库信息，任务并行性，网络多人操作，关键算法，与网络、硬件和其他系统接口对性能的影响等；运行可管理性如便于控制系统运行、监视系统状态、错误处理，模块间通信的简单性等。

7.2.3 文档质量管理

文档（包括模型）是软件开发过程中的中间成果，这些中间结果关系到软件需求的准确性、完整性、设计的合理性，对软件系统的最终结果有决定性作用。文档质量管理层次包括文档规范、文档语法、文档语义、文档逻辑、文档美学、文档优化。《软件文档管理指南》（GB/T 16680—1996）由原国家技术监督局于 1996 年 12 月 18 日发布，1997 年 7 月 1 日起实施。

1. **文档规范**

文档成果符合企业或业界已经制订的文档模板规范。企业甚至行业应当制订统一的文档规范，形成一个文档约定和规则，以统一文档内容与风格。

2. **文档语法**

文档成果正确使用通用的工具与术语、符合相关行业的技术标准。所有语言都有它的语法，所有质量合格的文档（包括模型）语法都应该是正确的，不正确的语法会影响规格说明和可视化的质量。

3. **文档语义**

文档成果表达正确、无歧义。所有质量合格的文档（包括模型）都代表它期望代表的语义，而且应该在代表这些语义时具有一致性。

4. **文档逻辑**

文档成果考虑周全，不矛盾，满足客户的关键要求，特别是要符合相关行业的业务标准。

5. **文档美学**

文档成果是最佳表述，文字、图表是均衡和完整的，即是追求平衡的美，每个组成部分应该不大不小，可解读、可变更、不同时代表太多的元素。

6. **结果优化**

通过检查判断文档成果（如项目计划、需求规格、设计方案）是否还有改进的空间，以尽可能达到最佳方案。任何一项设计，都可以有许多不同的方案，通过“方案优化”选定一种最好的方案。任何一位设计师在做一项设计时总是选择他认为是最好的方案，都有某种程度上的“优化”，因此他可以说他的产品是经过“优化”的。无论何种意义上的优化，都有一个共同的特点，就是相对性。这个相对性有两方面的意义，一是优化是相对某种目标的，目标不同优化的结果也不同。另一方面是在大多数的情况下，优化的结果并不是最优的，只能是相对好的。

7.3 标　　准

为在一定的范围内获得最佳秩序，对活动或其结果规定共同的和重复使用的规则或特性的文件，称为标准。该文件经协商一致制订并经一个公认机构的批准。标准应以科学、技术和经验的综合成果为基础，以促进最佳社会效益为目的。

国际竞争有 3 个层次：第一个层次是价格和质量的竞争，第二个层次是专利技术的竞争，第三个层次是标准和制度的竞争。谁掌握了标准的使用和制订权，谁就可以抢占先机。一流企业卖标准，二流企业卖品牌，三流企业卖产品，四流企业卖企业，我国软件企业要适应更高层次的竞争，就要在标准领域占据一席之地。

7.3.1 标准的分类

标准主要包括技术标准和业务标准两大类（还可以有其他分类，如基础标准、产品标准、质量标准、管理标准、工作标准、安全标准、术语标准等）。

对标准化领域中需要协调统一的技术事项所制订的标准，称为技术标准。技术标准包含两个方面：一是作为软件开发企业的软件行业技术标准，包括知识体系指南、过程标准、建模标准、质量管理标准、程序语言标准、数据库标准；二是软件开发服务对象所在的行业技术标准，如安全保密标准、技术性能标准。

业务标准指的是软件开发服务对象所在的组织或行业制订的业务流程标准和业务数据标准等。

运用统一的技术与业务标准是对于质量能够做出重大而且显著贡献的因素之一，有助于减少无效的讨论，有助于不同的产品之间的兼容和衔接。标准要不断地与技术发展相适应，因此标准是种动态信息。

7.3.2 标准作用范围级别

项目标准是项目团队在软件开发周期的早期就确定下来的相互达成一致的标准集合。

企业标准是企业自行制订的规范整个企业架构和所有企业级交付产品的标准集合。

地方标准是由一个国家的地方一级行政机构（省、州或加盟共和国）制订的标准，它一般由地方所属的各企业与单位执行。同样是一个行业，每个地方可能有不同的业务政策、业务数据标准、业务流程标准。

行业标准（部颁标准）是指没有国家标准而又需要在全国某个行业范围内统一的技术要求。行业规定的全国本行业必须遵守的业务数据标准、业务流程标准，标准编号一般以行业名称拼音的第一个字母打头，如环境 HJ、电力 DL、公安 GA。

国家标准是在全国范围内统一的技术要求。由国家规定的标准主要是数据标准和行业之间的接口标准，标准编号一般以 GB、GB/T、GB/Z 打头。

国际标准涉及国际上多个国家或地区必须遵守的如金融、电信、财务、贸易等业务标准。国际标准一般由国际标准化组织（ISO）、国际电工委员会（IEC）、国际电信联盟（ITU）制订，在信息技术领域，电气电子工程师学会（IEEE）、Internet 协会、国际 Web 联盟是影响较大的行业标准化组织。

国际标准化组织（International Organization for Standardization，ISO）设在瑞士日内瓦，是一个约 100 个工业国家参加的国际协会。ISO 9000 是国际标准化组织制订的质量系统标准，是由一个组织中质量的规划、控制和归档等 3 部分构成的连续循环。ISO 9000 提供了一个组织满足其质量认证标准的最低要求。

ISO 9000 系列标准共包括 5 项标准，根据其用途分为 3 类：指导选用“质量管理和质量保证标准”用的标准、质量保证标准和质量管理标准。各项标准间的关系如表 7-1 所示。

表 7-1 ISO 9000 系列标准比较

标准类别	标准名称	标准说明
指导选用“质量管理和质量保证标准”用的标准	ISO 9000-1:1994《质量管理和质量保证标准第一部分：选用和使用指南》	该标准主要用途是供给供需双方选择质量保证和供给供方选择质量管理标准时使用
质量保证标准	ISO 9001:1994 《质量体系设计、开发、生产、安装和服务的质量保证模式》	ISO 9001～ISO 9003:1994 标准分别包括有 20 项、19 项、16 项体系要素，质量保证标准体系要素只对质量活动提出要求，不提出达到要求的途径
	ISO 9002:1994 《质量体系生产、安装和服务的质量保证模式》	
	ISO 9003:1994 《质量体系最终检验和试验的质量保证模式》	
质量管理标准	ISO 9004:1994 《质量管理和质量体系要素的第一部分：指南》	该标准包含 21 项体系要素，从体系要素比较，除不包括 ISO 9001 的 4.3“合同评审”和 4.7“需方提供产品的控制”两项要素外，其余要素都是要求相同或一致的。ISO 9004-1 标准的体系要素不但对质量活动提出了要求，还提出达到要求的途径。可以说 ISO 9004-1 体系要素基本包括了 ISO 9001～ISO 9003 体系的各项要素

7.3.3 标准强制程度级别

1. 强制性标准

保障人体健康、人身、财产安全的标准和法律、行政法规规定强制执行的标准是强制性标准，其他标准是推荐性标准。例如编号以 GB、HJ、DL、GA 字母开头的标准，一般业务数据标准都是强制标准。

2. 推荐性标准

推荐性标准又称非强制性标准或自愿性标准，是指生产、交换、使用等方面，通过经济手段或市场调节而自愿采用的一类标准。例如 GB/T、HJ/T、DL/T、GA/T 等开头的标准，一般业务流程标准、工作规范或指南等都是推荐性标准。

3. 指导性标准

对标准化工作的原则和一些具体做法的统一规定，称为指导性标准。例如产品型号编制规则、各类标准编制导则等。

7.3.4 软件开发常用技术标准

软件开发常用技术标准有以下几个：

（1）知识体系：软件工程知识体系指南 SWEBOK 2004、项目管理知识体系指南 PMBOK 2000（最新的是 PMBOK 2004）、组织管理标准等。

（2）过程标准：CMMI、PSP、TSP、RUP、软件工程规范国家标准（AP、XP、ASD 等开发过程思想好像还不能称其为标准）。

（3）建模标准：UML、软件工程规范国家标准。

（4）质量管理标准：ISO 9001:2000、TQC、6σ。

（5）程序语言标准：Java、C++、PB 编程规范。

（6）数据库标准：Oracle 数据库后台规范。

CMM 是软件过程能力成熟度模型（Capacity Maturity Model）的简称，是美国卡内基梅隆大学软件工程研究院（CMU-SEI）为了满足美国联邦政府评估软件供应商能力的要求，于 1986 年开始研究模型，于 1991 年正式推出 CMM1.0 版。其后，又修改升级为 CMM1.1、CMM2.0、CMMI。CMM 模型描述和分析了软件过程能力的发展程度，确立了一个软件过程成熟程度的分级标准，如图 7-1 所示。

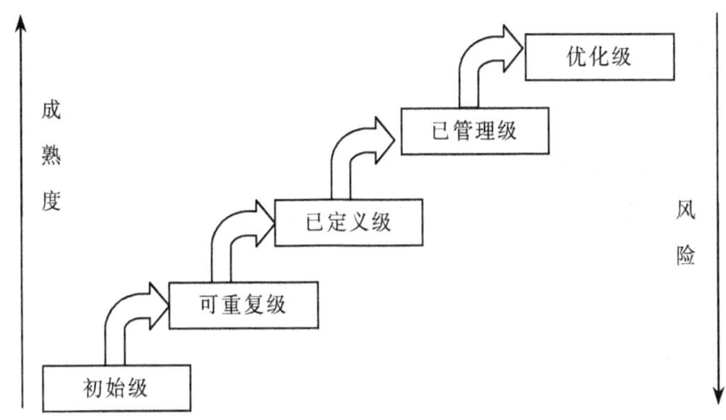

图 7-1　软件过程成熟度的级别

在 CMM 中，每个成熟度等级（除第一级外）规定了不同的关键过程域（KPA），一个软件组织如果希望达到某一个成熟度级别，就必须完全满足过程域所规定的要求，即满足关键过程域的目标。每个级别对应的关键过程域如表 7-2 所示。

表 7-2　关键过程域的分类

等级 \ 过程分类	管理方面	组织方面	工程方面
优化级		技术改进管理 过程改进管理	缺陷预防
可管理级	定量管理过程 集成软件管理	组织过程焦点	软件质量管理 软件产品工程
已定义级	组间协调 需求管理 软件项目计划	组织过程定义 培训程序	同级评审

续表

等级 \ 过程分类	管理方面	组织方面	工程方面
可重复级	软件项目跟踪与监控 软件子合同管理 软件质量保证 软件配置管理		

7.4 项目质量计划编制

"质量是计划出来的，而不是检验出来的"。质量计划编制判断哪些质量标准与本项目相关，并决定应如何达到这些质量标准。质量计划的编制是项目质量管理的重要过程，通常由专门的质量保证部门（Quality Assurance，QA）负责。在项目质量计划编制过程中，重要的是确定每个独特信息系统项目的相关质量标准，把质量计划到项目产品和管理项目所涉及的过程中。质量计划编制还包括以一种能理解的、完整的形式传达为确保质量而采取的纠正措施。

7.4.1 项目质量计划

项目质量计划是指确定项目应该达到的质量标准和如何达到这些质量标准的工作计划与安排。项目质量管理是从项目质量的计划安排开始的，是通过对于项目质量计划的实施实现的。质量计划中描述能够直接促成满足顾客需求的关键因素是非常重要的。

编制一份清晰的质量管理计划是实施项目质量管理的第一步，而一个清晰的质量管理计划首先需要明确以下两点：

（1）明确将采用的质量标准。

（2）明确质量目标。

质量管理计划、质量度量指标、质量检查单、质量基准、过程改进计划等是制订项目质量计划过程提交的主要成果。

7.4.2 项目质量计划编制的依据

项目质量计划的前提条件是编制项目质量计划的依据，是编制项目质量计划所需的各种信息和文件。

1. 项目的质量方针

质量方针是对项目的质量目标和方向所做出的一个指导性文件，因此项目管理工作组应制订自己的质量工作方针，同时项目的质量方针应与项目的投资者完全共享。

2. 项目的范围说明书

项目的范围陈述说明了投资者的需求以及项目的主要要求和目标，因此范围陈述是项目质量计划确定的主要依据和基础。

3. 产品说明书

尽管产品描述的相关要素可能在范围描述中予以强调，然而产品的描述通常包含更加详细的技术要求和其他的内容，它对于项目质量计划的制订非常有用。

4. 标准和规定

项目质量计划的制订必须考虑到任何实际应用领域的特殊的标准和规则，这些都将影响项目质量计划的制订。

5. 项目的其他信息

除了上述范围陈述、产品描述之外，其他方面的工作输出也会对项目计划的制订产生影响，例如采购计划要说明承包人的质量要求从而会影响到项目质量管理的计划。

7.4.3 项目质量计划编制方法

1. 成本/收益分析法

质量计划必须综合考虑利益/成本的交换，满足质量需求的主要利益是减少重复性工作，这就意味着高的产出、低的支出及增加投资者的满意度。满足质量要求的基本费用是辅助项目质量管理活动的付出，其基本原则是利益与成本之比要尽可能的大。

2. 质量标杆法

质量标杆法的基准主要是通过比较实际或计划项目的实施与其他同类项目的实施过程，为改进项目实施过程提供思路和一个实施的标准。

3. 流程图

流程图是一个由任何箭线联系的若干因素关系图。流程图在质量管理中的应用主要包括以下两点：

（1）原因结果（鱼刺）图：主要用来分析和说明各种因素和原因如何导致或者产生各种潜在的问题和后果。

（2）系统流程图：主要用来说明系统各种要素之间存在的相互关系，通过流程图可以帮助项目组提出解决所遇质量问题的相关方法。

4. 试验设计法

试验设计对于分析辨明对整个项目输出结果最有影响的因素是很有效的，但该方法的应用存在着费用进度交换的问题。

项目质量计划的成果是形成了项目质量计划、项目质量工作说明、质量核检清单等几种项目质量计划文件。

7.5 质量保证

为使人们确信某实体能满足质量要求，而在质量体系中实施并根据需要进行证实的全部有计划、有系统的活动，称为质量保证。显然，质量保证一般适用于有合同的场合，其主要目的是使用户确信产品或服务能满足规定的质量要求。如果给定的质量要求不能完全反映用户的需要，则质量保证也不可能完善。

质量保证分为内部质量保证和外部质量保证，内部质量保证是企业管理的一种手段，目的是为了取得企业领导的信任。外部质量保证是在合同环境中，供方取信于需方信任的一种手段。因此，质量保证的内容绝非是单纯的保证质量，更重要的是要通过对那些影响质量的质量体系要素进行一系列有计划、有组织的评价活动，为取得企业领导和需方的信任而提出充分可靠的证据。

“质量保证”与“保证质量”有较大区别，具有特殊的含义。质量保证的内涵已不是单纯地为了保证质量，而是以保证质量为基础，达到为用户提供“信任”的基本目的。

7.5.1 IT 系统集成项目的质量保证

质量保证活动是根据项目的实际内容确定的，IT 系统集成项目的质量保证活动一般包括以下几个方面的内容：

（1）保证采购原材料、设备的质量。

（2）保证项目产品的质量，包括产品的功能。

（3）保证项目实施过程的现场审核。

（4）对环境、健康和安全的保证。

7.5.2 软件质量保证

软件质量保证（Software Quality Assurance，SQA）的目的是验证在软件开发过程中是否遵循了合适的过程和标准。软件质量保证过程一般包含以下几项活动：

（1）建立 SQA 组。

（2）选择和确定 SQA 活动，即选择 SQA 组所要进行的质量保证活动，这些 SQA 活动将作为 SQA 计划的输入。

（3）制订和维护 SQA 计划，明确 SQA 活动与整个软件开发生命周期中各个阶段的关系。

（4）执行 SQA 计划、对相关人员进行培训、选择与整个软件工程环境相适应的质量保证工具。

（5）不断完善质量保证过程活动中存在的不足，改进项目质量保证过程。

7.5.3 SQA 组活动

独立的 SQA 组是衡量软件开发活动优劣与否的尺度之一。SQA 组的这一独立性，使其享有一项关键权利——“越级上报”。当 SQA 组发现产品质量出现危机时，它有权向项目组的上级机构直接报告这一危机。

选择和确定 SQA 活动这一过程的目的是策划在整个项目开发过程中所需要进行的质量保证活动。质量保证活动应与整个项目的开发计划和配置管理计划相一致。一般把该活动分为以下 4 类：

1. 评审软件产品、工具与设施

软件产品常被称为“无形”的产品，评审时难度更大。在评审时不但要对软件代码进行评审，还要对软件开发计划、标准、过程、软件需求、软件设计、数据库、手册以及测试信息等进行评审。评估项目设施的目的是保证项目组有充足的设备和资源进行软件开发工作。这也为规划今后软件项目的设施、资源扩充、资源共享等提供依据。

2. SQA 活动审查的软件开发过程

（1）软件产品的评审过程。

（2）项目的计划和跟踪过程。

（3）软件需求分析过程。

（4）软件设计过程。

（5）软件实现和单元测试过程。

（6）集成和系统测试过程。

（7）项目交付过程。

（8）子承包商控制过程。

（9）配置管理过程。

3. 参与技术和管理评审

参与技术和管理评审的目的是为了保证此类评审满足项目要求，便于监督问题的解决。

4. SQA 报告

SQA 活动的一个重要内容就是报告软件产品或软件过程评估的结果，并提出改进建议。SQA 应将其评估的结果文档化。

7.6 质 量 控 制

监控项目的总体结果，判断它们是否符合相关质量标准，并找出如何消除不合格绩效的方法。质量控制是为达到质量要求所采取的作业技术与活动。其内容包括确定控制对象、规定控制标准、制订控制方法、选用检验技术、处理事故（失控）等。对于信息系统项目，一般采用软件测试和配置管理等质量控制手段来有效控制信息系统产品质量，与传统制造业常采用统计抽样、控制图等工具有很大区别。

7.6.1 配置管理与软件测试

1. 配置管理

配置管理（Configuration Management，CM）是标志和确定系统中配置项的过程，在系统整个生存期内控制这些配置项的投放和变更，记录并报告配置的状态和变更要求，验证配置项的完整性和正确性。配置管理是在团队开发中，标志、控制、管理信息系统软件变更的一种质量管理工具，在信息系统软件项目中具有特殊重要的意义。信息系统配置管理功能和细分情况如表 7-3 所示。

表 7-3 信息系统配置管理

功　　能	细　　分
用于配置项的管理	软件配置项的类型化和结构化
	软件配置项的变动控制：变动记录和变动处理
	软件配置项一致性控制

续表

功　能	细　分
用于配置项的管理	软件配置项的状态处理
	软件组件标志方法
	面向对象技术和软件组件
对协同工作的支持	处理软件模型和相应的管理
	分布管理的场地透明技术
	工作区管理
	支持管理的事务处理能力
	对协同工作的支持
用于软件系统的构造	用于软件版本的构造
	CM 的可视化处理
	CM 的持久性管理

2. **软件测试**

测试是一个验证项目实施阶段是否满足需求的逆向过程，在所有的信息系统开发过程中都具有重要的意义。软件开发过程，一方面要求我们通过测试活动验证所开发的软件在功能上满足软件需求所描述的每一条特性，性能上满足客户所要求的负载压力和相应的响应时间、吞吐量要求；另一方面，面向市场和客户，开发团队还要满足在预算范围内尽快发布软件的要求。测试是软件项目管理质量控制过程采用的实质性工具和技术。测试把握着软件质量的最后一关，如果这一关没有做好，即使前面的工作再好，其结果也是功亏一篑。

测试是一个为了寻找错误而执行的过程。测试是信息系统项目质量保证的关键因素，代表了计划规约、设计框架和项目实现的最终检查。经过多方面的测试活动，通过消除各种错误来保证项目的质量，使整个项目的交付成果基本满足客户的需求。

信息系统项目中，测试一般包括单元测试、集成测试、系统测试、验收测试等。表 7-4 所示反映了测试种类、阶段、用例的对应关系。

表 7-4　测试种类、阶段、用例的对应关系

测试阶段	测试类型	执行人员
单元测试	模块功能测试，包含部分接口测试、路径测试	开发人员
集成测试	口测试、路径测试、包含部分功能测试	开发人员，如果测试人员水平较高可以由测试人员执行
系统测试	功能测试、健壮性测试、性能测试、用户界面测试、安全性测试、压力测试、可靠性测试、安装反安装测试	测试人员
验收测试	对于实际项目基本同上，并包含文档测试：对于软件产品主要测试相关技术文档	测试人员，可能包含用户

每个测试阶段都以相关阶段的文档为依据，对应关系如图 7-2 所示。

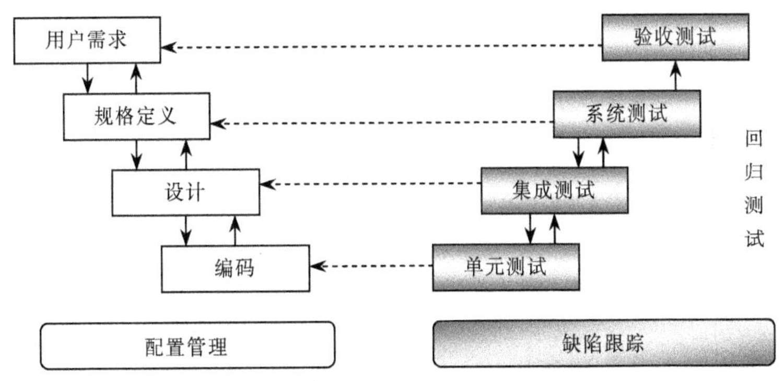

图 7-2　软件测试依据对应关系

7.6.2　项目质量控制的机制

有效的项目质量控制是采取事前控制、过程控制、主动控制、闭环控制的循环系统。

（1）事前控制：对项目质量提出事前预防措施，包括制订控制的计划和程序。

（2）过程控制：按照预控的计划和程序对工序、分项、分步、单位工程和整个项目的建设全过程进行检测、检查、控制和评定。

（3）主动控制：事前有预控及措施，过程有监控及阈值，使项目质量控制始终按质量标准实施。

（4）闭环控制：把计划与实施、检查与评定、偏离与纠正、总结与提高等过程形成反馈系统。

7.6.3　质量控制技术和方法

1. PDCA 循环

PDCA 循环的概念最早是由美国质量管理专家戴明提出来的，所以又称“戴明环”，如图 7-3 所示。

（1）P（Plan）：计划，即确定项目质量管理方针和目标，确定项目质量计划。

（2）D（do）：执行，扎实地去做，实现项目质量计划中的内容。

（3）C（check）：检查，总结执行项目质量计划的结果，注意效果，找出问题。

（4）A（action）：改进，对总结检查的结果进行处理，成功的经验加以肯定并适当推广、标准化；失败的教训加以总结以免重现，未解决的问题放到下一个 PDCA 循环。

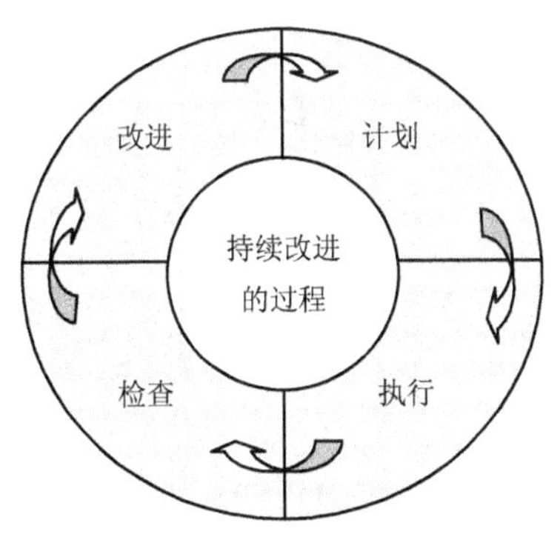

图 7-3　戴明环

2. 项目质量控制方法

（1）核对表法，如图 7-4 所示。

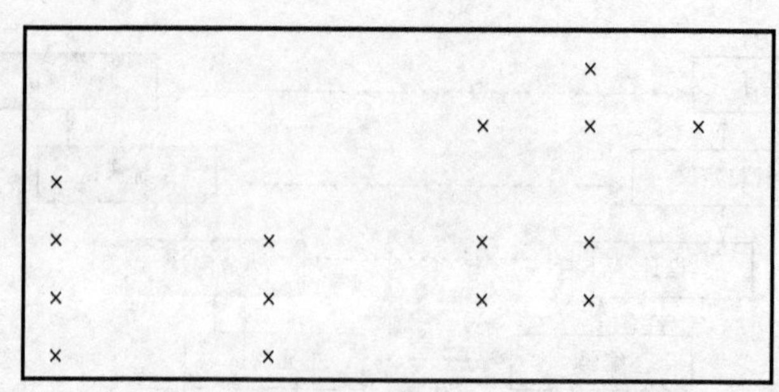

图 7-4　核对表

（2）因果分析法（鱼刺图），如图 7-5 所示。

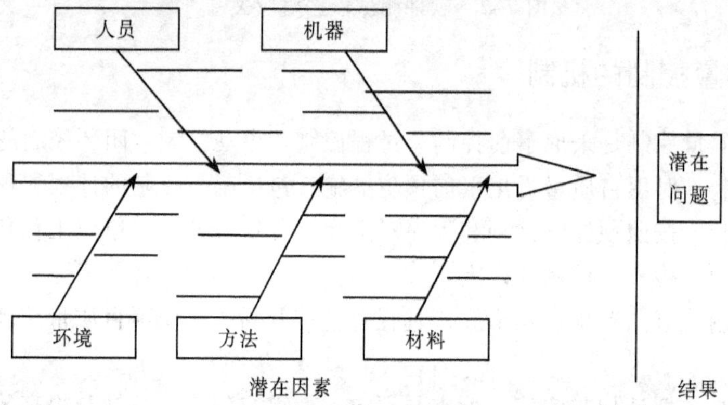

图 7-5　因果图

（3）帕累托分析法（排列图）：对提供给定的数据集合中发生频度最高的事件进行优先次序的划分，解析导致系统质量的原因，并给出特殊的柱状图，如图 7-6 所示。

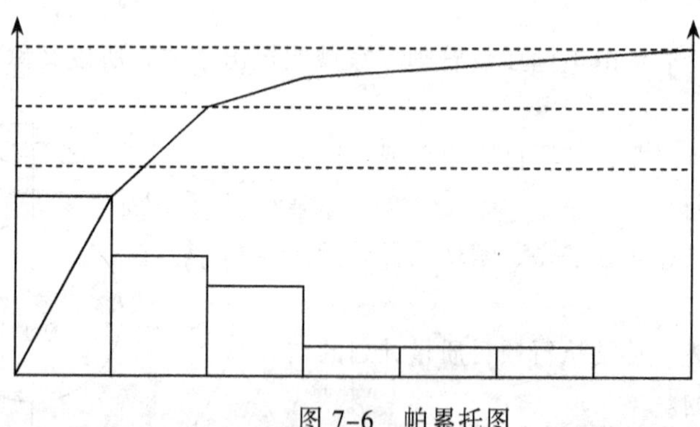

图 7-6　帕累托图

（4）趋势分析法：可以直接将若干期的同一指标进行绝对值比较，或将该指标占另一指标的比重来进行比较，发现事务发展的总趋势。

（5）控制图：又称管理图，是用于分析和判断工序是否处于控制状态所使用的带有控制界限线的图。控制图分析确定质量过程变异和过程均值是否处于稳定水平，如图 7-7 所示。

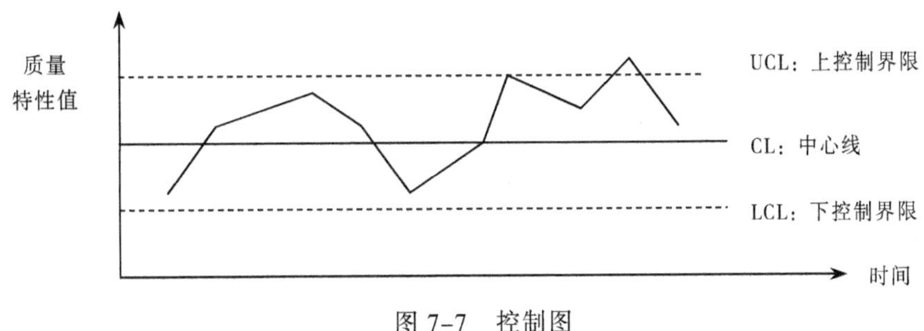

图 7-7　控制图

案例 13　客户对质量担心的分析

某信息技术有限公司中标了某大型餐饮连锁企业集团的信息系统项目，该项目包含单店管理、物流系统和集团 ERP 等若干子项目。由该信息技术有限公司的高级项目经理文工全面负责项目实施。文工认为，此项目质量管理的关键在于系统地进行测试。为此，他制订了详细的测试计划用来管理项目的质量。在项目实施过程中，他通过定期发给客户测试报告来证明项目质量是有保证的。可是客户总觉得有什么地方不对劲，对项目的质量还是没有信心。

为什么客户对于项目质量没有信心呢？

客户对于项目质量的信心来自于系统集成商以往管理项目时良好的质量表现，以及当前项目具体的可实施的质量管理计划和到位的质量保证。另一方面，沟通是内外有别的，因项目干系人的关注点不同，提交给他们的文档也是有区别的。通常，项目质量管理的基本原则有：

（1）质量就是满足客户需求。

（2）项目全员参与、质量责任明确到人。

（3）不许镀金。

（4）预防胜过检查，质量出自计划、设计、建造，而不仅仅出自检查。

（5）质量应持续改进。

在本案例中，客户对项目的质量没有信心的原因可能是：文工没有为项目制订一个可行的质量管理计划并积极地实施；仅向用户提交测试报告而没有提交全面质量管理进展情况的报告（或实施报告），沟通方式单一（或不全面），容易误导客户，且导致客户不必要的担心。

案例 14　质 量 手 册

封面（略）

修订履历（略）

目录（略）

1　引言

1.1　阅读对象

××信息技术有限公司的所有员工。

1.2　术语

产品：以下指软件产品，即交付给用户的一整套计算机程序、规程及相关的文档和数据。

1.3 引用标准

无

1.4 适用范围

本标准作为本公司在软件项目开发、推广和维护时的质量要求，以保证产品的质量，防止不合格产品。

2 指南内容

2.1 质量方针

全员投入，精心研制，客户满意。

2.2 质量目标

软件产品系统测试一次通过率达到85%，二次通过率达到95%，三次通过率达到100%。客户满意度100%。

2.3 质量体系

××标准软件过程。

2.4 管理职责及组织机构

软件质量部门承担本公司软件产品的系统测试、SQA等工作。负责制订本公司总体的质量目标、建立和维护质量管理体系，并负责在公司内部建立全面质量管理意识；负责对软件产品的系统测试，对软件缺陷进行统计分析；负责对软件过程的监查和审核，保证所有软件项目严格按照本公司的软件过程执行。

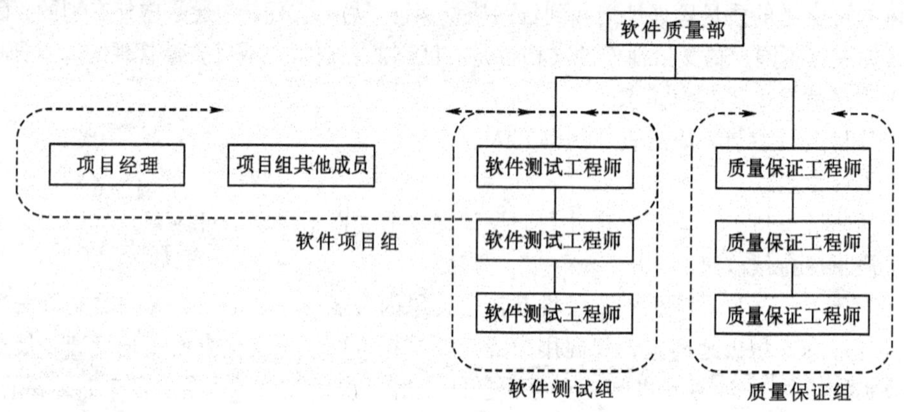

2.5 岗位质量活动

岗　　位	相关的质量保证活动	相关指南及规范
软件开发/维护项目经理	项目计划评审及审核 需求报告评审及审核 软件架构设计评审及审核 数据库设计评审及审核 测试用例评审及审核 项目监控 需求变更审核 里程碑评审	PSSP_PRC_PUB_001_软件开发过程规范 PSSP_PRC_PUB_003_软件维护过程规范 PSSP_PRC_VER_001_软件技术评审规范 PSSP_PRC_PMC_001_项目执行与监控规范 PSSP_PRC_PP_001_项目计划规范 PSSP_PRC_PP_002_项目立项规范 PSSP_PRC_RSK_001_风险管理规范 PSSP_PRC_SAM_001_供应商协议管理规范 PSSP_GUD_PP_001_项目估算指南 PSSP_GUD_PP_002_工作包估算指南 PSSP_GUD_PP_MSProject 使用指南

续表

岗　　位	相关的质量保证活动	相关指南及规范
软件推广项目经理	项目计划评审及审核 实施需求报告评审及审核 实施方案审核 项目监控 需求变更审核 里程碑评审 安装调试记录审核	PSSP_PRC_PUB_002_软件推广过程规范 PSSP_PRC_VER_001_软件技术评审规范
质量保证工程师	质量保证计划审核	PSSP_PRC_PPQA_001_产品与过程质量保证规范
软件测试工程师	测试大纲和用例评审及审核	PSSP_GUD_VER_001_系统测试指南 PSSP_PRC_PUB_001_软件开发过程规范 PSSP_PRC_PUB_003_软件维护过程规范
软件实施工程师	实施需求报告评审及审核 实施方案评审及审核 试用跟踪及用户确认 安装调试记录审核	PSSP_PRC_PUB_002_软件推广过程规范 PSSP_PRC_VER_001_软件技术评审规范 PSSP_GUD_VAL_001_用户确认指南
软件开发工程师	单元测试 集成测试 代码互查评审	PSSP_PRC_PUB_001_软件开发过程规范 PSSP_GUD_PUB_001_C#编程指南
软件需求分析师	需求报告评审及审核 原型确认 需求变更评估	PSSP_GUD_RD_001_需求指南 PSSP_GUD_RD_002_UML 建模指南 PSSP_PRC_VER_001_软件技术评审规范
软件系统设计师	软件架构设计评审 数据库设计评审	PSSP_GUD_TS_002_数据库设计指南 PSSP_GUD_TS_001_软件分析设计指南 PSSP_GUD_PUB_001_C#编程指南 PSSP_PRC_VER_001_软件技术评审规范
软件配置工程师	配置计划书评审 系统集成	PSSP_PRC_CM_001_配置管理规范 PSSP_GUD_CM_001_配置管理指南

知识拓展——宋代的《营造法式》

中国古代用于建筑工程项目管理的标准是宋代的《营造法式》。

《营造法式》刊行于宋崇宁二年（1103 年），是北宋官方颁布的一部建筑设计、施工的规范书，是中国古籍中最完整的一部建筑技术专书。《营造法式》是宋将作监奉敕编修的。北宋建国以后百余年间，大兴土木，宫殿、衙署、庙宇、园囿的建造此起彼伏，造型豪华精美铺张，负责工程的大小官吏贪污成风，致使国库无法应付浩大的开支。因而，建筑的各种设计标准、规范和有关材料、施工定额、指标及待制订，以明确房屋建筑的等级制度、建筑的艺术形式及严格的料例功限以杜防贪污盗窃被提到议事日程。哲宗元佑六年（1091 年），将作监第一次编成《营造法式》，由皇帝下诏颁行，此书史曰《元佑法式》。

因该书缺乏用材制度，工料太宽，不能防止工程中的各种弊端，所以北宋绍圣四年（1097年）又诏李诫重新编修。李诫以他个人 10 余年来修建工程的丰富经验为基础，参阅大量文献和旧有的规章制度，收集工匠讲述的各工种操作规程、技术要领及各种建筑物构件的形制、加工方法，终于编成流传至今的这本《营造法式》，于崇宁二年（1103 年）刊行全国。

《营造法式》主要分为 5 个主要部分，即释名、制度、功限、料例和图样共 34 卷，前面还有"看样"和目录各 1 卷。

第 1、2 卷是《总释》和《总例》，考证了每一个建筑术语在古代文献中的不同名称和当时的通用名称以及书中所用正式名称。总例是全书通用的定例，并包括测定方向、水平、垂直的法则，求方、圆及各种正多边形的实用数据，广、厚、长等常用词的含义，有关计算工料的原则等。

第 3～15 卷是壕寨、石作、大木作、小木作、雕作、旋作、锯作、竹作、瓦作、泥作、彩画作、砖作、窑作等 13 个工种的制度，详述建筑物各个部分的设计规范，各种构件的权衡、比例的标准数据、施工方法和工序，用料的规格和配合成分，砖、瓦、琉璃的烧制方法。

第 16～25 卷按照各种制度的内容，规定了各工种的构件劳动定额和计算方法，各工种所需辅助工数量，以及舟、车、人力等运输所需装卸、架放、牵拽等工额。最可贵的是记录下了当时测定各种材料的容重。

第 26～28 卷规定各工种的用料定额，是为"料例"，其中或以材料为准，如例举当时木料规格，注明适用于何种构件；或以工程项目为准，如粉刷墙面（红色），每一方丈干后厚 1.3 cm，需用石灰、赤土、土朱各若干千克。卷 28 末尾附有"诸作等第"一篇，将各项工程按其性质要求，制作难易，各分上、中、下三等，以便施工调配适合工匠。

第 29～34 卷是图样，包括当时的测量工具、石作、大木作、小木作、雕木作和彩画作的平面图、断面图、构件详图及各种雕饰与彩画图案。

"看详"的内容是各工种制度中若干规定的理论和历史传统根据的阐释，如屋顶坡度曲线的画法，计算材料所用各种几何形的比例，定垂直和水平的方法，按不同季节定劳动日的标准等的依据。

纵观《营造法式》，其内容有以下特点：

第一，制订和采用模数制。书中详细说明了"材份制"，"材"的高度分为 15"分"，而以 10"分"为其厚。斗拱的两层拱之间的高度定为 6"分"，为"栔"，大木做的一切构件均以"材"、"分"、"栔"来确定。这是中国建筑历史上第一次明确模数制的文字记载。

第二，设计的灵活性。各种制度虽都有严格规定，但未规定组群建筑的布局和单体建筑的平面尺寸，各种制度的条文下往往附有"随宜加减"的小注，因此设计人可按具体条件，在总原则下，对构件的比例尺度发挥自己的创造性。

第三，总结了大量技术经验。如根据传统的木构架结构，规定凡立柱都有"侧角"及柱"升起"，这样使整个构架向内倾斜，增加构架的稳定性；在横梁与立柱交接处，用斗拱承托以减少梁端的剪力；叙述了砖、瓦、琉璃的配料和烧制方法以及各种彩画颜料的配色方法。

第四，装饰与结构的统一。该书对石作、砖作、小木作、彩画作等都有详细的条文和图样，柱、梁、斗拱等构件在规定它们在结构上所需要的大小、构造方法的同时，也规定了它们的艺术加工方法。如梁、柱、斗拱、椽头等构件的轮廓和曲线，就是用"卷杀"的方法制作的。该手法充分利用结构构件加以适当的艺术加工，发挥其装饰作用，成为中国古典建筑的特征之一。

《营造法式》在北宋刊行的最现实的意义是严格的工料限定。该书是王安石执政期间制订的各种财政、经济的有关条例之一，以杜绝腐败的贪污现象。因此，书中以大量篇幅叙述工限和料例。例如，对计算劳动定额，首先按四季日的长短分中工（春、秋）、长工（夏）和短工（冬）。工值以中工为准，长短工各减和增 10%，军工和雇工亦有不同定额。其次，对每一工种的构件，按照等级、大小和质量要求——如运输远近距离、水流的顺流或逆流、加工的木材的软硬等，都规定了工值的计算方法。料例部分对于各种材料的消耗都有详尽而具体的定额。这些规定为编造预算和施工组织订出严格的标准，既便于生产，也便于检查，有效地杜绝了土木工程中贪污盗窃的现象。

《营造法式》的现代意义在于它揭示了北宋统治者的宫殿、寺庙、官署、府第等木构建筑所使用的方法，使我们能在实物遗存较少的情况下，对当时的建筑有非常详细的了解，填补了中国古代建筑发展过程中的重要环节。通过书中的记述，我们还知道现存建筑所不曾保留的、今已不使用的一些建筑设备和装饰，如檐下铺竹网防鸟雀，室内地面铺编织的花纹竹席，椽头用雕刻纹样的圆盘，梁栿用雕刻花纹的木板包裹等。

小　结

人是一切人类活动的基础，要提高软件开发质量，就必须以人为本，首先提高人的质量。通过标准化、规范化的建设和落实，通过创建良好的社会和企业质量环境，在企业内部不断改进开发过程质量、项目管理质量，改进质量措施。针对具体项目进行良好的分析设计规划，编写出质量优良的系统程序，确保数据（信息）及其管理的质量，为客户、为社会提供满意的产品和服务。本章主要讲述了质量概念、标准、质量计划、质量保证与质量控制。

习题与思考

1. 简述软件质量的定义。
2. 简述软件质量的特征。
3. PMBOK 的质量管理过程包括哪几个方面？
4. 软件质量管理可以分成几个层次？
5. 项目质量计划的成果是什么？
6. 软件质量保证的步骤是什么？
7. 质量保证由________组成。
   A. 质量系统中用来为项目满足相关质量标准提供信心的活动
   B. 为确定项目结果是否达到相关质量标准而对项目结果进行监控的方法
   C. 确定项目相关质量标准及决定满足质量标准的方法
   D. 为了保证项目满足该项目需求所需要的过程
8. 简述软件开发的常用技术标准。
9. 简述项目质量控制的方法。

第8章 项目人力资源管理

任何一个项目都要消耗一定的资源才能完成，而在一定的时期内，由于某些客观因素的影响，能够提供的资源数量往往有限，这就存在一个如何合理利用这些有限资源的问题。资源可理解为一切具有现实和潜在价值的东西，完成项目必定要消耗劳动力(人力资源)、材料、设备、资金等有形资源，同时还可能要消耗其他一些无形资源。IT项目资源是指人力资源、硬件资源、系统软件、资金、技术等形成生产力的各种要素，如图8-1所示。其中，人力资源（开发团队）尤为重要，其他各要素只有在人的科学合理的运用中才能形成先进的生产力。

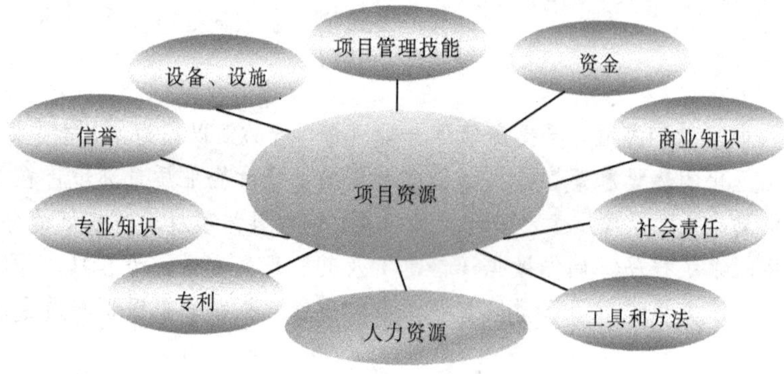

图8-1 IT项目资源

8.1 人力资源管理概述

管理的本质是协调，协调的中心是人。能否成功地实施项目管理，很大程度上取决于能否协调好项目的人力资源。

项目人力资源管理在IT项目管理中处于非常重要的位置，挖掘与协调IT项目人力资源的目的是为了高效地实现组织的目标。

美国核武器的研制、阿波罗登月计划的实施、计算机的诞生和应用等大型项目，在很大程度上都是通过国外专家实现的。

在美国59%的高技术公司里，外籍专家占90%。目前在计算机产业领域的博士中50%以上是外国人，美国还以合作攻关的名义，借用外国专家的智慧。

对2 000家亏损国企的调查表明，政策性亏损占9.9%，客观原因造成的亏损占9.2%，经营不善造成的亏损高达81.71%。

调查显示，人力资源（Human Resource，HR）对企业战略的整体影响力高达43%。

随着社会的发展和科技的进步，越来越多的管理者已经深刻地认识到人已经成为决定一个企业或项目成败的关键因素，人力资源的管理已经成为他们工作中最艰巨的任务和挑战。特别是 IT 行业和软件项目，其可变因素太多、不稳定因素太多、诱惑力也太强，如何找到需要的人才和合理使用人才对 IT 企业是最为严峻的挑战。

8.1.1　人力资源与人力资源管理

人力资源通常指能够推动整个经济和社会发展的劳动者的能力，包括体力劳动和智力劳动。现代社会有 5 大可利用资源，即物力资源、财力资源、信息资源、文化资源和人力资源。唯有人力资源是最具有生命力的，可以被反复利用并能不断增值的资源。

人力资源具备与其他资源不同的特征，主要体现在生物性、社会性、时效性、能动性、个体独立性、可再生性。人力资源是人类可用于生产产品或提供各种服务的活力、技能、知识和可提供的商业信誉价值。

项目人力资源是指能推动整个项目发展的所有相关者的能力。

人力资源管理是指对人力资本进行计划、组织、领导、协调和控制的过程，目的是充分调动人的积极性和发挥人的创造性和潜能，实现组织整体目标与组织成员的个人目标的共同发展。最显著特点是人力资源管理把人力看成是资源，是可以开发利用，而不是看成是成本。它着眼于企业目标和个人目标的共同发展。

人力资源管理的基本内容是对人力资源进行计划、组织和控制等工作。它和财务管理、技术开发管理、营销管理、生产管理等同等重要，共同构成企业管理最基本的组成部分。人力资源管理的基本原则是综合效率原则，使用和开发相结合原则，公平竞争原则，激励原则。

8.1.2　项目人力资源管理

天时、地利、人和一直被认为是成功的三大有利因素。其中，“人和”是主观因素，正如毛泽东所言：“决定的因素是人而不是物”。如何充分发挥“人”的作用，对于项目的成败起着至关重要的作用。项目人力资源管理的中心内容就是如何发挥“人”的作用，它主要包括组织计划编制、人员募集和团队建设 3 部分。

项目人力资源管理就是指通过不断的获得人力资源，把得到的人力整合到项目中并融为一体，保持和激励他们对项目的忠诚和积极性，控制他们的工作绩效并做出相应的调整，尽量发挥他们的潜能，以支持项目目标的实现的活动、职能、责任和过程。人力资源管理的主要过程如图 8-2 所示。

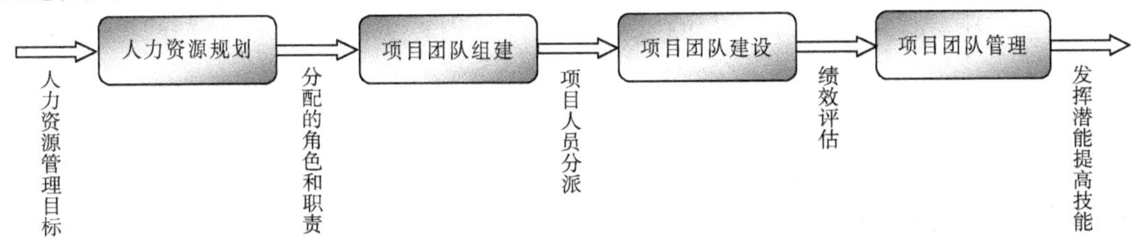

图 8-2　人力资源管理的主要过程

（1）人力资源规划：根据项目管理计划和实际需求，对项目角色、职责以及报告关系进行识别、分配和归档。

（2）项目团队组建：根据项目人力资源规划，通过有效手段获得项目所需的人员，组建项目团队。

（3）项目团队建设：提高项目团队成员的技能，以加强他们完成项目任务的能力；增进团队成员之间信任感和凝聚力，以提高团队协作的能力，达到提高生产力的目的。

（4）项目团队管理：通过跟踪团队成员绩效，分析反馈信息，解决问题并协调各类变更，提高项目绩效。

8.1.3 软件项目人力资源管理

软件项目人力资源管理是组织人力资源管理的具体应用，遵循组织人力资源管理的原理并实现相同性质的功能。由于项目自身的特点，软件项目人力资源管理在方法上也有其自身的特殊性，与组织人力资源管理有所不同。

1. 软件项目中人的特征

（1）高知识更新性：软件项目所需要的人的知识，是不断更新的知识。3 年前熟悉的知识，可能 3 年后就基本没有什么价值了。

（2）高主观经验性：虽然软件的知识在不断更新，但是，开发经验、行业经验却是长期积累的。一个在行业中长期从事应用系统开发的熟练的系统分析师，是各软件企业抢手的热门人才。

（3）高自主性：正是由于上述特点，高层次的软件人才，还是处于卖方市场。这使软件人才在人力资源市场的双向选择中，处于主动地位。软件企业如何留住人才，是非常重要和困难的工作。

（4）主观能动性：软件开发的特点，决定了软件人才个人行为在开发过程中的影响和作用。工作绩效的好坏，工作效率的高低，在很大程度上由项目中的个人所决定。

（5）效率波动性：作为项目组中的个人，其效率的发挥也是不稳定的。常常受各种因素的影响，呈现波动性。

（6）资源消耗性：项目中的个人是项目资源的消耗者。进度、成本、质量控制的变化，首先是因为项目中人的因素的变化。

（7）不可存储性：项目的人力资源，包括人的时间、精力、知识、积极性等。

2. 软件项目团队的特点

由于项目的临时性、成员来源的多方面性、软件项目的任务和人员结构的特殊性，软件项目团队具有以下特点：

（1）人员构成的多样性。

（2）人员结构的层次性。

（3）人员能力的潜在性。

（4）人员组成的可变性。

软件企业与传统工业企业不同，与现代企业的其他行业也不同。其最主要特征是企业最主要的“资产”是一批掌握技术、熟悉业务、懂得管理的“人”。软件企业主要的成本是人的成本，软件企业主要的财富积累是知识和经验的积累。因此，软件企业的人力资源管理是企业最主要的管理内容。

软件项目组的管理过程，几乎全部是围绕“人”来进行的管理。而作为被管理对象的“人”本身管理的讨论，则越来越成为软件领域所要讨论的核心问题。

8.1.4 项目人力资源管理的特殊性

在项目的人力资源管理中，团队建设的效果会对项目的成败起很大的作用，特别是某些较小的项目，项目经理可能是由技术骨干转换过来的，对于团队建设和一般管理技能掌握得不是很多，容易造成团队成员之间的关系紧张，最终影响项目的实施，这就更加需要掌握更多的管理知识以适应项目管理的需要。

但是仅有管理知识是不够的，管理者要有"以人为本"（不是以个人为本）的工作理念。在管理人力资源时，要记住人力资源是特殊的资源，有时虽然被物化，但决不能和设备、材料、资金等其他资源等量齐观。在给劳动力打上价格标签的同时，一定要考虑到人的尊严。人力资源管理的目的不是为了考核（考核是为了公平、公正），而是为了最大限度地发挥人的主观能动性，为了实现团队和个人共同的目标。当团队中的成员从项目的计划和实施过程中感受到自我价值、荣誉、友情、责任感和成就感时，这个项目团队就是一个出色的项目团队，这种人力资源管理就是一种成功的范例。

8.2 项目人力资源规划

项目人力资源规划的目的是确定项目的角色、职责、报告关系，并制订人员配备管理计划。在大多数项目中，项目人力资源规划被作为项目最初阶段的一项主要工作来完成。这一工作的结果应当在项目全过程中经常性地复查，以保证它的持续适用性。

8.2.1 IT 项目组织的确定

高层管理人员和项目经理针对项目的实际需求确认项目需要哪种类型的成员，是人力资源规划的关键活动之一。

高层管理人员和项目经理应该根据 IT 项目的特点和实际项目的需求，以及已识别的项目角色、职责、报告关系，构建项目的组织结构图。它是项目汇报关系的图形表示，主要描述团队成员之间的工作汇报关系，如图 8-3 所示。大型 IT 项目的组织结构和相关角色如图 8-4 所示。

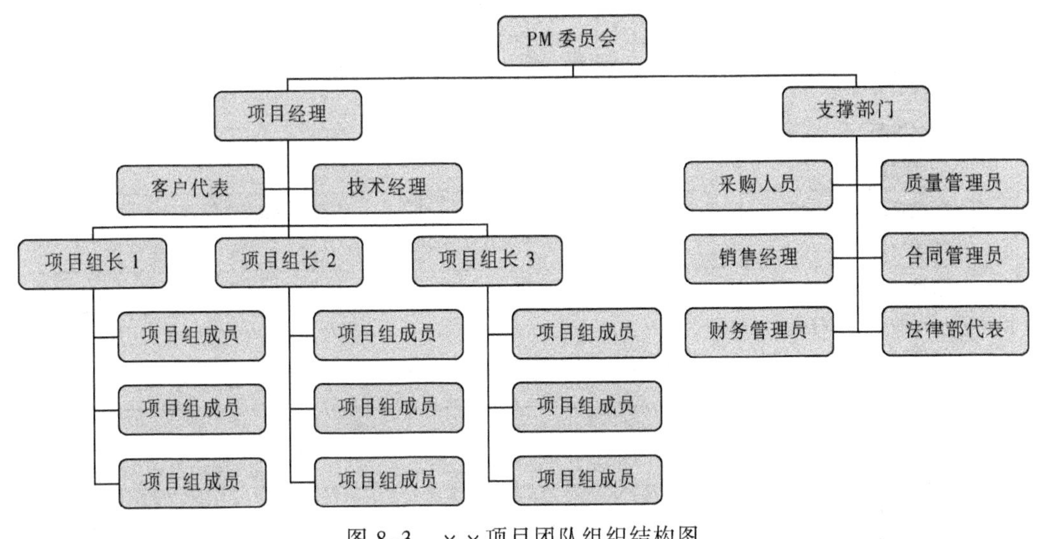

图 8-3 ××项目团队组织结构图

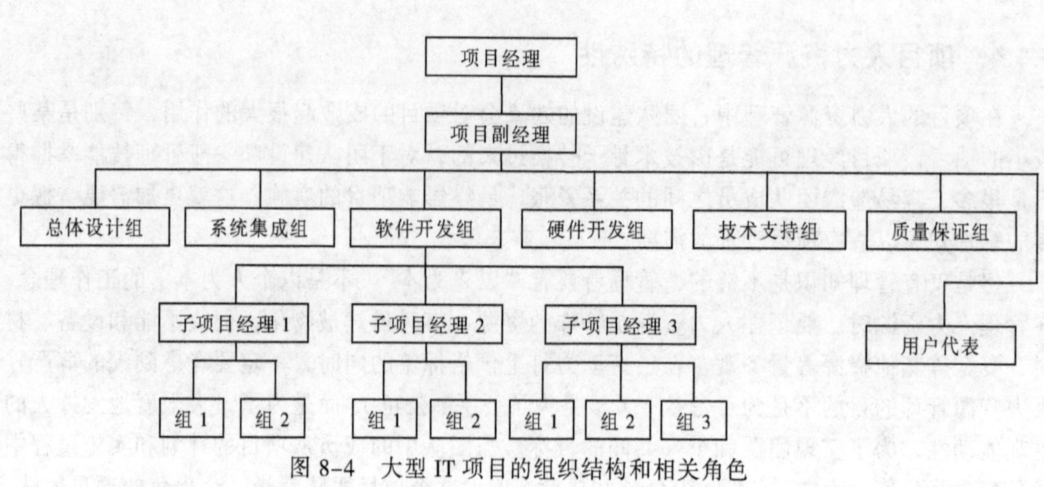

图 8-4　大型 IT 项目的组织结构和相关角色

8.2.2　项目角色与职责

典型的系统集成项目团队的角色包括管理类（如项目经理）、工程类（如系统架构师、系统分析师、网络规划与设计师、网络工程师、软件工程师、测试工程师和实施人员等）、行业专家、支持类（如文档管理人员）。

项目角色和职责在项目管理中必须明确，否则容易造成某一项工作没人负责，最终影响项目目标的实现。为了使每项工作能够顺利进行，就必须将每项工作分配到具体的个人（或小组），明确不同的个人（或小组）在这项工作中的职责，而且每项工作只能有唯一的负责人（或小组）。同时由于角色和职责可能随时间而变化，在结果中也需要明确这层关系。表 8-1 所示表明了各 WBS 活动分别由各 OBS 单位分别承担不同的相应的职责。表 8-2 所示表明了各项具体活动分别由各项目干系人分别承担相应的职责。

表 8-1　责任分配矩阵示例

OBS 单位 ↓	WBS 活动 →							
	1.1.1	1.1.2	1.1.3	1.1.4	1.1.5	1.1.6	1.1.7	1.1.8
系统工程	R	R&P						
软件开发			R&P					
硬件开发				R&P				
测试工程	P							
质量保证					R&P			
配置管理						R&P		
技术支持							P	
系统培训								R&P

R=责任组织单元，P=行动组织单元。

表 8-2　项目干系人职责分配矩阵示例

活　动	人　员				
	person1	person 2	person 3	person 4	person 5
单元测试	S	P	A	I	R
整体测试	S	P	A	I	R

续表

活　动	人　员				
	person1	person 2	person 3	person 4	person 5
系统测试	S	P	A	I	R
用户确认测试	S	P	I	A	R

职责说明：A=负有责任的 P=参与者 R=要求审查 I=要求输入 S=要求签收。

8.2.3 IT 项目人员配备管理计划

项目人力资源规划成果除了明确角色与职责、构建项目组织结构图外，还有一个重要成果是人员配备管理计划。

人员配备管理计划主要描述项目组什么时候需要什么样的人力资源。在人员配备计划中需要明确需要哪个部门、需要何种人、需要哪些技能，实际上它是属于资源规划的一部分，要说明何时、如何增加和减少项目班子人数。人员配备得当可充分发挥各成员的作用并大大降低管理成本。人员配备计划如表 8-3 所示。

表 8-3　人员配备计划

序号	所负责的工作	相关WBS	专业技能水平	项目中的角色	来自部门	时间投入计划		工作方式	推荐人选
						开始时间	结束时间		
1									
2									
3									
4									

人员配备管理计划描述何时、以何种方式满足项目人力资源需求。

在项目期间，应该根据项目进展和需求，对人员配备管理计划进行及时调整，以指导团队成员招聘和团队建设等活动。人员配备计划因 IT 项目的规模和应用领域的差异而不同，但以下内容是必须包括的：

（1）项目团队组建。

（2）时间安排。

（3）成员遣散安排。

（4）培训需求。

在项目工作中人员的需求可能不是很连续或者不是很平衡，这容易造成人力资源的浪费和成本的提高。例如某项目现有 15 人，设计阶段需要 10 人；审核阶段可能需要 1 周的时间，但不需要项目组成员参与；编码阶段是高峰期，需要 20 人，但在测试阶段只需要 8 人。如果专门为高峰期提供 20 人，可能还需要另外招聘 5 人，并且这些人在项目编码阶段结束之后，会出现没有工作可安排的状况。为了避免这种情况的发生，通常会采用资源平衡的方法，将部分编码工作提前到和设计并行进行，在某部分的设计完成后立即进行评审，然后进行编码，而不需要等到所有设计工作完成后再执行编码工作。这样将工作的次序进行适当调整，削峰填谷，形成人员需求的平衡，会更利于降低项目的成本，同时可以降低人员的闲置时间，以防止成本的浪费。

8.3 项目团队组建

8.3.1 项目经理的选择

项目团队组建的主要任务是根据项目资源规划的成果，获取完成项目工作所需的人力资源。能否组建一个满足项目开发的团队，是项目能否获得成功的基本条件和关键所在。

项目管理的组织特征表明，IT 项目成败的关键人物是项目经理，他在项目管理中起决定性的作用。

对项目经理的选择有 3 种方式：

（1）由企业高层领导委派。

（2）由企业和用户协商选择。

（3）竞争上岗。

一个优秀的 IT 项目经理至少需要具备 3 种基本能力：

（1）解读项目信息的能力。

（2）发现和整合项目资源的能力。

（3）将项目构想变成项目成果的能力。

8.3.2 项目团队成员的选择

在确定了项目团队什么时候需要什么样的人员之后，需要做的就是确定如何在合适的时间获得这些人员，这就是人员募集要做的工作。人员募集需要根据人员配备管理计划以及组织当前的人员情况和招聘的惯例来进行。项目中有些人员是在项目计划前就明确下来的，但有些人员需要和组织进行谈判才能够获得，特别是对于一些短缺或特殊的资源，可能每个项目组中都希望得到，如果希望自己的项目组能够顺利得到，就需要通过谈判来实现。谈判的对象可能包括职能经理和其他项目组的成员。

另外有些人员可能组织中没有或无法提供，这种情况下就需要通过招聘来获得。在进行招聘之前应根据人力资源规划做好招聘计划，即确定项目对人员的需求以及如何来满足这些需求。在招聘的过程中，主管人员一定要注意运用规范化的招聘方法。调查显示，采用不正确的招聘方法，将导致 50%左右的新成员在进入项目团队后的 6 个月内选择离开。全面获取应聘者的信息，并将其与岗位的需求进行对比，坚持人/职匹配、人事相宜的原则，成员的离职率将会降低至 10%以下。

IT 行业是智力密集型产业，其生产方式的特殊性决定了人才在 IT 企业中的作用和地位。在面试 IT 项目团队候选人时应注意候选人是否具备以下几方面的能力：

（1）扎实的专业基础。

（2）独立、创新的工作能力。

（3）良好的沟通能力和团队合作精神。

（4）认真、严谨的工作态度。

（5）成就感强、工作有激情。

（6）具备锲而不舍的精神。

（7）善于总结和运用工作经验和教训。

结束这部分工作后，就会得到项目团队清单和项目人员分配。

8.4 项目团队建设

福特汽车公司前总裁唐纳德说："我在福特汽车公司所获得的宝贵经验之一就是我深信，团队合作能使美国所有公司和组织的业绩表现大大改善。"

管理大师杜拉克说："组织（团队）的目的，在于促使平凡的人，可以做出不平凡的事。"

8.4.1 团队的概念

团队是层次合理、分工明确、任务清晰、责任到位，能将有限资源最有效地整合的机构。

项目团队能否有效地开展项目管理活动，体现在以下几个方面：

（1）拥有共同目标。

（2）合理分工与协作。

（3）具有高度的凝聚力。

（4）团队成员相互信任。

（5）能够有效的沟通。

成功的团队具有以下共同点：

（1）团队的目标明确，成员清楚自己工作对目标的贡献。

（2）团队的组织结构清晰，岗位明确，成员有互补的技能，即团队中各成员至少具备一技之长，具备分析问题、解决问题的能力和沟通技能。

（3）有成文或习惯的工作流程和方法，而且流程简明有效。

（4）项目经理对团队成员有明确的考核和评价标准，工作结果公正公开、赏罚分明。

（5）组织纪律性，违反纪律就会牺牲多数人的利益。

（6）相互信任，善于总结和学习，学习型的组织。

8.4.2 项目团队的发展与建设

项目团队的发展过程，是一个不断成长和变化的过程。一个项目团队从产生到消失经历5个阶段：组建阶段、磨合阶段、正规阶段、成效阶段和解散阶段。

确保项目团队士气高昂，使团队成员能发挥他们的潜力是人力资源管理的"项目团队建设"过程的任务。团队建设是依靠成员自己（或加上外来咨询人员帮忙）的一种计划性的提高群体效能的活动。团队建设的目的是以群体成员的相互作用来协调群体的步伐，提高群体的工作效率。通常，团队建设包括分析问题、完成工作任务、协调群体内部关系、改进群体和组织的活动过程等内容。

项目团队是由项目组成员组成的、为实现项目目标而协同工作的组织。项目团队工作是否有效也是项目成功的关键因素，任何项目要获得成功就必须有一个有效的项目团队。通常情况下，项目团队成员既对职能经理负责，又对项目经理负责，这样的项目团队组建经常变得很复杂。对这种双重汇报关系的有效管理经常是项目成功的关键因素，也是项目经理的重要责任。

进行项目团队建设常用以下几种方式：

（1）团队建设活动：包括团队为提高团队运作水平而进行的管理和采用的专门的、重要的个别措施和方法。例如：

① 在计划过程中由非管理层的团队成员参加，建立发现和处理冲突的基本准则。

② 尽早明确项目团队的方向、目标和任务，同时为每个人明确其职责和角色。

③ 邀请团队成员积极参与解决问题和做出决策。

④ 积极放权，使成员进行自我管理和自我激励。

⑤ 增加项目团队成员的非工作沟通和交流的机会，如挑战体能训练等，提高团队成员之间的了解和交流。

⑥ 心理偏好指标，这属于心理方面的团队建设活动，可以使员工更深刻地了解自己、他人，以及如何在团队中更有效地工作。理解他人和求同存异的态度对团队合作是非常重要的。

这些措施作为一种间接效应，可能会提高团队的运作水平。团队建设活动没有一个固定的模式，主要是根据实际情况进行具体的分析和组织。

（2）绩效考核与激励：是人力资源管理中最常用的方法。绩效考核是通过对项目团队成员工作业绩的评价，来反映成员的实际能力以及对某种工作职位的适应程度。激励则是运用有关行为科学的理论和方法，对成员的需要予以满足或限制，从而激发成员的行为动机，激发成员充分发挥自己的潜能，为实现项目目标服务。

（3）集中安排：是把项目团队集中在同一地点，以提高其团队运作能力。由于沟通在项目中的作用非常大，如果团队成员不在相同的地点办公，势必会影响沟通的有效进展，影响团队目标的实现。因此，集中安排被广泛用于项目管理中。例如，设立一个“作战室”，队伍可在其中集合并张贴进度计划及新信息。在一些项目中，集中安排可能无法实现，这时可以采用安排频繁的面对面的会议形式作为替代，以鼓励相互之间的交流。

（4）培训：包括旨在提高项目团队技能的所有活动。培训可以是正式的（如教室培训、利用计算机培训）或非正式的（如其他团队成员的反馈）。如果项目团队缺乏必要的管理技能或技术技能，那么这些技能必须作为项目的一部分被开发，或必须采取适当的措施为项目重新分配人员。培训的直接和间接成本通常由执行组织支付。

有效的项目经理肯定是好的团队建设者，一般都会遵循以下原则：

（1）对你的团队有耐心且态度良好，不要认为你的团队成员都是懒惰和粗心的，要认为他们都是最好的。

（2）对事不对人，努力解决问题而不是一味抱怨和责备团队成员。关注团队成员的行为，帮助他们找出解决问题的途径。

（3）召开定期有效的项目会议，关注达到项目目标产生的结果。

（4）将工作团队的人数限制在 3～7 人（人数超过 7 人沟通和协调的难度会增大许多）。

（5）规划一些社会活动，让团队成员和项目干系人彼此熟悉。这些活动必须是生动有趣而非强制性的。

（6）强调团队的协调性，给予团队成员同等的压力，创造团队成员喜欢的传统。

（7）关注项目成员间的交流与配合，鼓励互相帮助。

（8）挖掘项目成员的潜能，设计培训课程以使个体或团队成员工作得更有成效。

（9）认可个人和团队的成绩。

关于项目团队建设的重要建议如下：

（1）可以不知道团队成员的某些缺点，但不可不知道他们的优点。

（2）团队专长 = 集体知识 + 规范的团队交流方式。

8.4.3 项目人员培训

IT 项目培训是指为提高项目开发人员的技能和知识，增强项目开发能力，使员工能在现有项目和将来的岗位上胜任其角色而进行的一切有计划、有组织的学习和训练活动。

对客户和用户的项目培训比对开发人员的培训更重要，高层管理者和项目经理必须高度重视。

建立良好的员工培训系统，对整个组织和项目来说具有很多好处：

（1）确保获得组织和项目所需要的人才。

（2）留住人才。

（3）提高员工的成就感。

人力资源部门一般提供 3 种类型的培训：

（1）技术培训。

（2）取向培训。

（3）文化培训。

8.5 绩效评估

进入 21 世纪，绩效问题已成为项目管理者关注的热点。绩效是指员工完成工作或履行职务的结果，即员工所创造的价值。绩效的评估应该由项目成员自己来做，因为员工的薪水不是老板给的，而是项目组自己创造的。

8.5.1 绩效的特征

绩效具有以下特征：

（1）绩效是一定的主体作用于一定的客体而表现出来的效用，即它是在工作过程中产生的。

（2）绩效是人们行为的后果，是目标的完成程度，是客观存在的结果。

（3）绩效应当具有实际效果，无效劳动的结果不能称为绩效。

（4）绩效应当体现投入与产出的关系，即考虑效率问题。

（5）绩效应当有一定的可度量性。

8.5.2 绩效评估的步骤与方法

绩效评估是对员工的工作行为与工作结果全面地、系统地、科学地进行考察、分析、评估和反馈的过程。绩效评估的目的主要包括 3 个方面：

（1）激励：通过正确评价员工的行为和绩效，给予员工恰当的激励。

（2）培训：通过绩效评估可以发现员工所欠缺的技能和知识，从而设计具有针对性的培训，更好地提高员工的绩效。

（3）沟通：绩效评估面谈，可以加强组织与员工之间的沟通和协调，为改进员工未来的绩效达成共识。

绩效评估的步骤如下：

（1）制订绩效评估指标和标准。

（2）绩效评估过程。

（3）绩效评估反馈。

（4）绩效评估审核。

绩效评估的方法如下：

（1）等级评定法。

（2）比例控制法。

（3）排序法。

（4）成对比较法。

（5）关键事件法。

（6）行为锚定等级法。

（7）目标管理法。

8.6 项目人力资源的激励

美国心理学家詹姆斯指出，一个没有受过激励的人，仅能发挥其能力的 20%～30%，而当他受到激励时，其能力可以发挥到 80%～90%。

如何针对不同的情况采取与之相应的有效方式激励团队成员，促进团队健康的发展，减少人员的非正常流动是团队建设与管理的重要工作。优秀的项目经理，总是能不断找到切实有效的办法团结团队的成员，唤起他们对团队及团队目标的认同和热情。他懂得：大家愿意去做的事情往往是与其自身利益息息相关的事情。项目经理的目标就是引导成员认识到团队的利益与其自身的利益是一体的，从而激发团队成员努力工作的热情。

8.6.1 动机理论

人的一切行动都是由某种动机引起的。“动机”是指激励人去行动的主观原因，经常以愿望、兴趣、理想等形式表现出来，是个人发动和维持其行为，使其导向某一目标的一种心理状态。

动机可以改变一切。经理人可能是最有学识、最有经验、最有天赋和能力的人，但如果员工缺乏动机，那么这个组织终将陷入平庸的泥潭。

1. X 理论

麦格雷戈的 X 理论认为人是经济人，人天生是懒惰的，生活的目的就是追求物质方面的满足。不负责任，没有志向，在允许的条件下，会消极怠工，所以必须强迫他们工作。

2. Y 理论

麦格雷戈的 Y 理论认为人是自我实现的人，工作是人们的一种需要，员工通过工作才能实现自我的价值。员工能够自我监督和控制，能主动承担责任，具有创造精神。

3. 需求层次理论

美国心理学家马斯洛的需求层次理论有两个基本论点（见图 8-5）：

（1）人的需要取决于他已经得到的和尚未得到的，只有尚未满足的需求才能影响人的行为，已经满足了的需要不能再起到激励的作用。

（2）人的需要是分层次的，只有当一个层次的需求得到满足后，另一个需求才会出现。

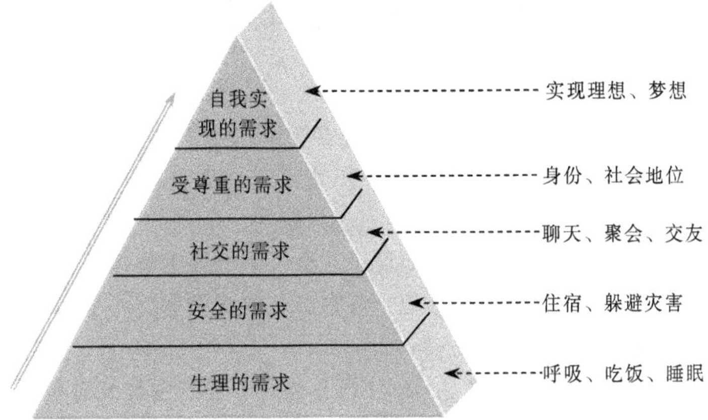

图 8-5　马斯洛的需求层次

8.6.2　激励理论

美国管理学家贝雷尔森和斯坦尼尔将激励定义为：“一切内心要争取的条件、希望、愿望、动力等都构成了对人的激励，它是人类活动的一种内心状态。”

行为科学认为，人的动机来自需要，由需要确定人们的行为目标，激励则作用于人的内心活动，激发、驱动和强化人的行为。如何将人的动机与项目提供的工作机会、工作条件和工作报酬有机地结合起来，是项目人力资源激励的重要内容。

常见的激励理论有以下 4 种：

1. 双因素理论

匹兹伯格的双因素理论认为：健康因素如果不满足，会产生不满意的情况；健康因素即使满足了，也不能激励员工更卖力地干活。人们工作的主要激励因素是个人成绩表现以及由此获得的认可度，包括工作成就、认可度、工作本身、责任、晋升和发展。

2. 期望理论

弗罗姆认为，人们之所以采取某种行为，是因为他觉得这种行为可以有把握达到某种结果，并且这种结果对他有足够的价值。用公式表示期望理论就是：

动机激励水平 M=效价 V（效果的可能性）×期望值 E（效果的价值）

3. 公平理论

亚当斯的公平理论的基本观点是：当一个人做出了成绩并取得报酬以后，他不仅关心自己所得报酬的绝对量，而且关心自己所得报酬的相对量。因此，他进行种种比较来确定自己所获报酬是否合理，比较的结果将直接影响今后工作的积极性。公平等价理论认为，员工所负的责任、权职和员工所获得的薪酬、晋升等因素所造成员工的公平感对员工的激励起着重要作用。

4. 洛克的目标设置理论

洛克提出了目标设置理论，认为工作目标的明确性可以提高工作的绩效。因为人有希望了解自己行为的结果和目的的认知倾向，这种倾向可以减少行为的盲目性，提高行为的自我控制程度。

案例15　减少奖金也感人

YS公司成立以来，事业蒸蒸日上。因受国际金融风暴的影响，今年利润大幅下滑。

董事长知道，这不能怪员工，他也看到了大家意识到经济的不景气，干活比以前更卖力。这也愈发加重了董事长心中的负担，照往年，年终奖最少要发3个月的工资，多的时候，甚至再加倍。今年就惨了，算来算去，年终奖顶多只能发一个月的工资。

"这要是让多年来习惯高奖金的员工知道了，士气不知要怎样滑落！"总经理也忧心忡忡地说，"好像给孩子糖吃，每次都抓一大把，现在突然改成两颗，小孩一定会吵。"听到总经理的话，董事长突然有了一个主意……

没过两天，公司突然传来小道消息——"由于业绩不佳，年底要裁员，上层正在确定具体实施方案。"顿时人心惶惶，每个人都在猜测会不会是自己。基层的员工想："一定从下面杀起。"上面的主管想"我的薪水最高，只怕从我开刀！"

但是不久，总经理就宣布："虽然公司艰苦，但大家同一条船，再怎么危险，也不愿意牺牲共患难的同事，只是年终奖金，绝不可能发了。"听说不裁员，人人都放下了心头上的一块大石头，那不被炒鱿鱼的窃喜，早压过了没有年终奖金的失落。

眼看新年将至，人人都做好了过个穷年的打算，取消了奢华的交往和昂贵的旅游计划。突然，董事长召集各单位主管参加紧急会议。

看着主管们匆匆上楼，员工们面面相觑，心里都有点忐忑不安："难道又变了卦？"

没过几分钟，主管们纷纷冲进自己的单位，兴奋地高喊："有了，有了，还有年终奖，整整一个月的，马上发下来，让大家过个好年！"

整个公司大楼，爆发出一片欢呼，连坐在顶楼的董事长，都感到了地板的震动……

案例16　员 工 手 册

封面（略）

修订履历（略）

目录（略）

1　引言

1.1　阅读对象

××信息技术有限公司的所有员工。

1.2　术语

××信息技术有限公司：以下简称公司。

工作产品：用于从一个工作环节向另一个工作环节传递信息的文件集合，形式包括电子版和印刷版。

1.3　引用文件

—过程改进规范

—过程定义规范
—培训规范
—项目计划规范
—项目执行及监控规范
—供应商管理规范
—风险管理规范
—配置管理规范
—过程和产品质量保证规范
—度量与分析规范
—决策分析规范
—软件开发过程规范
—软件推广过程规范
—软件维护过程规范

1.4　适用范围

公司内部的软件过程改进活动，培训活动，公司承担的所有软件开发、推广和维护活动，以及与这些活动密切相关的活动。

2　指南内容

2.1　公司政策

本手册是公司所有员工必须遵循的纲领性文件。

公司所有员工分属以下岗位，履行相应的职责，在日常工作中必须遵循相应的规范。

岗位名称	职　　责	须遵循的规范
所有员工	- 用指定方法在指定地点存取工作产品 - 管理变更	配置管理规范
PG（软件过程组）	- 提出过程改进的目标并评估效果	过程改进规范 过程定义规范 度量与分析规范
	- 执行过程改进	决策分析规范
高层领导	- 提出过程改进的目标并评估效果	过程改进规范
	- 重大问题的决策	决策分析规范
项目管理委员会	- 提出过程改进的目标并评估效果	过程改进规范
	- 监督项目管理过程 - 为项目组提供所需资源 - 协调组间的资源和计划 - 重大问题的决策	项目立项规范、项目计划规范、项目执行及监控规范、供应商管理规范、风险管理规范、决策分析规范
QA	- 对产品和过程质量进行监督	过程和产品质量保证规范 度量与分析规范
培训管理员	- 收集组织培训需求、组织并监督培训活动	组织培训规范
内部培训讲师	- 准备教材，授课	组织培训规范
总监	- 重大技术或协调问题的解决或决策	决策分析规范

续表

岗位名称	职　　责	须遵循的规范
部门经理	- 组间资源协调，日常管理	
组长	- 组内资源协调，日常管理	
项目经理	- 为项目的顺利进行制订合理的计划	项目计划规范、度量与分析规范
	- 协调各方资源完成项目	项目执行及监控规范、度量与分析规范
	- 识别并管理项目过程中的各种风险	风险管理规范
	- 为对项目有重大影响的问题选择对策	决策分析规范
	- 如果有工作产品需要从公司外部获得，管理这些工作产品的生产过程	供应商管理规范
	- 如果是开发项目，管理软件开发所需的任务	开发过程规范
	- 如果是推广项目，管理软件推广所需的任务	推广过程规范
	- 如果是维护项目，管理软件维护所需的任务	维护过程规范
需求工程师	- 获取、分析和管理用户需求	开发过程规范
系统设计师	- 根据需求设计软件	开发过程规范
程序员	- 采用各种方法实现软件的设计	开发过程规范
	- 测试自己实现的部分软件及同其他部分的接口	
测试员	- 对软件进行系统测试	开发过程规范
配置管理员	- 管理所有工作产品的存取方式、权限，历史版本和基线，集成并发布产品	配置管理规范
实施工程师	- 协调以及指导用户在工作中使用软件系统	推广过程规范
	- 维护已经应用的软件系统的正常运行	维护过程规范
	- 包装软件使之产品化	开发过程规范

知识拓展——诚信是一种素质

李开复给中国学生的信：

“在美国，中国学生的勤奋和优秀是出了名的，曾经一度是美国各名校最欢迎的留学生群体。而最近，却有一些学校和教授声称，他们再也不想招收中国学生了。理由很简单，某些中国学生拿着读博士的奖学金到了美国，可是，一旦找到工作机会，他们就会马上申请离开学校，将自己曾经承诺要完成的学位和研究抛在一边。使得美国相当一部分教授对中国学生的诚信产生了怀疑。”

经过调研，多数企业认为，一个职业人应具备以下素质：

- 学习能力
- 适应能力
- 协作能力
- 沟通能力
- 时间管理
- 抗压能力
- 诚实守信

一个关于诚实的故事

在繁忙的纽约，一个周五的晚上，一个贫穷的年轻艺术家站在地铁站的门口，拉着小提琴。人们飞快地赶回家过周末，他们中的很多人放慢了脚步，然后往这个年轻人的帽子里放入一些钱。第二天，这个年轻人来到了地铁站的门口，把他的帽子优雅的放在地上。和昨天不同的是，他拿出了一张大纸，把它摊在地上，并放上了一些石头。然后他调了调小提琴开始演奏。他的琴声似乎更动听了。

不久，这个年轻的小提琴家被人们围绕起来了，人们都被纸上的文字所吸引。那上面说“昨天晚上，一个叫 George Sang 的绅士误往我帽子里放了一个重要的东西，请尽快来取。”

半个小时之后，一个中年人飞快地跑过来然后拨开围绕着小提琴家的人群，抓住他的肩膀说：“是的，是你，你真的来了。我知道你是个诚实的人，而且一定会来的”。

这个年轻的小提琴家冷静地问道：“你是 George Sang 先生吗？”男人点点头。小提琴家说“你丢了什么东西了吗？”“彩票，是一张彩票”这个男人说。小提琴家拿出一张写着 George Sang 这个名字的彩票“是这张吗？”他问。George 迅速点点头并且抓过这张彩票亲吻起来，然后他拉着小提琴家跳起舞来。

这个故事原来是这样的：Georg Sang 是一个办公室职员。他几天前买了一张银行发行的彩票。昨天开奖了，他中了 500,000 美元。所以他下班后感到非常开心并觉得这个音乐非常美妙，所以他拿出 50 美元把它放到了那个帽子里。然后那张彩票也一起被扔了进去。这个小提琴家是一个艺术学院的学生，并且已经计划参加维也纳的高级进修班了。然而当他清理钞票时发现了这张彩票，他想这个拥有者可能会返回来寻找它，他就取消了航班行程，回到了他得到彩票的地方。

最后有人问这个小提琴家说：“那个时候你需要交学费，而且你不得不每天在地铁站拉琴赚钱。那么为什么你不留下这张彩票呢？”小提琴家说：“虽然我没有很多钱，可我生活得开心，但是如果我失去了诚实，我永远都不会开心了”

在人生的路上，我们能够得到很多也会失去很多。但是诚实应该一直都伴随我们。如果我们忍受我们自己走上撒谎和不诚实的道路，我们的成功可能只会是暂时的。因为，从长远观点来看，我们将会是失败者，这样的人就像山上的水，它最初高高地站在大众之上，但是逐渐的他会一英寸一英寸地下滑并失去了上升的机会。

中国传统文化对信的看重

《弟子规》开篇即言：“圣人训 首孝弟 次谨信 泛爱众 而亲仁 有余力 则学文”首先，在日常生活中要做到孝敬父母，友爱兄弟姐妹，其次一切言行中，要谨慎，要讲信用，……把讲信用放到了十分重要的位置。

“季布一诺千金，毛遂片言九鼎”是人们对于诚信之人的高度赞赏。儒家学说则把“仁、义、礼、智、信”作为“立人”五德。自古以来，我们的祖先就有“人无信而不立”的说法，无论做事还是做人，力求言必信、行必果。

是否诚实守信，不仅反映了一个人的思想品质和道德觉悟，一个团体的信用程度，更重要的是它也影响到一个人的前途和发展。一个表里不一、言而无信的人，可能蒙混乃至得势一时，但决不会长久，到头来还是让虚伪害了自己。历史证明：不讲信誉的人是没有前途的人，不讲信誉的民族是堕落的民族，不讲信誉的社会是混乱的社会，不讲信誉的国家是没有希望的国家。

小　结

项目人力资源管理是指对人力资源的获取、培训、保持和利用等方面进行的计划、组织、指挥和控制活动。项目人力资源管理过程有人力资源规划、项目团队组建、项目团队建设、项目团队管理。

团队是层次合理、分工明确、任务清晰、责任到位，能将有限资源最有效地整合的机构。项目获得成功需要一个有效工作的项目团队，团队应该能促进多领域人才能力的合成，能够激发成员的创造力和凝聚力。

绩效评估是对员工的工作全面、系统和科学地进行考察、分析、评估和反馈的过程。

习题与思考

1. 良好的人力资源管理有助于为企业达成哪些目标。
2. 简述人力资源管理的含义。
3. 为什么说人力资源管理是软件企业最主要的管理内容。
4. 软件项目中人的特征是________、________、________、________、________、________、________。
5. 软件项目团队具有________、________、________、________特点。
6. 简述 PMBOK 的人力资源管理过程。
7. 简述项目人力资源管理的主要具体工作。
8. 如何增强项目团队的凝聚力？
9. 如何理解“人事管理”和“人力资源管理”的区别。

第9章 项目沟通管理

所谓沟通，是人与人之间的思想和信息的交换，是将信息由一个人传达给另一个人，逐渐广泛传播的过程。而沟通从一定意义上讲，是项目管理的基础。任何项目管理计划的制订、落实、实施和控制，都离不开沟通，沟通渗透于项目管理的各个方面。没有沟通，管理只是一种设想和缺乏活力的机械行为。沟通是组织中的生命线。好像一个组织生命体中的血管一样，贯穿全身每一个部位、每一个环节，促进身体循环，提供补充各种各样的养分，形成生命的有机体。

良好的交流才能获取足够的信息、发现潜在的问题、控制好项目的各个方面。

一方面是注重有效沟通中的"科学"，它由一些基础性技巧组成，诸如有效的写作、表达，以表现自我风格为指导方针，坚持明确的主旨（即不断强调所传递信息的核心观点）并简洁地表达协调信息。这些基础性技巧即"科学"，有助于形成对管理者个人的正直品质和诚信的印象。

另一方面是提高有效沟通中的"艺术"，它包含一些高深的、有时是来自本能的技巧，如观察倾听者的反应、解读对方的情绪从而了解事实真相、因人而异地采取说服策略、应用对集体有利的方法来解决团队的问题并找出问题的根本原因。这些技巧即"艺术"，决定了对管理者的信服程度。

9.1 沟通管理概述

著名组织管理学家巴纳德认为"沟通是把一个组织中的成员联系在一起，以实现共同目标的手段"。没有沟通，就没有管理。项目经理最重要的工作之一就是沟通，通常花在这方面的时间应该占到全部工作的75%～90%。

沟通渗透在项目生命期的全过程中，项目成功的最大威胁是沟通的失败，改善沟通在IT项目管理中具有非常重要的意义。要开发满足用户需要的软件，首先要清楚用户的需求，同时也必须让用户明白你将如何在软件上实现这些需求；还要让用户知道为什么有些需求不能实现，而有些方面可以做得更好；更重要的是要让用户非常愿意地使用你提交的软件，就必须让用户了解它、熟悉它、喜欢它，这些都要充分发挥听、说、写的本领。

沟通的价值

普林斯顿大学研究发现：智慧、专业技术、经验三者只占成功因素的25%，其余75%决定于良好的人际沟通。斯坦福研究中心指出："你赚钱的12.5%来自知识，87.5%来自关系。"美国著名企业家戴尔·卡耐基认为："一个成功的企业家只有15%是靠他的专业知识，而85%

是靠他的人际关系和处世技巧。”哈佛大学商学院调查表明，在 500 名被解职的员工中，因人际沟通不良而导致工作不称职者占 82%。

实践证明，沟通能力是个人发展的关键因素。一个不善于改善沟通的人，很难在 IT 领域创造佳绩。

9.1.1 沟通的概念

沟通是为了特定的目标，在人与人之间、组织或团队之间进行的信息、思想和情感的传递或交互的过程。沟通是领导人或项目经理激励下属，实现领导职能的基本途径。沟通是组织或项目团队与外部建立联系的桥梁。

项目沟通是项目组织为了实现项目一次性的目标，以项目经理为核心，在项目干系人之间基于合同和专业技术上进行的信息的传递，并获得理解的过程。

项目沟通建立在人际沟通和管理沟通的基础上。人际沟通是最基本的沟通，是人与人之间的信息和情感相互传递的过程。任何社会活动都是建立在人际沟通的基础上。管理沟通将人际沟通放在特定的管理环境中，是指在社会组织中，围绕组织预期的目标而进行的信息传递、交流过程。项目沟通也是一种管理沟通，它建立在项目组织的基础上，在项目管理的沟通氛围里，同各个项目干系人之间的信息传递和交流。项目沟通具有周期性、系统性、创新性、中心性、动态性、规范性等特点。

项目沟通分为外部沟通和内部沟通。

外部沟通一是通过公共关系手段，利用大众传媒、内部刊物等途径，与客户、政府职能部门、周边社区、金融机构等，建立良好关系，争取社会各界的支持，创造好的发展氛围；二是企业（项目组）导入 CIS 企业形象识别系统，把理念系统、行为系统、视觉系统进行有效整合，进行科学合理的传播，树立良好的企业形象，提高企业的知名度、美誉度、资信度，为企业腾飞和持续发展提供好的环境。

内部沟通是指企业（项目组）内部的沟通。

软件项目是否达到客户的期望主要取决于客户在多大程度上赞同所交付的项目内容，而不是项目提供者提供了“多好”的系统。

因此，建立有效和持续的客户沟通机制是项目得到客户认可的基础。软件项目成功的 3 个主要因素是用户的参与、主管层的支持和需求的清晰表述。所有这些因素都依赖于拥有良好的沟通技能，特别是对非 IT 人员的沟通。

美国著名导演伍迪·艾伦说：“生活一半的内容都在于抛头露面。”IT 项目管理成功的一半在于——将你要做的事情不停地展示给你的用户。

9.1.2 沟通的过程

沟通是双向的，必须保证信息被接收者接到。所有的沟通方式，必须有反馈机制。例如使用 E-mail 进行沟通，必须要求接收者简单回复“已收到”以进行回应。信息收到后还必须保证理解是正确的。很多信息是传达到了，但却被错误理解了，以致于产生了大量扯皮的问题。项目经理在沟通管理中对较重要的通知、变更等信息要求通过 E-mail 进行二次表述。这种表述是在接收方确认自己理解的同时再去细化或转叙，而不是复述。说得直白些，就是要求信息接收方说明具体明白了什么，打算如何去做，并用 E-mail 把相关的想法或欲采取的措施传给发送者，让发送者进行确认。项目沟通过程如图 9-1 所示。

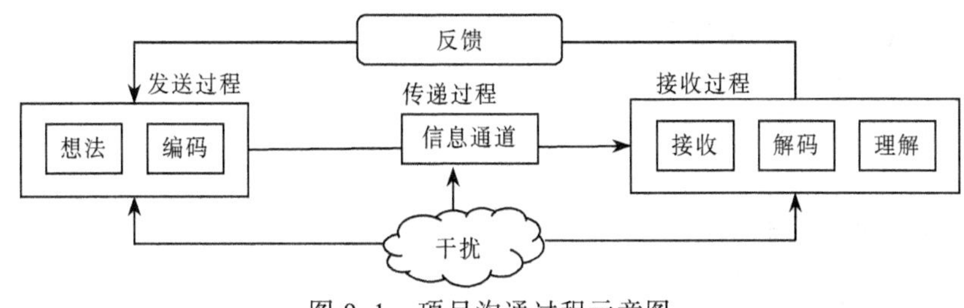

图 9-1　项目沟通过程示意图

从图 9-1 中可以看出，沟通过程至少包括了发信者、编码、信息、管道、解码、收信者、反馈等沟通要素。

（1）发信者：发讯者将想传达的信息加以编码，其方式是多元的，包括书写、口语、身体语言等。

（2）编码：编码是信息呈现的方式，它会受到技巧、态度、知识和社会文化的影响。

（3）信息：信息内容包括事实、感情、态度、观念等。

（4）管道：是信息流通的媒介，依管道形式可分为正式的和非正式两种。正式的管道形式多由组织建立，如会议、文件等，而非正式管道则如私人来往或联谊、社交聚会等。若依管道的流向，则分上行、下行及平行 3 种。

（5）媒介：是指传送信息使用的工具与符号。一般分为语言信息（包括文字、图表、口语等）与非语言信息（如肢体语言、声调、人际间的距离等）。传递的工具则有人的媒介与物的媒介。如果想最大程度地保障沟通顺畅，当信息在媒介中传播时要尽力避免各种各样的干扰，使得信息在传递中保持原始状态。

（6）解码：信息接收者需解读传送者的信息，亦即“译码”的工作。接收方须具有与传送者相当的知觉能力或态度、知识、文化系统，才能正确理解传送者所传递的信息。

（7）反馈：反馈指把接收到的信息回送到原处，反馈有助于我们检查信息传达的正确性程度（即确定信息在传递中保持了原始状态），如“过滤”，也就是信息丢失。产生过滤的原因很多，比如语言、文化、语义、知识、信息内容、道德规范、名誉、权利、组织状态等，经常碰到由于工作背景不同而在沟通过程中对某一问题的理解产生差异。因此，信息发送出去并接收到之后，双方必须对理解情况做检查和反馈，确保沟通的正确性。

某信息技术有限公司的用户沟通记录如图 9-2 所示。

用户沟通记录

项目编号			项目名称			
日期	联系人	沟通方式	被联系人	沟通内容	CR	备注
		电话/邮件/传真/其他				

用户沟通如果与CR相关，将相关CR号填写在“CR”栏

图 9-2　用户沟通记录

9.1.3 沟通的类别

按功能划分，可将沟通分为工具式沟通与感情式沟通。

按组织系统划分，可将沟通分为正式沟通（常用于组织沟通）和非正式沟通（常用于人际沟通）。

按沟通方向划分，可将沟通分为纵向沟通（上行沟通、下行沟通）和横向沟通（平行沟通）。

按是否进行反馈，可将沟通分为单向沟通和双向沟通。

按表达方式方法，可将沟通分为语言沟通（口头沟通、文字沟通）和非语言沟通（声音语气、体语等）。

非正式沟通指在正式沟通渠道之外进行的信息传递和交流，即指组织中的“传言”，如员工之间的私下交谈，小道信息等。传言有 3 个主要的特征，第一是不受管理当局所控制。第二是大多数员工认为它比组织中正式公报更为可信。第三是传言多半与相关人员的私利有关。传言存在于组织任何一个角落，其信息传播相当快速，传言在组织中流通时，对成员而言，至少可以达成 4 项功能：减轻焦虑、弄清楚有限和不完整的信息、联合团体成员的一种仪式、象征消息传递者的地位或权力。

项目管理者应重视的是：这些传言当然不全是真实的，同时也不会从组织中消失，管理者所能做的应是尽量使决策透明化、公开化，强调决策面对最好和最坏的情况，同时公开讨论最坏的情形以及因应之道，以避免猜测引致负面的传言。

优点是沟通方便，沟通速度快，且能提供一些正式沟通中难以获得的信息。缺点是沟通的信息容易失真。

9.1.4 沟通网络与沟通工具

沟通网络是指组织中沟通渠道结构和类型，基本特征有渠道路径的数量、分布及反馈。常见的双向沟通网络模型如图 9-3 所示。

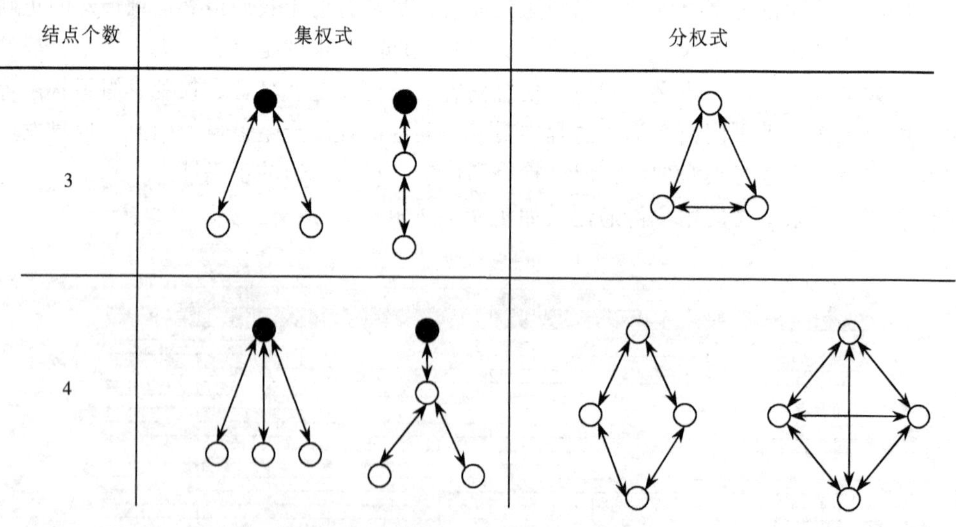

图 9-3 常见的双向沟通网络模型

集权式和分权式网络在沟通上各有优点和缺点，如表 9-1 所示。

表 9-1　各种沟通形式的优缺点

评鉴指标＼类型		链形、轮形、Y 字行	环形、星形
速度	对简单问题	较快	较慢
	对复杂问题	较慢	较快
正确性	对简单问题	较佳	较差
	对复杂问题	较差	较佳
成员工作满意度		较差	较佳
工作转换之适应性		较慢	较快

可见，对解决问题之成效而言，集权式较佳，但对员工满意度和工作转换适应性两项指标上来说，则以分权式较优。

沟通工具的类型/方法及内容如表 9-2 所示。

表 9-2　沟通工具

沟 通 工 具	
类型/方法	内　　容
电子邮件	项目团队成员之间的文本文件，音频视频文件的沟通
项目组成员间的备忘录	提供一个正式的论坛来沟通关键性的政策和工作程序
即时消息	使团队成员可以实时地沟通
项目状况会议	提供项目状况的更新和工作的回顾
电视电话会议	提供一个身处异地的团队成员参与沟通的媒介
内部网，互联网留言板	与全体成员进行正式地沟通项目状况，进展和目标
项目工作巡演	给出资人和用户提供反馈信息
实地沟通	使你可以与你的团队和客户面对面地沟通

9.1.5　项目沟通管理

1. 项目沟通管理的实质与内容

项目沟通管理是建立在管理沟通的基础上，为项目及项目干系人的共同利益服务。

在项目中，项目干系人有不同的沟通需要。作为项目经理，必须了解沟通要符合接收者的利益。高层经理主要关心的是进度，想知道是否能按时交工；客户主要关心的是成本和质量，想知道是不是要增加投入，产品质量能否达到要求。对于项目经理来说，应实时反馈有关项目延期、成本增加和出现质量问题等方面的信息，并尽早沟通，说明原因，使高层经理和客户能及时理解，并调整相关计划。

沟通管理的另一部分是实施情况报告，有 3 种形式：定期报告、阶段审查和紧急报告。

（1）定期报告：就是在某一特定的时间内将所完成的工作量向上级汇报。在 CMM 环境下，主要涉及项目成员周进展报告（WSR）和项目周报（WPR）。前者由项目组成员上报项目经理；后者是对前者的总结，由项目经理上报高层经理；报告需写明当前状态、进度完成情况、当前问题和下周计划等。

（2）阶段评审：在项目进行到重要的阶段或里程碑阶段，就要进行阶段评审。在CMM环境下，主要是项目阶段报告（PPR）。阶段评审的意义就在于评审当前的项目情况，迫使人们对其工作负责；还可以提前发现问题，将问题解决在初期阶段。

（3）紧急报告：在出现意外情况下，进行紧急报告。在 CMM 环境下，主要涉及问题状态报告（PSR）和问题状态日志（PSL）。需写明当前发现的问题、相关影响、需要如何解决（动用什么资源）、问题紧迫性（答复日期）等。

在 CMM 环境下质量保证部门也将进行质量审计，按阶段提交产品审计报告（PAR）和过程审计报告（PRR）。前者针对交付的产品，后者针对项目执行的过程。

项目干系人接到实施情况报告后应实时进行反馈，明确报告已经收到，并提出项目意见或建议。

管理收尾是沟通管理的最后一步，其核心目的是与各项目干系人沟通，总结经验，吸取教训，将各类文件归档，从而实现对知识的积累。项目中的提交物是极好的资源，对未来的项目会有很大的帮助。良好的项目档案能够为以后的项目节省时间和金钱，为项目审计等提供有价值的信息。

2. 项目沟通管理的过程

项目沟通管理的过程如下：

（1）沟通计划编制：确定项目干系人的信息需求和沟通需求，谁需要什么信息，什么时候需要，怎样发送。

（2）信息发送：以合适的方式及时地向项目干系人提供所需要的信息。

（3）绩效报告：收集和传播绩效信息，包括状况报告、进展报告和预测。

（4）项目干系人管理：产生、收集和发布项目或项目阶段完工的正式文件即对项目沟通进行管理，以满足信息需要者的需求并解决项目干系人的问题。

IT 项目沟通管理主要过程如图 9-4 所示。

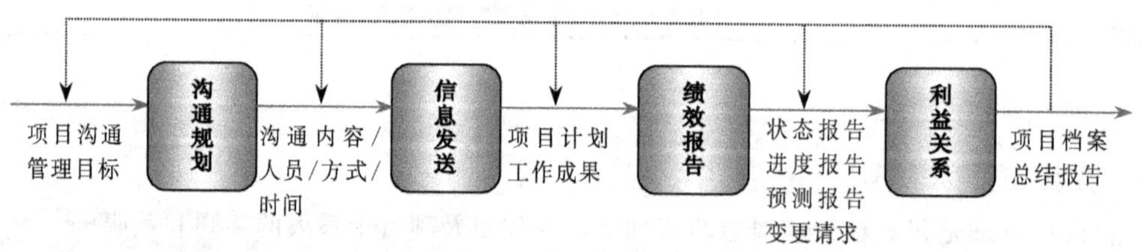

图 9-4　IT 项目沟通管理主要过程

3. 项目沟通管理的目标

项目沟通管理的目标是及时而适当地创建、收集、发送、储存和处理项目的信息。

研究表明，项目经理在整个项目过程中，需要花费 70%～90%的时间与项目团队、客户、项目干系人和项目发起人进行沟通。每个参与项目者都应认识到，他们作为个体所参与的各项沟通活动对项目整体的成败起着举足轻重的作用。

按照 PMBOK 的定义，项目沟通管理就是要保证项目信息能够被及时、适当地生成、收集、分发、存储以及最终进行处理的过程。

9.2 沟 通 规 划

通过沟通规划来确定项目干系人的信息和沟通需求，包括确定哪些人是项目干系人，他们对于项目的收益水平的影响程度如何；谁需要信息、需要什么信息、何时需要信息，以及如何传递给他们。

1. 项目沟通分析

沟通规划的关键之一是对项目干系人进行分析，对项目干系人的分析有两个目的：

（1）通过分析确定不同的项目干系人的信息需求，以明确各个项目干系人可以分别看到哪些项目文件，什么范围的人出席什么会议。

（2）通过分析可以辨别出项目对项目干系人的影响和收益，以此帮助项目经理制订出对项目最有帮助的沟通策略。

2. 沟通管理计划

由于许多 IT 项目没有足够的关于沟通的初始信息，使项目的沟通存在很大的隐患，因此制订一个沟通管理计划非常重要。

项目沟通管理计划是沟通规划的一个重要输出，它是指导项目沟通的重要文件，是项目整体计划的一部分。项目沟通计划为后续信息发布、绩效报告和项目利害关系者管理等工作提供指导，主要包括内容有：

（1）信息收集和存储渠道的结构。

（2）信息分发渠道的结构。

（3）分发信息说明。

（4）进度安排。

（5）评估信息的方法。

（6）更新及修订沟通管理计划的方法。

项目沟通管理计划如表 9–3 所示。

表 9-3　项目沟通管理计划

文件名称	频率	接收人	格式/媒介	交付时间	负责人	签收方式	备注
月进度报告	每月	主管副总裁	电子邮件	每月 3 日前	发送人：项目经理	邮件回执	
		项目组全体成员	内部服务器共享	每月 3 日前		标记确认	
		客户代表	书面	每月 3 日前		书面回执	
月例会	每月	项目组全体成员	会议	每月第一周	主持人：项目经理	会议签到会议纪要签收	
		客户代表					
		主管副总裁					

9.3 信 息 发 布

信息发布是向项目干系人及时地提供所需的信息，包括实施沟通管理计划以及对预料之外的信息索取要求的应对。

信息可以通过不同的方式收集和检索，包括手工存档系统、电子数据库、项目管理软件以及允许访问诸如工作图纸、设计规范、测试计划等技术文档系统。

1. **信息发布方式**

对于 IT 项目沟通管理过程中的信息发布，由于信息量大，信息分发的实时性强，为了达到信息分发的目的，可以建立信息检索系统，电子文本数据库、项目管理软件、检索技术文件资料系统等，使项目组成员充分共享信息。

软件开发过程既是知识共享的过程，也是技术创新的过程，同时还是项目成员相互学习、共同提高的过程。需要形成相对统一的技术平台。

2. **召开有效的项目工作会议**

会议是口头沟通的一种形式，有助于公开项目积极的或消极的重要信息，也有助于在项目人员和利害相关者之间建立较强的联系。一个成功的项目工作会议能够成为鼓励项目组建立和加强对项目的期望、任务、关系和责任的工具。一个失败的会议对项目会产生有害的影响，包括失去期望、模糊任务、混淆关系、推卸责任等。有人总结出一个会议的成本 =（与会人工资+日常开支+找不到你的人的工资）× 人数 × 会议时间+会议本身支出，所以要尽量避免无效会议。

召开有效的项目工作会议的经验如下：

（1）明确会议的目的和期望的结果。

（2）确定参加会议的人员。

（3）在会议召开前向参加者提供会议议程。

（4）使会议专业化。

（5）解决问题“对事不对人”。

（6）积极的、正面的态度解决问题。

（7）重视会议之后的记录。

（8）重视会议结果的告知。

信息传递与信息量的获取如图 9-5 所示。

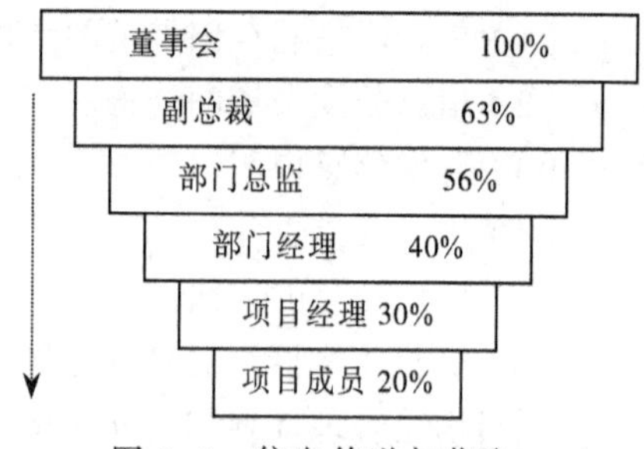

图 9-5　信息传递与获取

9.4　项目会议沟通的管理

托马斯 · 弗里德曼在《世界是平的》一书中写到——哥伦布周游世界后，向国王和王后报告说，世界是圆的，而作者到了印度，考察了其 IT 产业，回家后只能对老婆附耳：“世界是平的”。

作者得出这一结论可从印度科技界瑰宝 Infosys CEO 奈里坎尼的园区会议室说起。据奈里坎尼讲，这个与一般名校法学院的阶梯式教室极为类似的会议中心是印度外包业的正中心，奈里坎尼指着作者生平见过的最大电视屏幕，很骄傲地解说，藉此 Infosys 可以在任何时候，为任何项目，召集广布全球的供应链成员，进行视频会议。

会议已经成为项目经理的一项重要工作内容，它提供交换和分享信息与观点的手段。在项目环境中，会议作为管理沟通的一种方式是否经济和有效，常因项目经理的沟通技能不同而有差异。会议需要许多时间和精力，因而只有必需时才召集会议。然而，许多会议并非富有成效，这些会议准备得不够充分，主持也毫无章法。因此，懂得召开什么类型的项目会议，什么时候需要召开会议和召开多少次会议，以及如何有效地主持项目会议是非常重要的。

9.4.1 项目会议的类型及其目标

项目经理可能需要召集许多不同类型的会议，这些会议包括项目启动会议、项目计划会议、项目状态/评审会议和问题解决会议等。每一种会议都需要达到特定的目标，因而要有相应的会议内容。

1. 项目启动会议

根据项目的来源，项目启动会议又可分为内部项目启动会议和外部项目启动会议。

（1）内部项目启动会议是指承包商的项目经理在承包合同签署后召开的项目启动会议。一般由内部项目发起人（来自管理层）、客户经理、项目经理和项目团队成员参加。

内部项目启动会议的主要目的如下：

① 定义项目及其主要团队成员。

② 使团队成员明确他/她们在项目中的职责和角色。

③ 概要地讨论项目的相关内容。

在内部项目启动会议上主要讨论的内容如下：

① 项目概述。

② 项目的范围和可交付成果。

③ 项目的总体计划及项目的进度规划。

④ 项目的组织结构。

⑤ 项目假设及风险。

⑥ 项目文件保存/存档要求。

（2）外部项目启动会议是由承包商的项目团队和客户的项目团队共同参加的项目启动会议，一般由承包商的项目经理召集和主持。启动会议后，承包商项目团队将着手编制详细的项目计划。

外部项目启动会议的主要目的如下：

① 明确双方对项目的期望。

② 确定客户和团队成员的角色和职责。

③ 在进入计划阶段前，再次确认客户的项目需求，并确保双方对项目需求理解一致。

④ 将承包商的团队成员介绍给客户，以便在项目中更好地合作。

这个会议使客户成为项目团队的成员，从而增加客户对项目的承诺。这对项目成功来说是至关重要的。

在外部项目启动会议上，项目经理向客户介绍的主要内容包括以下几点：

① 项目概述。

② 项目对客户的价值。

③ 项目范围和可交付成果。

④ 项目团队。

⑤ 项目时间表。

⑥ 项目实施方法（风险及假设）。

⑦ 项目所应达到的质量。

⑧ 结论。

2. **项目计划会议**

项目计划会议是由项目经理召集和主持，项目团队成员参加的项目会议。项目经理要根据项目的大小及项目对组织的重要性来决定项目计划的详细程度。

项目计划会议的主要目的如下：

① 编制详细的项目计划。

② 项目任务分配：将工作任务明确分配给特定的团队成员。对于每一项任务，必须注明负责人及预计完工日期，并要求负责人当面做出承诺。

③ 使团队成员对项目有一个整体的了解。

项目计划会议的主要内容包括以下几点：

（1）根据 WBS 确定里程碑，进一步定义项目活动和任务。

（2）预测完成活动和任务的同时，将活动和任务分派给团队成员。

（3）讨论完成活动和任务的方法。

（4）确定活动和任务的相互关系和顺序，并根据项目时间表制订项目进度计划。

（5）制订项目成本计划、项目质量计划、项目沟通计划、风险控制计划和项目采购计划等。

3. **项目状态/评审会议**（项目例会）

项目状态/评审会议通常由项目经理召集和主持，参加会议的成员一般包括全部或部分项目团队成员、客户和来自高层的项目负责人。项目状态/评审会议应定期召开，例如内部项目状态/评审会议可每周召开一次；与客户进行的项目状态/评审会议可长一些，如每月或每季度召开一次，这应根据项目的持续时间和合同要求而定。

项目状态/评审会议的主要目的如下：

（1）介绍项目进展情况。

（2）项目是否偏离进度计划，若偏离，应采取什么样的措施。

（3）说明造成进度偏离计划的原因和如何在今后的工作中防止偏差。

（4）汇报在项目执行中发现的问题及潜在的问题，如何解决所发现的问题及如何防止潜在的问题发生。

（5）应引起客户或项目负责人注意的事项，如客户可能尚未签署某一文件等。

在项目状态/评审会议上，需要讨论的主题如下：

（1）自上次会议以来所完成的工作，明确已实现的关键项目里程碑。

（2）项目成本、进度和范围情况：

① 进展情况：将工作完成情况与基准计划加以比较，工作完成情况必须是最新的。

② 预测：根据目前进展情况和需要完成的项目任务，预测项目完工日期和项目完工成本，并将它们与项目目标和基准计划进行比较。

③ 差异：明确项目成本和进度的实际情况与基准计划的差异，差异可能是正的——如提前完成计划，也可能是负的——如没能按时完成计划或超前预算，要找出造成负面差异的问题。

（3）纠正措施：有些情况下，可以在项目状态/评审会上提出纠正措施以获得客户管理层的批准，如获得加班的授权，以便使项目赶上进度。在另外一些情况下，项目经理要求单独召开解决问题的会议，专门探讨纠正措施。

4. 项目技术评审会议

在项目的全过程中，包括在项目的定义和设计阶段，不管是何种项目都需要召开项目技术评审会议，以确保项目业主/客户同意项目提出的各种技术方案。

5. 解决问题的会议

当项目团队成员在项目中发现问题或潜在问题时，项目经理应根据项目之初设立的准则（根据问题的大小、可能对项目造成的影响等）来决定是否召集相关人员开一个问题解决会议。如需召开，项目经理要决定会议应由哪些人参加。这些问题不应等到下一次项目状态/评审会议解决。尽早地发现和解决问题对于项目的成功非常关键。

解决问题会议的内容主要涉及一个好的解决问题的方法。解决问题的方法包括以下几个步骤：

（1）描述问题。

（2）找出并确定产生问题的原因。

（3）找出可能解决的方案。

（4）评价各个可行方案。

（5）确定最佳解决方案。

（6）修订项目计划，要注意解决方案对项目其他领域的影响。

（7）实施解决方案。

（8）确定问题是否得以解决。

除了每一种会议可以达到其特定目的外，通过这些会议，项目经理还可以达到以下目的：

（1）提供机会改正、更新和增加项目团队的知识，从而制订出更为准确的成本和进度计划及绩效状态报告。

（2）帮助团队成员识别他/她们的个人努力方向，如何使他/他们的个人努力成为实现项目目标的一部分，并了解他/她们的个人成功将如何增加团队的成功。

（3）增加团队成员对项目的承诺。当团队成员在会议中参与决策时，他/她们更有可能接受这些决定，并为之努力。通常，人们反对某一决定，并非是因为决定内容本身，而是因为他/她们没有被征询有关决定的意见。此外，比起个人所做的决定，团队决定更不容易被质疑。

（4）增加团队的凝聚力，使人们感受到项目团队的存在，并确实作为团队一起工作。

（5）使项目团队意识到，在管理当前项目中，项目领导作用的存在。

（6）在特定环境下，为团队成员提供一个展示他/她们在解决项目问题时的创造性。

在召开会议之前，项目经理必须要定义会议目标，这些目标要具体、可测量、可实现和以结果为导向。项目经理要明确所有项目团队成员在会议中的角色，甚至轮换这些角色，以便每个成员都有机会得到锻炼和获得主持会议的经验。

9.4.2 项目会议的频率

在项目会议的频率与其潜在的利益之间，应保持合理的平衡。会议的频率与项目的生命周期相关。在概念和可行性阶段，应召开较多的计划会议，以便在原则上就最终目标和

达到这些目标的方法达成共识。在这一阶段，客户的需求要得到充分满足。但是，概念一旦被最后确定，团队成员便进行详细设计，实施计划和开发产品，会议的数量要减少。然而，状态/评审会议的频率可能在实施计划、开发产品和项目接近收尾时增加，因为此时有许多事情需要协调。通常，评审会议有益于在项目实施和后期工作中避免使用过多的时间和资源。

下面就如何减少会议数量提供一些实用性指南。在召集会议之前，项目经理应先回答以下问题：

（1）需要召开会议的主要事项（问题或机会）是什么？

（2）引起问题的事实或假定是什么？可能的机遇是什么？

（3）潜在的备选方案是什么？他/她们的成本和收益如何？

（4）可以给与会者提供什么样的建议来处理眼前的问题？

（5）如果不召集会议，可能的结果是怎样？

回答上述问题后，你可能会意识到根本就没有必要召开会议。

9.4.3 项目会议管理的方法与技巧

管理会议是一项很重要的管理功能，包括计划、组织、指导和控制。一个管理良好的会议是分享信息、明确方向和消除模糊的有效方式。它有益于协调团队成员的努力和对项目事项获得即时反馈，提供了一种集体解决项目问题的机遇的方式。会议主持人通过计划、主持和引领会议，创造适当的团队气氛。他/她必须明确对会议的期望，依据项目要达到的目标，主持人必须指导、阐明、控制、总结和评估会议结果。如果主持人在会议上讲得过多，会议可能会低效。主持人的影响取决于与会者对他/她要达到会议目标努力的认可度和他/她帮助与会者达到这些目标的技能和效率。

当项目经理常犯如下的错误时，会议可能是低效的或完全是浪费时间的：

（1）召集太多或太少的会议。

（2）在会前忽视分发会议日程。

（3）没能邀请有决策权的管理人员。

（4）没能与在会上做主要发言的人员协调。

（5）在琐碎的事情上花费了太多的时间。

（6）没能将活动任务分配给具体人员。

项目会议是否成功依赖于各种不同因素，包括会议类型（严肃的还是自由的）、会议形式（正式的还是非正式的）、提前计划的程度和主持人表现的权力水平。项目经理必须意识到这些因素，并恰当地利用这些因素，以便有效地管理会议。

下面就如何有效管理会议提供一些实用性指南。

充分计划和良好管理的项目会议，可能会非常富有成效。就像下面将要讨论的那样，有效的会议管理发生在会议之前、会议期间和会议之后。

1. 会前的管理

分析确定会议是否真正必要，如果必要，则：

（1）确定会议的目的，要把项目进展或状态评审与问题解决会议分开举行。

(2) 确定谁需要参加会议，并只邀请这些人员。

(3) 事先分发会议议程。

(4) 准备和分发材料。

(5) 安排会议场所。

(6) 为会议讨论设定基本规则。

(7) 尽早通知与会者会议的目标、地点和时间。

(8) 列出要在会上涉及的事项，并预演会上的发言。

(9) 按时开始和结束会议。

2. 会议期间的管理

为了使会议尽量简短，且富有成效，项目经理应做到以下几点：

(1) 按时开始会议。

(2) 制订具体时间限制，并坚持这一时限。

(3) 指定会议记录。

(4) 会议一开始，就要明确会议的具体目标和议程，使会议按日程进行，防止与会者“跑题”。

(5) 掌握和控制会议。

(6) 多从与会者处了解情况（听应多于讲）。

(7) 利用直观教具帮助说明你的观点，鼓励其他与会者效仿。

(8) 就是否达成一致意见或仍然存在分歧，定时总结讨论结果。

(9) 结束时要总结会议成果。

(10) 当工作需要进一步完成时，将工作分配给团队成员。

(11) 不要超过会议计划召开的时间。

3. 会议后

当然，绝大多数工作要在会议之外完成。因此，要跟踪团队成员所分配的工作和分发准确的会议记录，并在下次会议上使用会议记录，检查工作结果。

要保留会议记录，特别是项目计划、组织和评估会议的记录。这些记录要简洁、清楚和具体。会议记录可以包括以下内容：

(1) 下次会议的时间、地点和说明。

(2) 这次会议的时间和地点，与会者名单及其在项目中担任的角色。

(3) 讨论的会议事项。

(4) 已达成一致的决定和需要进一步研究的问题。

(5) 活动事项和负责跟踪及在下一次会议上向团队汇报的人员。

4. 提高会议效率

美国的统计数据表明，一个项目经理一生中，平均大约 8 年的时间开会。在项目环境中，时间通常是很紧迫的，因此使用一些能使会议重点突出和富有成果的特殊方法是重要的。这可以通过确保主持人和与会者都能很好地扮演其角色来实现。

下面是一些能使团队会议更富有成效的建议：

(1) 主持人的角色是设定期望，确保团队集中讨论会议主题和避免偏离主题，并鼓励团队成员积极参与。参与会增加团队成员对项目的接受和承诺。

（2）与会者的角色是做好准备，表现出自信和兴趣，发言时不要"垄断"讨论。

（3）幽默的角色是活跃会议气氛，并可提升和指明团队的道德水准。幽默要健康，即不要讽刺和指向任何团队成员。任何时候都要避免使用种族和性别偏见的幽默。

毫无疑问，良好组织的项目会议为项目成功提供了有效工具。但是，项目经理有时可能利用电话，与团队成员私下讨论或召开简短的特别会议来解决一些很重要的问题。

项目经理必须记住，好的项目会议本身并不是沟通的终点。项目经理必须通过增加他/她们对结果的承诺水平，使团队成员遵从他/她们的承诺。可通过下文表 9-6"下行技巧"中所介绍的技巧来激励这样的承诺，以便能召开 GREAT 会议，即会议能使团队成员更有效和更富有成果。GREAT 的意思如下：

- G：Goals，会议的目标要 SMART：Specific（具体），Measurable（可测量的），Achievable（可实现），Results-oriented（以结果为导向）and Timely（准时）。
- R：Roles and Rules，角色和规则；角色应在项目团队成员之间轮换，以便每个人都有机会显示他/她们的领导能力。
- E：Expectations，期望应被明确定义。
- A：Agendas，议事日程要事先分发。
- T：Time，时间是金钱；所以对团队成员的进度要求要敏感。会议要简短，准时开会和结束会议。

那么，项目需要举行什么样的会议，何时开，谁召集，谁参加，为何要召开这样的会议，具体内容如表 9-4 所示。

表 9-4　项目会议

序号	会议名称	频　率	召集人	参与人	作　用
1	项目启动员大会	一次性	项目发起人	项目当事人双方领导，行业或政府机构领导，发起人，各职能部门经理，项目经理以及项目小组成员	鼓舞士气，统一思想，明确项目要求与目标，明确分工，为执行项目造势
2	项目例会	每周一次	项目经理	项目组成员	项目组自己监控项目计划执行状况的有效手段。检查项目计划完成情况，发现偏差，并制订和落实纠偏措施
3	项目评审会议	每月或每季度	项目经理	发起人，部门经理，项目组关键人员	发起人监控项目执行状况的有效手段。总结上阶段的工作，布置下阶段的任务，解决发生的问题和处理出现的冲突
4	项目临时会议	随时	项目经理	当事人	解决问题，处理冲突
5	项目总结大会	项目结束后一次性	项目发起人	发起人，老总，各部门经理，项目组全体成员	总结经验，检讨教训，论功行赏
6	项目后评价会议	项目运行一段时间后一次性	第三方	相关专家	是一种学习和反馈的过程。对已经完成的项目进行分析、总结和评价，审查与项目相关的政治、经济、社会文化等目标实现情况，从而增强决策者和执行者的责任感，为未来的投资决策服务

在实际的项目管理实践中，许多项目经理发现召集项目会议、主持项目会议并不是一件容易的事情。开会时有的人迟到，有的人早退，有的人缺席，有的人事不关己、高高挂起，有的人牢骚满腹、唱反调、出难题，有的人抱怨会议太多、时间太长、效率太低、解决不了问题等，甚至出现因意见相左而相互争吵、相互埋怨、推诿扯皮的现象，不仅解决不了问题，反而影响到原本和谐的人际关系，还破坏了团队的士气。出现这些情况的原因是多方面的，比如开会之前没有确定会议日程、议题、目标，没有安排适当的时间、适当的地点、适当的人员参加会议，事先没有就项目的目标与相关方面进行沟通、达成共识；开会中没有营造良好的氛围，没有控制会议进程，偏离会议主题，没有鼓励大家参与，忽视他人的意见，拖延时间；会议后没有形成明确的结论或决议，没有及时发放会议纪要等。

这里给项目经理提供一些开好项目会议、提高会议效率的建议：

（1）开会前确定会议日程、议题、参加人、地点等，并提前通知与会者。目的是便于参与者安排自己的工作，有准备、按时参加会议，同时保证会议有的放矢，提高会议的效率。

（2）控制会议规模，仅邀请必须人员参加。不要允许无关人员参与会议，人多，嘴杂，嘴杂往往很难达成共识。

（3）按时开会，按时结束。事先制订防止开会迟到、早退的规章制度，尽可能按会议议程展开讨论，控制会议进程，千万不要拖拉。

（4）坚持会议主题。开什么会，讨论和解决什么问题，与会议议题不相关的问题，不要在会上讨论；

（5）充分听取不同的观点和意见。会议，就是说开会时要“议”，要议论，就要允许不同的声音、不同的观点出现，项目经理应鼓励与会者开诚布公，坦诚地表达出自己的意见，这样的意见即便得不到采纳和使用，也应得到尊重和包容。

（6）形成决议或结论。每次会议都应该有明确的结论，形成达成一致的决议，然后按决议去执行和落实，为了能达成共识，项目经理最好在会前与各方进行个别交流与沟通，会上可以有不同的声音、不同的意见，但会议一旦形成决议，就只能出现一种声音，并坚定地执行会议决议。

（7）作记录并迅速下发。会议纪要的发放时间最好不要超过 24 小时。

9.5 绩效报告

绩效报告是一个收集并发布项目绩效信息的动态过程，包括状态报告、进展报告和项目预测。项目干系人通过审查项目绩效报告，可以了解组织为了达到项目的目标是如何使用资源的，以及这些资源的状况和对项目的贡献；通过审查项目绩效报告，可以随时掌握项目的最新动态和进展，分析项目的发展态势，及时掌握项目开发过程中遇到的困难与存在的问题，从而能有针对性地制订和采取必要的纠正措施。

1. 绩效报告的工具与技术

绩效报告的编制需要项目经理和项目组成员对项目的实际执行情况和发展趋势的正确评估和预测，其采用的主要工具和技术有：

（1）信息演示工具。

（2）绩效信息收集和汇总。

（3）状态审查会议。

（4）工时汇报系统。

（5）费用汇报系统。

2. 绩效报告的结果

绩效报告组织与归纳所收集到的信息，并展示依据绩效衡量基准分析的所有结果。

（1）状况报告：描述项目在某一特定时间点所处的项目阶段。状况报告是从达到范围、时间和成本3项目标上分析项目所处的状态。

（2）进展报告：描述项目组在某一特定时间的工作完成情况。

（3）项目预测：预测项目的将来状况与进展。

（4）状态评审会议：定期进行的交流有关项目信息的事件。

9.6 利害关系者管理

利害关系者管理是指对沟通进行管理，以满足项目干系人的需求并与他们一起解决问题；进行有效的利害关系者管理，应该了解沟通的原则、方法、工具，掌握处理冲突的方法和技巧，又称项目干系人管理。

一个项目会涉及许多组织、群体或个人的利益，这些组织、群体或个人都是这一项目的项目干系人。

在项目的管理当中，主要项目干系人通常包括下述几个方面：

（1）项目的业主：项目的投资人和所有者，最终决策者。

（2）项目的客户：使用项目成果的个人或组织。

（3）项目经理：负责管理整个项目的个人。一个项目的领导得、组织者、管理者和项目管理决策的制订者，也是项目重大决策的执行者。

（4）项目团队：由一组个体成员为实现一个具体项目的目标而组建的协同工作队伍。

（5）其他项目干系人：项目的供应商、贷款银行、政府主管部门，项目直接或间接涉及的市民、社区、公共社团等。

项目经理与项目干系人的关系如图9-6所示。

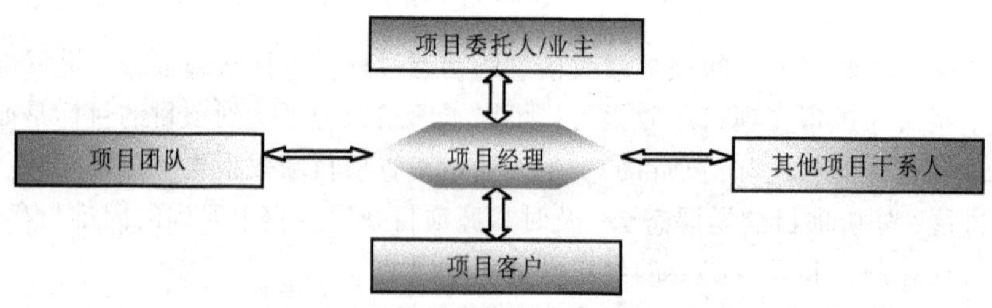

图9-6　项目经理与项目干系人的关系

项目经理是沟通的核心，是所有信息的中心枢纽、决策中心，在项目沟通中起着举足轻重的作用。项目经理在项目沟通中的中心性作用正是项目沟通区别于其他管理沟通的重要特征之一，已有众多的研究证明了项目经理的沟通能力与项目的成功率有着重要的相关性。

9.6.1 遵循沟通原则

一般沟通的基本原则是：准确性原则、完整性原则、及时性原则 、非正式组织沟通的运用原则。项目沟通的基本原则有：

（1）尽早沟通。

（2）主动沟通。

（3）内外有别。

（4）采用对方能接受的沟通风格。

（5）沟通的升级原则。

【例 9.1】某公司开发一套考核绩效管理软件，项目需求做得非常完善，系统分析也十分明确、清晰。但在开发阶段，项目经理发现系统分析中一个中间层的函数出错，因为该功能模块由他一个人负责开发。当时他直接对其参数进行了修改，也没有及时和其他编程人员进行沟通说明，过后也就忘了这件事。当项目接近尾声时，系统突然出现一个大的 Bug，影响到整个系统的运行，最后在花了大量的人力、精力进行查询后，才发现是这名项目经理更改的参数出了错。如果当初项目经理能及时和其他人进行沟通，这种错误完全能够避免。这些错误不仅延误了系统在合同期内的交付，影响到客户的利益，最后几万元的项目反而赔偿用户损失近十万。

主动沟通说到底是对沟通的一种态度。在项目中，我们极力提倡主动沟通，尤其是已经明确了必须要沟通的时候。当沟通是项目经理面对用户或上级、团队成员面对项目经理时，主动沟通不仅能建立紧密的联系，更能表明你对项目的重视和参与，会使沟通的另一方满意度大大提高，对整个项目非常有利。

【例 9.2】小张是一个 IT 公司的技术骨干，不过，他老是挨老板的责骂。有一次，老板又责备了小张，小张觉得非常委屈，因为在同时进公司的一批大学生中，他是进步最快的人，但又偏偏常遭到老板的指责，让他很没面子。一天，小张准备辞职，他愤愤不平地问老板：“老板，在这么多员工当中，我难道竟是如此的差劲，以至于要时常遭您的责骂吗？”老板听后冷静地说：“我之所以时常责骂你，是因为你能够担负重任，本来下一步准备让你担任更重要的职务，所以对你的要求是按更重要的职务的标准。”

启示一：员工应该主动与管理者沟通。

启示二：管理者应该积极和部署沟通。

启示三：沟通是双向的，不必要的误会都可以在沟通中消除。二次大战名将麦克阿瑟说：“沟通的目的不是为了增加了解，而是要避免误解。”

9.6.2 影响项目沟通的因素

影响项目沟通的主要因素有以下几点：

（1）语义上的障碍。

（2）知识经验水平的限制。

（3）知觉的选择性。

（4）心理因素的影响。

（5）组织结构的影响。
（6）沟通渠道的选择。
（7）信息量的多少。

【谈话的十大禁忌】

一、出现问题时，不要把对方逼上绝路。
二、不要过于卖弄自己。
三、不要喋喋不休发牢骚，向别人诉说自己的不幸。
四、在朋友痛苦无助的时候，不要谈自己得意的事情。
五、不要用训斥的口吻去说别人。
六、不要随意触及隐私。
七、谈话时不要做一些不礼貌的动作。
八、不要只注重个人而冷落了他人。
九、不要随便打断别人的谈话。
十、不要谈对方不懂的话题。

9.6.3 改善沟通的做法

按沟通过程划分的技巧如表 9-5 所示。

表 9-5 按沟通过程划分的技巧

观　察	倾　听	表　达	反　馈	共　鸣
判断情绪 注意眼神 掌握姿势 反复次数 声音高低	注视、反应、表现兴趣 注意肢体语言 避免情绪影响 耐心、不打岔 关键内容正面反馈 复杂问题作笔记	积极的用词与方式 适当的重音、停连、语气、节奏 善用“我”代替“你” 多肯定、少否定 多赞誉、少批评	描述情绪 表达感受 提出条件 征询意见	表现真诚 鼓励对方 产生信赖 转化冲突

按不同沟通信息方向划分的技巧如表 9-6 所示。

表 9-6 按不同沟通信息方向划分的技巧

上行技巧	下行技巧	平行技巧
无关问题要尽量少谈	切勿浮夸，言行一致	彼此尊重，先从自己做起
相同意见要热烈反应	不急着说，先听听看	易地而处，站在对方的立场
意见差异要先表赞同	不说长短，免伤和气	平等互惠，不让对方吃亏
相反意见勿当场顶撞	广开言路，接纳意见	了解情况，选用合适方法
若有补充要先作引申	部署有错，私下规劝	依据情况，把握当时时机
若有他人在场须注意	态度和蔼，语气亲切	如有误会，诚心化解障碍
尊敬与礼貌两不缺一	若有过失，过后熄灭	知己知彼，创造良好形象

改善沟通的方法有很多，通常的沟通方法如下：

（1）明确沟通的目的，项目经理必须弄清楚：作这个沟通的真正目的是什么？要下级人员理解什么？明确了沟通的目标，则沟通内容就容易规划了。

（2）选择合适的时间和正确的地点。

（3）营造恰当的气氛和安排合理的沟通顺序。

（4）重视双向沟通，双向沟通伴随反馈过程，使发送者可以及时了解到信息在实际中如何被理解，使接收者能表达接受时的困难，从而得到帮助和解决。

（5）多种沟通渠道的利用，一个项目组织，往往是综合运用多种方式进行沟通，只有这样，才能提高沟通的整体效应。

（6）正确运用文字语言，减少和消除语言与非语言表示之间的差异，积极使用非言语性的提示。要使用精确的表达，要把项目经理的想法精确地表达出来，而且要使接收者从沟通的语言或非语言中得出所期望的理解。

（7）沟通前先澄清概念，项目经理事先要系统地思考、分析和明确沟通信息，并考虑受众的情况。

（8）只沟通必要的信息。

（9）考虑沟通时的一切环境情况，包括沟通的背景、社会环境、人的环境以及过去沟通的情况等，以便沟通的信息得以配合环境情况。

（10）计划沟通内容时应尽可能取得他人的意见。

（11）要进行信息的追踪和反馈，信息沟通后必须同时设法取得反馈，以弄清下属是否真正了解，是否愿意遵循，是否采取了相应的行动等。

（12）要言行一致的沟通。

（13）沟通时不仅要着眼于现在，还应该着眼于未来。

（14）使用目光接触。

（15）展现赞许性的点头和恰当的面部表情。

（16）避免表示分心的举动或手势。

（17）适时地提问。

（18）恰当地复述。

（19）避免随便打断对方，善于倾听。

（20）使听者与说者的角色顺利转换。

9.6.4 良好的冲突管理

冲突是双方感知到矛盾与对立，是一方感觉到另一方对自己关心的事情产生或将要产生消极影响，因而与另一方产生互动的过程。

项目冲突是组织冲突的一种特定表现形态，是项目内部或外部某些关系难以协调而导致的矛盾激化和行为对抗。项目冲突管理是从管理的角度运用相关理论来面对项目中的冲突事件，引导冲突朝积极方向发展，避免其负面影响，保证项目目标的实现。

常见的冲突来源如下：

（1）资源的冲突。

（2）费用冲突。

（3）技术意见和性能权衡的冲突。

（4）管理程序上的冲突。

（5）项目优先权的冲突。
（6）项目进度的冲突。
（7）项目成员个性冲突。

项目冲突产生的原因如下：
（1）沟通与知觉差异。
（2）角色混淆。
（3）资源分配及利益格局的变化。
（4）目标差异。

项目冲突的类型如下：
（1）建设性冲突。
（2）破坏性冲突。

解决项目冲突的策略如下：
（1）回避或撤出。
（2）竞争或强制。
（3）缓和与调停。
（4）妥协。
（5）面对与正视。

案例 17　沟通的失误

1990 年 1 月 29 日，一架埃维安卡航空公司的班机从南美洲的哥伦比亚飞往纽约，途中不幸坠毁，共有 73 人遇难。在降落前，飞机在肯尼亚机场上空整整盘旋了 45 分钟，直到耗尽了全部的燃料。这明显是由于飞机驾驶员与地面控制台之间沟通不准确所致。

根据找到的黑匣子，在飞机坠毁前的 45 分钟，埃维安卡航空公司的机组人员告诉地面控制台，飞机不能飞到波士顿机场降落，而是要先在肯尼迪机场降落，“飞机的燃料将耗尽”，“飞机还能照此样子继续维持约 5 分钟——这就是我们在飞机降落前所能做的一切”。地面控制台把这些情况通知了地方控制台，地方控制台指挥飞机在肯尼迪机场降落，但是，地面控制台并没有告诉地方控制台这架飞机燃料不多的问题。

国家航空交通控制台协会主席 R·斯蒂夫·贝尔认为，埃维安卡的驾驶员应该为此事负责，因为“埃维安卡的驾驶员从未说过‘燃料出现紧急情况’或‘只剩最低限度的燃料’，如果他们说了，地面控制台肯定会对此做出紧急反应。只是说他们的燃料不多了，并不意味着立即就会出问题。”

杜拉拉现在一家 IT 公司做行政主管，公司要召开经理级会议，董事长让她拟好会议日程和安排，然后下发到每位参会者手中。杜拉拉很快就做完了这件事，并把提纲 E-mail 发到董事长的私人信箱里。临近开会前两天，董事长很不满意地问她，为什么还没有看到她的计划，杜拉拉说三天前就传到您的邮箱了。董事长说那几天他正好和客户谈合同，很忙，所以也没看电子邮件，于是提醒杜拉拉以后要注意，重要的事情应该再打个电话追问一下。

“千万别假定自己所寄发的信或传真、邮件已被对方收到；更不能对书面传达的信息不加以核对便交给收件人。”这是杜拉拉的教训。

之所以说与上司的“沟通”很重要，是因为通过沟通才能使你的上司了解你的工作作风、确认你的应变与决策能力、理解你的处境、知道你的工作计划、接受你的建议。

案例 18　用户确认指南

封面（略）

修订履历（略）

目录（略）

1　引言

1.1　阅读对象

本指南主要的阅读对象为软件项目经理。

1.2　术语

1.3　引用文件

1.4　适用范围

适用于各类软件项目的用户确认过程。

2　指南内容

2.1　概述

确认过程就是为了让项目组确信所开发或提供的产品、系统或服务是用户真正需要的，并能够在用户特定的环境中正常使用或运行。

下面我们介绍 3 种用户确认的方法：界面演示、系统演示和用户测试。项目组可根据项目的实际情况在项目计划时选择相应的用户确认方法。因为用户测试一般都发生在用户验收阶段，此时项目已经接近结束。因此为了更快地得到用户的确认，除了用户测试之外，项目组还应在项目中尽量加入前两种用户确认方法。

2.2　原型演示

原型演示一般应用于软件开发类项目的需求阶段，很多时候，用户无法明确地表述系统的需求，因此为了得到用户对系统需求的确认，项目组可以制作一些原型提交给用户。根据用户的反馈，项目组提炼出系统需求。

界面型原型可以用 Visio 制作，更复杂的原型可以用快速开发工具制作。原型既可以在后续的开发中使用，也可以完全抛弃。

在原型演示之前，特别是复杂的原型演示之前，项目组需准备好演示前的准备工作，包括演示的环境建立（例如原型运行的工具、数据准备等）、演示的步骤及准则。在原型演示完成后完成用户确认报告。

2.3　系统演示

系统演示可应用于各类软件项目。但主要应用于软件开发类项目的编码阶段。为了更快地得到用户对系统的认可，项目组可以将正在开发中的部分模块或功能给用户演示，这些模块或功能可能并没有得到系统的测试。这些演示的模块或功能不应该成为发布版本。

在系统演示之前，项目组需准备好演示前的准备工作，包括演示的环境建立（例如运行所需的辅助系统，硬件资源、数据准备等）、演示的步骤及每一步正确与否的准则。在原型演示完成后完成用户确认报告。

2.4　用户测试

用户测试也可应用于各类软件项目，但用户测试一般发生在系统已经开发完成并完成了系统测试后提交用户进行。

在用户测试之前，项目组需准备好演示前的准备工作，包括演示的环境建立（例如运行所需的辅助系统，硬件资源、数据准备等）、演示的步骤及每一步正确与否的准则。项目组可根据需求用例或系统测试用例来编写用户测试用例提交给用户。当然用户也可以自己编写测试用例。在用户测试完成后，项目组完成用户确认报告。如果用户采用项目组提供的用户测试报告，项目组可以用户测试报告代替用户确认报告。

知识拓展——说话的艺术

据说朱元璋做皇帝后，想攀附他的昔日伙伴很多。其中一位来找他，对他说："微臣当年随驾扫荡芦州府，打破罐州城，汤元帅在逃，拿住豆将，红孩儿当关，多亏菜将军。"朱元璋听后心中窃喜，当即就封他做了大臣。

还有一位见到朱元璋，一见面就说："老朱，咱哥儿们以前都帮人打工。一次，在芦花荡里，把偷来的豆子放在瓦罐里煮，还未熟，大家就抢着吃，把罐子打破了，豆子撒了一地，汤也泼了。你只顾抓地上的豆子吃，却连红草叶也送进嘴里，谁料叶子卡在喉咙，使你很痛苦。幸好我叫你把青菜叶吞下去，才把红草叶带下去……"

不善讲话者虽然不会被杀头，但离倒霉也就不远了。

陈妮找了一个保姆，便打电话给那位保姆的前任雇主，询问了一些情况，得到的评语却是贬多于褒。

保姆来的这天，陈妮对她说："我打电话请教了你的前任雇主，她说你为人老实可靠，而且煮得一手好菜，唯一的缺点就是理家比较外行，老是把屋子弄得脏兮兮的，我想她的话并非完全可信。你穿得很整洁，人人可以看得出。我相信你一定会把家里照顾得井井有条，同你人一样整洁干净。你也一定会同我相处得很好。"

保姆听到陈妮这样说，下定决心一定要好好表现，结果，她们果然相处得很愉快，保姆真的把家里打扫得干干净净，而且工作非常勤劳。

在保姆正式开始工作之前，陈妮就给她戴上了一顶高帽。"煮得一手好菜"、"相信你一定会把家里照顾得井井有条"、"你一定会同我相处得很好"。这些话保姆当然爱听，因为是对她的赞赏和肯定，而对于陈妮来说，她的目的不是赞赏保姆，而是对保姆提出这样的期望和要求。当保姆知道自己在陈妮心中是这样的好印象之后，她会尽力做到最好，使这种好的形象一直维持下去。

老子说："美言可以市。"意思是说如果一个人善于驾驭语言，便可以用来交换自己所需要的东西。这句话的意义体现于上述生动的故事中。会说话的人，必定是会擅长"美言"的人。在恭维中给对方提要求，是一种社交技巧。想让对方怎么做，就朝那个方向恭维他，这样可以满足他被赞美、被崇拜的心理，更重要的是，他会不遗余力地为你办事，努力达到你所恭维的境界。

一个年轻人做生意需要一笔资金，他想向银行贷款，可他不是本地人，所以贷款一直没有批下来。为此他出入了多家银行，都没有成功。

无奈之下，他只好请在一家银行做主管的朋友帮忙。这个朋友让他到办公室来说。年轻人到银行主管的办公室后，表现得非常高兴："真是太好了。谢谢你！我早应该想到找你帮忙，相信不会存在什么问题，我的创业理想马上就要实现了。"

主管听后，说："我不一定帮得了你，别太急着感谢我。"

年轻人把椅子拉近一点，对他说："你是部门的主管，还有什么你办不了的事情吗？"

主管听了，微笑着说："你这是给我出难题呢！不过，我可以试一试。"

通过主管和年轻人共同的努力，本来他们以为办不成的事情，结果办成了。

年轻人的一句话："你是部门的主管，还有什么你办不了的事情吗？"

听着在恭维对方，实际上也是在给对方施加压力。如果作为一个部门主管，这个事情也办不好的话，在这个年轻人面前岂不是太没面子了！于是，他会尽力把这道"难"题做出来，证明自己是个"无所不能"的部门主管。这个主管戴着年轻人扣下的"高帽"，按着年轻人的期望，很好地表现了自己。

或许你会说，戴高帽其实就是拍人马屁，其实，并非如此。拍马屁是指过分夸大别人的优点或将别人的缺点、错误说成是正确的。戴高帽虽是夸奖别人，但是不夸大，符合实际，只是在夸奖别人时，突出了他的优点而将缺点按下不提罢了。

每一个人都有自己的优点，善于给人戴高帽的人就善于发现别人的优点，并适时地说出来，对方自然会很高兴。因为谁都希望自己在别人的眼里有价值，谁都喜欢听别人称赞自己。如果是你，你会喜欢别人贬低你，让你难堪吗？你不也喜欢听别人夸奖你，对你说好听的话吗？

小　　结

沟通失败是 IT 项目成功的最大的威胁，在项目的整个生命周期中，改善项目的沟通起着不可估量的作用。

沟通是传递信息的过程，沟通可以有不同的分类，常见的有工具式沟通与感情式沟通、正式沟通和非正式沟通、纵向沟通和横向沟通、单向沟通和双向沟通、口头沟通、书面沟通及非言语沟通。

项目沟通管理的目标是及时而适当地创建、收集、发送、储存和处理项目的信息。

项目沟通管理包括沟通规划、信息发布、绩效报告与利害关系者管理等过程。

习题与思考

1. 解释沟通的定义。
2. 如何理解项目沟通的过程。
3. 解释项目沟通管理的定义。
4. 什么是项目干系人。

5. 矩阵组织的最大优点是________。
   A. 改进了项目经理对资源的控制　　B. 项目队伍有一个以上的老板
   C. 沟通更加容易　　D. 报告更加方便
6. 人们经常对矩阵组织产生的抱怨是：在矩阵型组织中沟通——________。
   A. 简单　　B. 开放而准确　　C. 复杂　　D. 难于自动化
7. 矩阵组织中项目经理最重要的作用是________。
   A. 沟通　　B. 综合　　C. 谈判　　D. 领导
8. 对于许多跨职能部门的活动，________组织结构最有效。
   A. 矩阵型　　B. 项目型　　C. 智能型　　D. 任何组织
9. 项目沟通方式可以分为语言沟通和非语言沟通，非语言方式有哪些？
10. 需要很多谈判技巧的 3 种项目情形是________。
    A. 与职能经理一起，确保项目可以使用资源；向项目队伍成员提供执行绩效评估报告；制订 WBS
    B. 制订 WBS，确定主进度计划和管理项目变更
    C. 使用分包商，制订项目范围说明书，项目开始后管理变更
    D. 确保上级管理层支持项目，与职能经理一起工作，建立项目队伍
11. 简述项目沟通管理的过程
12. 作为一个项目沟通管理过程，管理收尾是由项目结果核实和归档，客户正式验收项目产品等组成。管理收尾活动产生的输出由________组成。
    A. 项目档案，正式验收和教训　　B. 变更请求，项目记录和教训
    C. 教训，执行绩效报告和变更请求　　D. 沟通管理计划，变更请求和项目档案
13. 沟通的基本原则是________。
    A. 准确性原则　　B. 完整性原则
    C. 及时性原则　　D. 非正式组织沟通的运用原则

第10章 项目风险管理

在项目管理中，风险管理是一个很容易被忽视的领域，在此栽跟头的项目数不胜数，因为亡羊补牢总是比未雨绸缪要困难得多。因此加强对项目风险的认识，做好项目风险管理计划，是项目管理中的又一重要环节。传统的项目管理和项目决策大多考虑项目的代价和计划，对风险考虑很少。现代项目管理与传统项目管理最重要的区别在于引入了风险管理技术。项目风险管理强调对项目目标的主动控制。

10.1 项目风险与风险管理

一项调查表明，在失控的项目中，有 55%的失控项目发生成本严重超支或进度严重超期，而这些项目根本就没有进行风险管理；有 38%的项目只做了一些风险管理工作，但其中的一半项目在进行的过程中并没有处理已经发现的风险；而另外 7%的失控项目并不能确定是否进行了风险管理工作。

项目风险管理是对项目中潜在的风险进行预测并实行有效的控制，从而可靠地实现项目的总体目标。如果不能很好地管理项目中的风险就会给项目相关利益主体造成损失。在项目管理中必须积极地开展项目风险管理，主动地应对项目中可能存在的风险。

10.1.1 风险与项目风险

1. 风险的定义

风险是一个项目中可能出现问题的，且会对项目目标产生影响的任何事情。对于某个既定事件而言，风险包含两个要素：一是某事件发生的可能性；二是该事件发生所带来的影响。

2. 风险的特征

风险具有以下特征：

（1）风险的客观性。

（2）风险的不确定性。

（3）风险事件的随机性。

（4）风险的相对性。

（5）风险的可变性。

（6）风险的阶段性。

3. 项目风险

项目风险是指由于项目所处环境和条件的不确定性，项目的最终结果与项目利害关系人的期望产生背离，并给项目干系人带来损失的可能性。项目风险涉及对以下问题的理解：项目中可能发生的潜在问题，以及它们如何妨碍项目的成功。

项目风险产生的原因主要是由项目的不确定性所造成的；而不确定性是由项目团队无法充分认识项目未来的发展和变化所造成的；这种不确定性不能通过主观努力来消除，而只能通过主观努力来降低。

项目风险贯穿整个项目生命周期，并且项目的不同阶段会有不同的风险。风险随着项目的进展而变化，其不确定性一般会逐渐减少。最大的不确定性存在于项目的早期，早期阶段做出的决策对以后阶段和项目目标的实现影响最大。

4. 风险的分类

风险按不同的方法划分，可分以下几种：

（1）按风险的来源划分：外部、内部风险。

（2）按考察风险的方向划分：业务、技术、机构风险。

（3）按风险的作用划分：技术、市场、财务和人为风险。

（4）按风险的状态划分：静态风险、动态风险。

（5）按风险的后果划分：纯粹风险、投机风险。

（6）按风险的可预测性划分：已知、可预测和不可预测风险。

（7）按风险是否可管理划分：可控制、不可控制风险。

（8）按风险是否可接受划分：可接受的和不可接受的风险。

（9）按风险的影响范围划分：局部风险、整体风险。

（10）按风险的影响期限划分：短期风险、长期风险。

（11）按风险后果的承担者划分：项目业主、政府、承包商、投资方、设计单位、监理单位、供应商、担保方和保险公司风险等。

10.1.2 IT项目风险成本

IT项目的风险往往意味着损失，当风险事件发生时会引发多种不良后果、甚至导致项目的失控和失败。风险事故造成的损失或减少的收益以及为防止发生风险事故采取的预防措施而支付的费用，都构成了风险成本。

风险成本包括有形成本、无形成本以及预防与控制风险的费用。有形成本是指直接损失和间接损失。无形成本是指风险损失减少了机会；风险阻碍了生产率的提高；风险造成资源分配不当。

10.1.3 项目风险管理

1. 项目风险管理的定义

项目风险管理就是项目管理班子通过风险识别、估计、评价，并以此为基础合理地使用多种管理方法、技术和手段对项目活动涉及的风险实行有效的控制，采取主动行动，创造条件，尽量扩大风险事件的有利结果，妥善处理风险事故造成的不利后果，以最少的成本保证安全、可靠地实现项目的总目标。

2. 项目风险管理的特点

项目风险管理是为减轻潜在的不利事件对项目的影响而采取的一项活动。风险管理是一种投资，需要成本。在任何情况下，项目风险管理的成本不应超过项目潜在的收益。需要努力在项目的各个方面寻找风险和机会之间的平衡。

3. **项目风险管理的目的**

（1）试图系统化地瓦解不确定因素对项目计划（质量、预算、进度、资源分配等）的威胁。

（2）通过风险的管理变被动的面对风险，即消防状态为主动面对风险，即钓鱼状态。

（3）知道什么是紧急事件，让我们能够依据 FIRST THING FIRST 的原则处理紧急事件。

IT 项目风险管理的过程如图 10–1 所示。

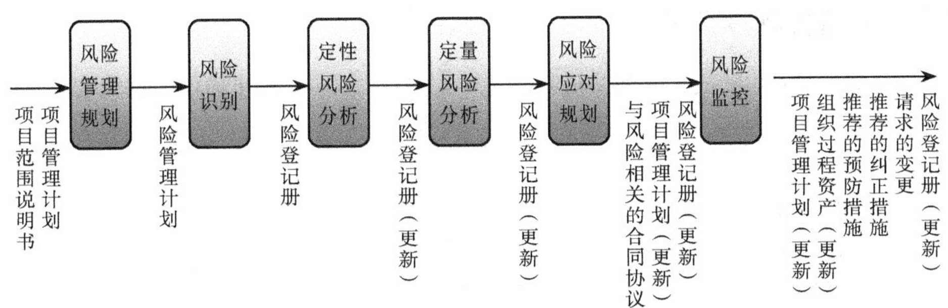

图 10–1　项目风险管理过程

（1）风险管理规划：决定如何开展项目风险管理活动。

（2）风险识别：判断风险对项目的影响，以书面形式记录特点。

（3）定性风险分析：对风险进行排序，以便随后进一步分析。

（4）定量风险分析：对识别的风险进行量化分析。

（5）风险应对规划：根据项目目标制订风险应对方案。

（6）风险监控：在整个项目生命周期中，跟踪已识别的风险、监测残余风险、识别新风险和实施风险应对计划，并对其有效性进行评估。

10.2　风险管理规划

10.2.1　风险管理规划的概念

风险管理规划是规划和设计如何进行风险管理的过程，它记录了管理整个项目过程中所出现风险的程序。风险管理规划包括定义项目组织及成员风险管理的行动方案及方式，选择合适的风险管理方法，为风险管理活动提供充足的资源和时间，并确立风险评估的基础。项目风险管理规划的成果是给出一份项目风险管理计划书，它是一份指导项目团队进行项目风险管理的纲领性文件。

风险管理规划应该明确以下问题：

（1）有哪些项目风险？

（2）为什么承担或不承担这一风险对于项目目标很重要？

（3）什么是具体风险，风险的影响程度如何？

（4）什么是风险减轻的可交付成果？

（5）风险应对计划：风险如何被减轻？

（6）谁是负责实施风险管理计划的个人？

（7）与减轻方法相关的里程碑事件何时会发生？

（8）为减轻风险，需要多少资源？

把风险事故的后果尽量限制在可接受的水平上，是风险管理规划和实施阶段的基本任务。风险应急计划是指一项已识别的风险事件发生时，项目团队将采取的预先确定的措施。风险应对的主要选择包括风险预防、风险规避、风险转移、风险减轻、风险自留以及损失控制等。

利用这些方法，可以针对不同的风险事件制订相应的应对措施。

10.2.2 IT 项目风险管理计划

风险管理规划的主要成果是风险管理计划（见图 10-1），它描述如何安排与实施项目风险管理，主要包括以下内容：

（1）风险管理方法论。

（2）风险管理相关活动的岗位职责说明。

（3）风险管理活动的预算和进度安排。

（4）风险类别分析与确定。

（5）风险概率和影响界定。

（6）利害关系者承受度修订。

（7）有关项目团队如何跟踪和记录这些风险活动的描述。

风险管理计划模板如表 10-1 所示。

表 10-1　风险管理计划模板

1.引言	3.风险分析
1.1 本文件的范围和目的	3.1 风险估计
1.2 概述	3.1.1 风险发生概率的估计
1.2.1 目标	3.1.2 风险后果的估计
1.2.2 需要优先考虑规避的风险	3.1.3 估计准则
1.3 组织	3.1.4 估计误差的可能来源
1.3.1 领导成员	3.2 风险评价
1.3.2 责任	3.2.1 风险评价使用的方法
1.3.3 任务	3.2.2 评价方法的假设前提和局限性
1.4 风险规避策略的内容说明	3.2.3 风险评价使用的评价标准
1.4.1 进度安排	3.2.4 风险评价的结果
1.4.2 主要里程碑和审查行动	4.风险应对与监控
1.4.3 预算	4.1 根据风险评价的结果提出建议
	4.2 可用于规避风险的备选方案及建议方案
	4.3 风险监控的程序
2.风险识别	5.附录
2.1 风险情况调查、风险来源等	5.1 项目风险形势估计
2.2 风险分类	5.2 削弱风险的机会

10.3 风 险 识 别

风险识别就是采用系统化的方法，识别出项目中已知的和可预测到的风险。对项目进行风险管理，首先必须对存在的风险进行识别，以明确对项目构成威胁的因素，便于制订规避风险和降低风险的计划和策略。风险识别是一项反复的过程，项目团队应该参与该过程，以便形成针对风险的应对措施，并保持一种责任感。

1. IT 项目风险识别的过程

风险识别包括确定风险的来源、风险产生的条件，描述风险特征和确定哪些风险事件有可能影响整个项目。风险识别应当在 IT 项目的生命周期自始至终定期进行。

风险识别分 3 步进行：

（1）收集资料。

（2）估计项目风险形势。

（3）将潜在的风险识别出来。

2. 风险识别的方法

风险识别的方法如下：

（1）文件审查：对项目计划、假设、先前的项目文档和其他信息等项目文件进行系统和结构性的审查。

（2）信息收集技术：包括德尔菲法、头脑风暴法、访谈法、SWOT 分析法。

（3）检查表：用来记录和整理数据的常用工具。

（4）假设分析：根据一套假定、设想或假设进行构思与制订。

（5）图解技术：因果图、系统或过程流程图等。

（6）可能存在的风险如表 10-2 所示。

表 10-2 与各知识领域相关的可能风险条件

知识领域	风 险 条 件
整体	计划不充分，错误的资源配置，拙劣的整体管理，缺乏项目后评价
范围	工作包与范围的定义欠妥，质量要求的定义不完全，范围控制不恰当
时间	错误地估算时间或资源可利用性，浮动时间的分配与管理较差，相竞争的产品很早上市
成本	估算错误，生产率、成本、变更或应急控制不充分，维护、安全、采购等做得很差
质量	错误的质量观，设计 / 材料和手艺不符合标准，质量保证做得不够
人力资源	差劲的冲突管理，表现很差的项目组织及拙劣的责任定义，缺乏领导
沟通	计划编制与沟通比较粗心，缺乏与重要项目干系人的协商
风险	忽略了风险，风险分配得不清楚，差劲的风险管理

3. 风险登记册

风险识别之后应把识别的成果整理出来，整理的结果载入风险登记册中。风险识别过程将形成项目管理计划中风险登记册的最初记录。最终，风险登记也将包括其他风险管理过程的成果。

风险登记册的编制始于风险识别过程，主要依据下列信息编制而成：

（1）已识别风险清单。

（2）潜在应对措施清单。

（3）风险根本原因。

（4）风险类别更新。

10.4 风险分析

风险分析可分为定性风险分析和定量风险分析。

定性风险分析是指对已识别风险的影响和可能性大小的评估过程。该过程按风险对项目目标潜在影响的轻重缓急进行排序，并为定量风险分析奠定了基础。定性风险分析过程需要使用风险管理规划过程和风险识别过程的成果。

定量风险分析的内容包括风险估计、风险评价、风险影响、风险概率和风险值。

1. 定性风险分析的目的

对 IT 项目风险进行定性分析，可以从宏观上对项目是否可行有一个初步的了解，可以加深项目管理人员对项目风险的认识。通过定性分析，可达到以下目的：

（1）确认项目风险的来源。

（2）确认项目风险的性质。

（3）估计项目风险的影响程度。

（4）为项目风险的定量分析提供条件。

2. 定性风险分析的方法

定性风险分析的方法如下：

（1）风险概率与影响评估。

（2）概率和影响矩阵。

（3）十大风险事项跟踪。

（4）风险数据质量分析。

（5）风险分类。

（6）风险紧迫性评估。

3. 更新风险登记册

定性风险分析成果主要是更新的风险登记册，对风险登记册进行更新的内容包括以下几点：

（1）按照轻重缓急排序的项目风险清单。

（2）按照类别分类的风险。

（3）需要在近期采取应对措施的风险清单。

（4）需要进一步分析与应对的风险清单。

（5）低优先级风险观察清单。

（6）定性风险分析结果的趋势。

4. 定量风险分析

在进行定性风险分析之后，为了进一步了解风险发生的可能性到底有多大，后果到底有多严重，还需要对风险进行定量的评估分析。定量风险分析的目标是量化分析每一个风险的概率及其对项目目标造成的后果，分析项目总体风险的程度。

定量风险分析是在不确定的情况下进行决策的一种量化方法，通过采用决策树分析和模拟技术等得到以下结果：

（1）对项目目标以及实现项目目标的概率进行评估并量化。

（2）通过量化各项风险对项目总体风险的影响，确定需要特别重视的风险。

（3）在考虑项目风险的情况下，确定可以实现的切合实际的成本、进度或范围目标。

（4）在某些条件或结果不确定时，确定最佳的项目管理决策。

5. 软件项目定量风险分析的方法

软件项目定量风险分析的方法如下：

（1）数据收集和表示技术：访谈、概率分析及专家判断等。

（2）定量风险分析和模型技术：敏感性分析、期望值法、决策树分析法、蒙特卡罗分析法。

（3）项目工作分解结构：分析项目的组成、各个性质、关系等。

（4）常识、经验和判断：分析相关信息和项目资料。

（5）实验或试验结果：利用实验或试验结果识别风险 。

6. IT项目风险评估

IT 项目风险评估分为以下 3 个过程：

（1）风险分类：根据已识别出的项目风险，使用既定的项目风险分类标志，即可对识别出的 IT 项目风险进行分类，以便全面认识项目风险的各种属性。

（2）风险分析：项目风险原因的分析与确定、项目风险后果的分析与确定、项目风险发展时间进程的分析与确定。

（3）风险排序：确定项目风险的度量和项目风险控制的优先序列。

（4）表 10-3 所示是某软件项目风险评估清单。

表 10-3 软件项目风险评估清单

风　　险	类　　别	概率	影响	排序
用户变更需求	产品规模	80%	5	1
规模估算可能非常低	产品规模	60%	5	2
人员流动	人员数目及其经验	60%	4	3
最终用户抑制该计划	商业影响	50%	4	4
支付期限将被紧缩	商业影响	50%	3	5
用户数量大大超出计划	产品规模	30%	4	6
技术达不到预期的效果	技术情况	30%	2	7
缺少对工具的培训	开发环境	40%	1	8
人员缺乏经验	人员数目及其经验	10%	3	9

10.5 风险应对规划

风险应对规划是针对风险定性、定量分析的结果，为降低项目风险的副作用而制订的风险应对措施。风险应对规划必须与风险的严重程度、成功实现目标的费用有效性相适应，必须与项目成功的时间性、现实性相适应。同时，它必须得到项目所有利益相关者的认可，应由专人负责。

1. IT 项目风险应对的原则

IT 项目风险应对的原则如下：

（1）可行、适用、有效性。

（2）经济、合理、先进性。

（3）主动、及时、全过程。

（4）综合、系统、全方位。

2. IT 项目风险的应对方法

应对项目风险有多种应对策略，比较常见的有以下几种：

（1）消极风险或威胁的应对策略：回避、转移与减轻。

（2）积极风险或机会的应对策略：开拓、分享或提高。

（3）威胁和机会的应对策略：接受。

（4）应急应对策略：应对措施仅在发生特定事件时才使用。

【例】××项目实施的主要风险点及规避措施如表 10-4 所示。

表 10-4 主要风险点及规避措施

风　险	风险类别	规　避　措　施
用户变更需求	产品规模	通过对造成项目范围变更的因素施加影响，控制项目范围的变更。积极地、主动地进行项目范围管理，使变更朝着有利于项目顺利完成的方向发展
规模估算可能非常低	产品规模	制订详细的项目范围说明书，准确地界定范围，有效地控制范围
人员流动	人员数目及其经验	召开经常性的、有效的会议；对事不对人，解决问题而不是责备人；促进成员和其他的项目干系人更好地相互了解；关注项目成员间的交流与配合，鼓励互相帮助
支付期限将被压缩	商业影响	按照项目开发流程进行进度管理，对项目可用资源进行科学的评估，实施有效的进度变更控制
缺少对工具的培训	开发环境	将系统培训纳入项目人力资源规划，提高项目开发人员的技能和知识，增强项目开发能力

10.6 风险监控

风险控制就是为了改变项目管理组织所承受的风险程度，采取一定的风险处置措施，以最大限度地降低风险事故发生的概率和减小损失幅度的项目管理活动。

IT 项目风险监控就是在整个 IT 项目生命周期内跟踪已经识别的风险，监视残余风险，识别新的风险，实施风险应对计划并评估其有效性的过程。

（1）IT 项目风险监控的目标如下：

① 努力及早识别和度量项目的风险。

② 努力避免项目风险事件的发生。

③ 积极消除项目风险事件的消极后果。

④ 充分吸取项目风险管理的经验与教训。

（2）IT 项目风险监控的方法如下：

① 风险再评估。

② 风险审计。

③ 技术指标分析。

④ 储备金分析。

⑤ 状态审查会。

⑥ 变差和趋势分析。

（3）IT 项目风险监控的结果如下：

① 更新的风险登记册。

② 请求的变更。

③ 更新的组织过程资产。

④ 更新的项目管理计划。

10.7　IT 项目风险管理的主要问题及对策

10.7.1　IT 项目开发中的风险

软件项目的风险主要体现在需求、技术、成本和进度 4 个方面。IT 项目开发中常见的风险主要有以下 9 类：

1. 需求风险

（1）需求已经成为项目基准，但需求还在继续变化。

（2）需求定义欠佳，而进一步的定义会扩展项目范畴。

（3）添加额外的需求。

（4）产品定义含混的部分比预期需要更多的时间。

（5）在做需求中客户参与不够。

（6）缺少有效的需求变化管理过程。

2. 计划编制风险

（1）计划、资源和产品定义全凭客户或上层领导口头指令，并且不完全一致。

（2）计划是优化的，是“最佳状态”，但计划不现实，只能算是“期望状态”。

（3）计划基于使用特定的小组成员，而那个特定的小组成员其实指望不上。

（4）产品规模（代码行数、功能点、与前一产品规模的百分比）比估计的要大。

（5）完成目标日期提前，但没有相应地调整产品范围或可用资源。

（6）涉足不熟悉的产品领域，花费在设计和实现上的时间比预期的要多。

3. 组织和管理风险

（1）仅由管理层或市场人员进行技术决策，导致计划进度缓慢，计划时间延长。

（2）低效的项目组结构降低生产率。

（3）管理层审查、决策的周期比预期的时间长。

（4）预算削减，打乱项目计划。

（5）管理层做出了打击项目组织积极性的决定。

（6）缺乏必要的规范，导致工作失误与重复工作。

（7）非技术的第三方的工作（预算批准、设备采购批准、法律方面的审查、安全保证等）时间比预期的延长。

4. 人员风险

（1）作为先决条件的任务（如培训及其他项目）不能按时完成。

（2）开发人员和管理层之间关系不佳，导致决策缓慢，影响全局。

（3）缺乏激励措施，士气低下，降低了生产能力。

（4）某些人员需要更多的时间适应还不熟悉的软件工具和环境。

（5）项目后期加入新的开发人员，需进行培训并逐渐与现有成员沟通，从而使现有成员的工作效率降低。

（6）由于项目组成员之间发生冲突，导致沟通不畅、设计欠佳、接口出现错误和额外的重复工作。

（7）不适应工作的成员没有调离项目组，影响了项目组其他成员的积极性。

（8）没有找到项目急需的具有特定技能的人。

5. 开发环境风险

（1）设施未及时到位。

（2）设施虽到位，但不配套，如没有电话、网线、办公用品等。

（3）设施拥挤、杂乱或者破损。

（4）开发工具未及时到位。

（5）开发工具不如期望的那样有效，开发人员需要时间创建工作环境或者切换新的工具。

（6）新的开发工具的学习期比预期的长，内容繁多。

6. 客户风险

（1）客户对于最后交付的产品不满意，要求重新设计和重做。

（2）客户的意见未被采纳，造成产品最终无法满足用户要求，因而必须重做。

（3）客户对规划、原型和规格的审核、决策周期比预期的要长。

（4）客户没有或不能参与规划、原型和规格阶段的审核，导致需求不稳定和产品生产周期的变更。

（5）客户答复的时间（如回答或澄清与需求相关问题的时间）比预期长。

（6）客户提供的组件质量欠佳，导致额外的测试、设计和集成工作，以及额外的客户关系管理工作。

7. 产品风险

（1）矫正质量低下的不可接受的产品，需要进行比预期更多的测试、设计和实现工作。

（2）开发额外的不需要的功能（镀金），延长了计划进度。

（3）严格要求与现有系统兼容，需要进行比预期更多的测试、设计和实现工作。

（4）要求与其他系统或不受本项目组控制的系统相连，导致无法预料的设计、实现和测试工作。

（5）在不熟悉或未经检验的软件和硬件环境中运行所产生的未预料到的问题。

（6）开发一种全新的模块将比预期花费更长的时间。

（7）依赖正在开发中的技术将延长计划进度。

8. **设计和实现风险**

（1）设计质量低下，导致重复设计。

（2）一些必要的功能无法使用现有的代码和库实现，开发人员必须使用新的库或者自行开发新的功能。

（3）代码和库质量低下，导致需要进行额外的测试，修正错误，或重新制作。

（4）过高估计了增强型工具对计划进度的节省量。

（5）分别开发的模块无法有效集成，需要重新设计或制作。

9. **过程风险**

（1）大量的纸面工作导致进程比预期的慢。

（2）前期的质量保证行为不真实，导致后期的重复工作。

（3）太不正规（缺乏对软件开发策略和标准的遵循），导致沟通不足，质量欠佳，甚至需重新开发。

（4）过于正规（教条地坚持软件开发策略和标准），导致过多耗时于无用的工作。

（5）向管理层撰写进程报告占用开发人员的时间比预期的多。

（6）风险管理粗心，导致未能发现重大的项目风险。

10.7.2 项目风险管理的对策

项目风险管理的对策如下：

（1）项目经理主动进行项目风险管理：

① 推广项目管理理念。

② 有效管理项目风险。

③ 多渠道沟通和谈判。

④ 争取高层领导的支持。

（2）建立企业风险管理体系，并贯穿于项目管理全过程。

（3）增强风险意识，使干系人都来关注风险、控制风险和管理风险。

项目管理中存在的风险事件如表 10–5 所示。

表 10–5 项目管理中存在的风险事件

编号	风险事件描述	类型	可能性（高/中/低/）	影响（高/中/低/）	预防措施
1	项目周期延长	进度方面	中	中	制度项目开发计划报告
2	团队协作不够，经验不足	项目团队	中	高	经常召开成员会议，加强团队沟通
3	技术不成熟	组织结构	高	高	查阅资料，增加知识量
4	项目人员流失	项目团队	中	高	无措施
5	缺少沟通	人员风险	中	高	加强沟通

案例 19　学生实习项目风险管理

（节选）

4.2　风险分析

本组成员过于低调、沟通不及时、设计欠佳、项目延期和额外的重复工作；在技术和经验上的认识也不够，不能采用正确的工作方法；项目进行当中，有些项目成员外出工作；士气低下；计划过于乐观；人员意见不够统一；系统不能按时按质完成；小组成员技能不高，不能及时解决出现的问题。结果导致整个进行停在代码编写阶段。

4.3　风险分析表

4.4　风险控制

风险控制是为了最大限度地降低风险事故发生的概率和减小损失幅度而采取的风险处置技术。对于上表所提出来的风险，我们决定从以下几个方面使发生的概率降到最小：

（1）减少已存在的风险因素。

（2）防止已存在的风险因素释放能量。

（3）加强风险部门的防护能力。

本系统中，我们针对已分析出的风险做了如下措施：

（1）缺少沟通责任在项目组负责人，应该多组织项目组成员进行聚会，在平时的交往当中熟悉彼此，加强沟通。

（2）技术不成熟导致项目进度的延期是一个概率较高的风险。首先，我们是采取从书籍、网络上增加知识量，其次通过向老师和专业学得不错的同学们请教。

（3）经验不足的风险是一定有的，为了跟上计划进度，我们小组采取定期召开团队会议来不断地完善这个系统。

4.5　经验与教训

在这次的项目开发过程中，我们的项目最终放弃了，由于各个方面的原因，有技术上的不成熟，也有团队内部的不协作等因素。本系统使得项目组成员对各自的工作发现了自己的优点与不足，而整个项目开发最重要的因素是人的要素，物尽其用，人尽其责，对我们在以后的开发过程中提供了宝贵的经验。

做项目前，应该做好充分的社会调查、可行性分析以及需求分析，明确一个目标，不要偏离开发方向而导致项目组做重复的工作。对项目组成员的技术以及个人优缺点要了如指掌，分配任务遵循扬长避短的原则，使大家的优点能够完全发挥出来，不延误项目的交付日期。

案例 20　ERP 项目实施的风险

ERP 项目实施的风险类型大致分为实施风险和管理风险两部分。

1　实施风险

实施风险包括需求评估风险、选型风险、沟通不畅风险等。

1.1　需求评估风险

企业对 ERP 及企业 E 化的理解程度不一样，企业自身的企业信息化程度也不同，选型时不清楚自己的需求，对系统的要求大而全，没有考虑到企业的实际情况。要防范这种风险，企业应该练好内功。

1.2 选型风险

企业片面追求功能全面的软件或性能存在问题的便宜软件。要防范这种风险，企业应该对软件公司与软件产品的功能及信息技术，ERP 产品的完整性，产品客户的案例，软件售后服务及服务体系及涵盖地区进行了解与对比的工作,另外在考虑企业上系统的预算的基础上，综合考虑，选出最符合本身情况的信息化解决方案。

1.3 沟通不畅风险

企业领导和业务骨干在业务工作和项目实施工作之间如何协调时间，这其实是项目进行过程中经常让人为难的问题。通过事先沟通来提高项目会议效率、委派项目会议“代理人”等固然是可行的办法，但如果没有领导和业务骨干实心实意地赶时间、挤时间、加班加点，等到业务紧的时候，项目日程一拖再拖往往是必然的。

2 管理风险

管理风险包括管理观念冲突的风险、项目组织的风险等。

2.1 管理观念冲突的风险

上 ERP 系统，与企业原有的管理思想碰撞，有一个融合的过程，甚至有可能会影响到企业的组织架构，引发政治斗争。会直接影响到 ERP 项目的实施。企业能否从管理的角度真正把系统用起来，积极主动地进行企业流程的重组和优化，是系统实施的一个关键因素。否则企业在以前投入的人力、物力、财力到头来也会付之东流。

2.2 项目组织的风险

大量的实践表明，实施 ERP 关键在于企业的总体素质，更直接取决于决策者的重视力度。有好的强有力的项目团队，能够保证项目工作顺利进行。项目团队的搭建原则上应以业务部门为主，IT 部门为辅。ERP 项目实施的参与者，不但要完成本职工作，还要完成项目要求的大量的坚苦的工作。如何保证这些人能对项目工作非常投入，需要项目领导协调好。高层领导必须经常关心 ERP 的应用情况，并支持 ERP 项目组考核工作，使 ERP 的实施工作可以持之以恒。

案例 21 风险管理规范

封面（略）

修订履历（略）

目录（略）

1 目的

规范风险管理过程，通过不断完善项目风险检查表，有效地识别风险，并在项目之间共享成功的项目风险应对经验。

2 范围

适用于公司所有类型的软件项目。

3 角色与职责

略

4 进入准则

项目立项。

5 任务

序号	任务名称	角色	任务描述	输入	输出	参考规范及指南
1	识别风险	项目组	在项目计划时，项目组依据项目风险检查表检查项目可能存在的风险。风险的描述要具体且切实存在，例如人员流动的风险，应说明具体哪些人可能会流失，因为什么原因会流失	风险检查表	风险计划与跟踪表	
2	评估风险	项目组	评估风险发生的可能性，风险的可能性用百分比（0%～100%）来表示 80%：非常可能发生，已经有了一些征兆 60%：有较大的可能发生，但目前还没有征兆 40%：有一定的可能性，而且目前没有征兆 20%：发生的可能性不大 评估风险如果发生则对项目造成的影响程度分为3类： 轻微：风险发生对项目成本或进度造成的偏差小于 20%；且风险发生不会影响客户最终接受提供的系统或服务 一般:风险发生对项目成本或进度造成的偏差大于20%，小于 80%；且风险发生不会影响客户最终接受提供的系统或服务 严重:风险发生对项目成本或进度造成的偏差大于80%；或风险发生会导致客户最终拒绝接受提供的系统或服务			
3	制订风险应对计划	项目组	对于风险可能性为 60%以上（包括 60%）的必须制订应对措施 对风险影响程度为严重的，风险发生可能性在40%以上（包括 40%）的必须制订缓解措施 应对措施包括两种：一种是缓解措施，一种是应急措施。缓解相当于预防，应急相当于纠正			
4	风险应对计划审核	项目组	风险计划作为项目计划的一部分在项目计划审核时提交项目管理委员会审核。风险应对措施应该具体，应可以作为具体的任务进行执行，例如不要写“加强技术学习”，应写“安排 x 次 xx 技术的培训或学习”。缓解措施应反映到项目任务中去			
5	风险应对措施实施	项目组	项目经理应在适当的时机将风险应对措施安排进 Alesh 系统监督执行 项目组成员执行相关的应对措施			
6	监控风险	项目组	项目经理在每周的状态会议时监控风险的变化情况，记录在风险计划和跟踪表中，并在每周的 Alesh 项目状态报告中给予说明			
7	风险管理总结	项目组	在项目结束时，对项目中的风险管理活动进行总结，对风险的识别、评估和应对提出有效的改进建议		软件开发项目总结报告 软件维护项目总结报告 软件推广项目总结报告	

6 退出准则

项目结束。

7 测量与分析

见度量分析定义表。

8 输出模板

险检查表（PSSP_TMP_RSK_001）。

风险计划与跟踪表（PSSP_TMP_RSK_002）。

9 参考

无。

知识拓展——德尔菲法

德尔菲是古希腊城名，相传城中阿波罗圣殿能预卜未来，因而命名。德尔菲方法（专家调查法）起源于20世纪40年代末期，是当时美国为了预测在其"遭受原子弹轰炸后，可能出现的结果"而发明的一种方法。该方法主要用于一些预测的场合，广泛用来进行预测、决策分析和编制规划工作。最初由美国兰德公司（Rand Corporation）首先使用，很快就在世界上盛行起来，现在此法的应用已遍及经济、社会、工程技术等各领域。

德尔菲法是美国兰德公司的专家们为避免集体讨论存在的屈从于权威或盲目服从多数的缺陷提出的一种定性预测方法。

1. 德尔菲法的基本特征

德尔菲法本质上是一种反馈匿名函询法。其大致流程是：在对所要预测的问题征得专家的意见之后，进行整理、归纳、统计，再匿名反馈给各专家，再次征求意见，再集中，再反馈，直至得到稳定的意见。

由此可见，德尔菲法是一种利用函询形式的集体匿名思想交流过程。它有区别于其他专家预测方法的3个明显的特点：

（1）匿名性。匿名是德尔菲法的极其重要的特点，从事预测的专家彼此互不知道其他有哪些人参加预测，他们是在完全匿名的情况下交流思想的。（后来改进的德尔菲法允许专家开会进行专题讨论）。

（2）多次有控制的反馈。小组成员的交流是通过回答组织者的问题来实现的。它一般要经过若干轮反馈才能完成预测。

（3）小组的统计回答。最典型的小组预测结果是反映多数人的观点，少数派的观点至多概括地提及一下。但是这并没有表示出小组的不同意见的状况。而统计回答却不是这样，它报告一个中位数和两个四分点，其中一半落在两个四分点内，一半落在两个四分点之外。这样，每种观点都包括在这样的统计中，避免了专家会议法只反映多数人的观点的缺点。

2. 德尔菲法的工作流程

大致可以分为4个步骤，在每一步中，组织者与专家都有各自不同的任务。

（1）第一步：

① 由组织者确定调查目的，拟订调查提纲。首先必须确定目标，拟订出要求专家回答

问题的详细提纲，并同时向专家提供有关背景材料，包括预测目的、期限、调查表填写方法及其他希望要求等说明。注意：发给专家的是不带任何附加条件，只提出预测问题的开放式的调查表，请专家围绕预测主题提出预测事件。

② 组织者汇总整理专家调查表，归并同类事件，排除次要事件，用准确术语提出一个预测事件一览表，并作为第二步的调查表发给专家。

（2）第二步：

① 专家对第二步调查表所列的每个事件做出评价。例如，说明事件发生的时间、争论问题和事件或迟或早发生的理由。

② 组织者统计处理第二步专家意见，整理出第三张调查表。第三张调查表包括事件、事件发生的中位数和上下四分点，以及事件发生时间在四分点外侧的理由。

（3）第三步：

① 发放第三张调查表，请专家重审争论。

② 对上下四分点外的对立意见做一个评价。

③ 给出自己新的评价（尤其是在上下四分点外的专家，应重述自己的理由）。

④ 如果修正自己的观点，也请叙述改变理由。

⑤ 组织者回收专家们的新评论和新争论，统计中位数和上下四分点（类似第二步）；

⑥ 总结专家观点，重点在争论双方的意见，形成第四张调查表。

（4）第四步：

① 发放第四张调查表，专家再次评价和权衡，做出新的预测。是否要求做出新的论证与评价，取决于组织者的要求。

② 回收第四张调查表计算每个事件的中位数和上下四分点，归纳总结各种意见的理由以及争论点。

注意：并不是所有被预测的事件都要经过这 4 步。可能有的事件在第二步就达到统一，而不必在第三步中出现。

在第四步结束后，专家对各事件的预测也不一定都达到统一，只是相对收敛，趋向一致。不统一也可以用中位数和上下四分点来做结论。事实上，总会有许多事件的预测结果都是不统一的。

在运用此法时，由项目风险小组选定与该项目有关的领域和专家，一般至少为 20 人左右，包括理论和实践等各方面专家。要求在选定的专家之间相互匿名。

每一轮时间约 7～10 天，总共约一个月左右即可得到大致结果，时间过短则会因专家很忙难于反馈，时间过长则外界干扰因素增多，影响结果的客观性。

3. 德尔菲法的优缺点

这种方法的优点主要是简便易行，具有一定的科学性和实用性，可以避免会议讨论时产生的害怕权威而随声附和，或固执己见，或因顾虑情面不愿与他人意见冲突等弊病；同时也可使大家发表的意见较快收敛，参加者也易接受结论，具有一定程度综合意见的客观性。但缺点是由于专家一般的时间紧，回答往往总是比较草率，同时由于预测主要依靠专家，因此归根到底仍属专家们的集体主观判断。此外，在选择合适的专家方面也较困难，征询意见的时间较长，对于需要快速判断的预测难于使用等。尽管如此，本方法因简便可靠，仍不失为一种常用的定性预测方法。

我国在20世纪70年代引入此法，已有不少项目组采用，并取得了比较满意的结果。

小　　结

项目风险是指由于项目所处环境和条件的不确定性，项目的最终结果与项目利害关系人的期望产生背离，并给项目干系人带来损失的可能性。

风险的一般特征包括项目风险的客观性、项目风险的不确定性、风险事件的随机性、风险的相对性、项目风险的可变性及项目风险的阶段性。

项目风险管理是指项目管理组织对可能遇到的风险进行计划、识别、估计、评价、应对、监控的全过程，是以科学的管理方法实现最大安全保障的实践活动的总称。

项目风险管理包括风险管理规划、风险识别、定性风险分析、定量风险分析、风险应对规划及风险监控6个过程。

习题与思考

1. 解释风险的定义。
2. 说明风险管理的目的。
3. IT项目有哪些风险?
4. 项目风险一般可分为几类?
5. 某一项目有一个排得很紧的计划进度。下列________是促使项目及早开始的最有效的方法。

   A. 签订固定总价合同　　B. 发出加快开始的意向书

   C. 针对延迟完成的应急计划编制　　D. 建立时间约束的进度计划
6. 下面4个选项中________与风险影响分析有关。

   A. 风险管理（Risk Management）　　B. 风险识别（Risk Identification）

   C. 风险评估（Risk Assessment）　　D. 风险减轻（Risk Mitigation）
7. 缓解包括通过________进行风险转移（Transfer of Risk）。

   A. 承包给其他方

   B. 在项目经理之下设立职能机构处理风险事件

   C. 制订备用的进度计划

   D. 灾难计划与应对
8. 最严重的风险通常出现在________项目生命周期阶段。

   A. 概念形成和计划阶段　　B. 计划和执行阶段

   C. 执行和收尾阶段　　D. 概念形成和收尾阶段

第11章 项目采购管理

IT 项目开发与实施的 3 种基本方式是自行开发、定制开发和定购产品。

采购在 IT 项目的实施中占有特殊的位置，并不是项目中的所有事情都必须由项目团队来完成，只要能达成项目预定的目标，需要时可以全部采购或部分采购。

无论是 IT 项目的承建组织还是 IT 产品的应用组织，都离不开采购和外包。

只要有需求，就会有采购，只要有发展，就会有外包。

11.1 项目采购管理概述

项目采购是指从执行组织外部购买或获得完成工作所需的产品、服务或成果。

项目采购的相关人主要是买方和卖方，有时也有可能会出现作为项目监理的第三方。买方决定采购后会和卖方签订合同，根据商业规则，合同的甲方为买方，乙方为卖方，因此又将采购中的买方称为甲方，卖方称为乙方。

“采购”一词被广泛用于政府行为中，许多企业喜欢使用“购买”，而 IT 行业经常使用的是“外包”这个词。

在 IT 企业中，项目外包通常是指将 IT 项目中的工作内容转移给别的组织或个人来完成，如果只是部分工作内容发生转移称为部分外包，如果全部工作内容都转移出去则称为整体外包。

在 IT 项目中，外包多发生在软件项目有关人的工作量比较密集的项目中。

按照 PMBOK 的定义，项目采购管理是达成项目范围的工作而从执行组织外部获取货物和服务所需的过程。采购的类型包括货物采购、工程项目采购、咨询服务采购和 IT 项目采购。

1. 为什么要采购与外包

采购方要进行 IT 项目的采购或外包，无论是什么原因，至少应有以下好处：

（1）有利于专注于核心业务。

（2）得到技能和技术。

（3）提高效益。

（4）规避项目风险。

（5）降低企业长期营运成本。

2. 项目采购管理的过程

项目采购管理过程如下：

（1）制订采购计划，Procurement Planning。

（2）询价计划，Solicitation Planning。

（3）询价，Solicitation。

（4）供方选择，Source Selection。

（5）合同管理，Contract Administration。

（6）合同收尾，Contract Closeout。

项目采购管理是项目管理的一个重要方面，项目采购管理模式直接决定了项目管理模式，对项目整体管理起着举足轻重的作用。项目采购管理包括从项目团队外部购买或获得为完成工作所需的产品或服务的全过程。

许多成功利用外界资源的 IT 项目，常常归功于有效的项目采购管理。IT 项目采购管理的过程如图 11-1 所示。

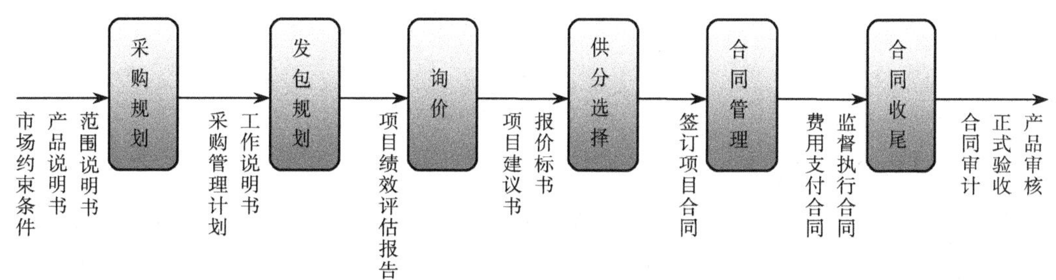

图 11-1　IT 项目采购管理的过程

其中：

（1）采购规划：决定采购的内容和在什么时候采购。

（2）发包规划：拟订所需产品的相关文件和识别潜在的供应商。

（3）询价：采购方和潜在的供应商进行交互的过程。

（4）供方选择：采购方从潜在的供应商中进行选择。

（5）合同管理：对合同进行管理，确保合同条款的完成。

（6）合同收尾：对项目基本完工的确认与验收。

3. 采购管理的要素

采购管理有 6 大要素：

（1）采购什么（What），决定采购的对象及其品质，应满足：

① 通用性：外购产品一定要满足项目的质量要求，尽量不使用需定制的产品。

② 可获取性：即能够在需要的时间内，以适当的价格得到需要数量的供给。

③ 经济性：在能够找到的供应来源中选择成本最低的。

（2）何时采购（When）。

（3）如何采购（How）。

（4）采购多少（How many）。

（5）向谁采购（Who）。

（6）以何种价格采购（How much）。

11.2　采 购 规 划

进行采购以前，应该对采购做出规划，以确定哪些项目需求可以通过采购产品、服务或成果得以实现。通过采购来平衡项目中的各种资源，以使项目走向成功。

采购规划过程需要解决的问题是：

（1）是否需要采购。

（2）如何采购。

（3）采购什么。

（4）采购多少。

（5）何时采购。

1. 编制项目采购规划的依据

项目采购规划的依据主要包括以下 3 个：

（1）项目范围说明书。

（2）产品说明书。

（3）市场约束条件。

2. 项目是否外购分析

根据成本分析项目是自行开发还是外购，有时也需要考虑其他的一些因素，如某些企业对数据的保密性、系统安全性、软件的可靠性要求较高，若自己有足够的人力资源保障，就应当考虑自行研发。

IT 项目技术性比较强，在项目采购规划过程中，咨询内部或外部的专业技术专家的意见是非常必要的。

3. IT 项目采购的分类

IT 项目采购大致可以分为以下几类：

（1）IT 咨询服务。

（2）IT 产品的提供和维护。

（3）信息系统的设计、开发和维护。

（4）系统集成与服务。

不同 IT 项目采购模式涉及的关键问题的对比如表 11–1 所示。

表 11–1 不同 IT 项目采购模式涉及的几个关键问题对比

采购目标	单纯的咨询服务	现成 IT 产品的提供和维护	信息系统的设计、提供和安装	复杂的系统工程或系统集成
设计风险	采购方	采购方	承包商	承包商
项目实施风险	采购方	承包商	承包商	承包商、采购方
项目成功的关键	采购方需求的准确程度；承包方咨询人员的专业水平与经验	技术规范的质量、承包商的交付能力	采购方需求的准确程度，承包方的设计水准、专业水平，承包方的项目管理能力	采购方需求的准确程度，承包方的专业水平，合同双方的有效、及时沟通，采购方的项目管理能力
投标者的资质标准	经验与信誉	财务能力、供应能力、经验	经验、财务与项目运作能力	经验与信誉
评标标准的优先顺序	业绩、信誉、应标书的质量、费用	费用、产品质量	费用、业绩、应标书的质量、项目实施的能力	业绩、信誉、应标书的质量、费用、项目实施的能力

4. **项目采购规划成果**

（1）工作说明书：足够详细地描述工作的内容，以便让潜在的供应商能理解并决定是否提供所需的产品、服务，并能估算出一个适当的价格。

（2）采购管理计划：描述如何管理从采购文件到合同收尾的采购过程，主要包括以下内容：

① 项目合同中规定的可交付成果的进度。

② 自制还是外购的建议。

③ 比较合适的潜在供应商的评价标准和优选的初步建议。

④ 提出项目团队的采购工作分工与行动计划等。

11.3 项目招投标（询价、选择供应商）

编制询价计划、询价、选择供应商的过程称为招投标。这些过程都需要采购方、供应方参与，需要获得产品、服务或成果的一方称为采购方，提供产品、服务或成果的一方称为供应方。

作为软件开发商有可能成为采购方也有可能成为供应方，当他们为需方开发软件产品时为供应方，当他们将负责开发的软件外包时就成了采购方。

在供应关系未确立之前，可能有多家供应方参与投标，这些供应方统称为潜在的供应方。

1. **编制询价计划**

制订商品采购计划以后，就进入商品采购计划的实施阶段，首先是制订询价计划。询价计划包括准备询价中所需的单证文件（Documents）。制订询价计划的过程如图 11-2 所示。

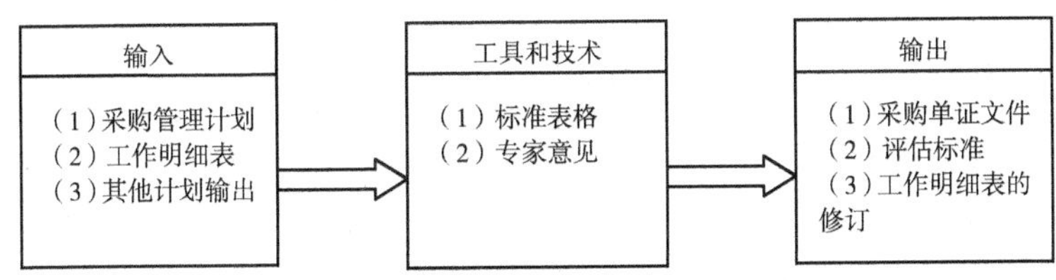

图 11-2　制订询价计划的过程

编制询价计划的过程中要准备询价所需的文件和确定合同签订的评判标准，此过程中产生的文件有招标书、征求建议书、询价书、招标通知、洽谈邀请函等，其中最为常用的是招标书。

采购方经常将招标书发送给潜在的供应商，以征求潜在的供应商的产品、服务解决方案和报价，得到潜在的供应商的进一步情况，以利于询价乃至做出供应商选择。

撰写一份好的招标书是项目采购管理中的关键步骤之一，然而写出一份好的招标书并非易事，需要编写人员既站在采购方的立场也要为潜在的供应商考虑。

2. **询价**

询价就是从潜在的供应商处获得项目建议书或标书。

在这个过程中潜在的供应商将要做大部分的工作，采购方和潜在的供应商需要不断地进行沟通，包括召开招投标会议来回答潜在的供应商的问题。

在大多数情况下，会有多家潜在供应商提供采购方所需要的产品或服务，并能收到多份标书，这时采购方可以利用这种竞争性的环境，以更低的价格获得更好的服务。

询价就是从可能的卖方那里获得谁有资格完成工作及如何满足项目需求的信息（投标书与建议书），该过程的专业术语叫供方资格确认（Source Qualification）。获取信息的渠道有招标公告、行业刊物、互联网等媒体、供应商目录、约定专家拟定可能的供应商名单等。通过询价获得供应商的投标建议书，询价后即进入获得报价的工作。

询价包括向卖方获取如何满足项目要求的信息。此过程的工作大多数由卖方来做，因而对项目来说没有花费。询价过程如图 11-3 所示。

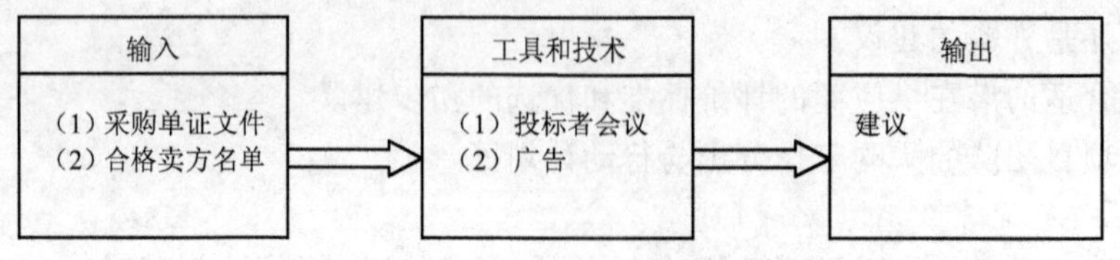

图 11-3　询价的过程

3. 选择供应商

选择供应商阶段接受投标或建议书，根据既定的评价标准选择一个承包商。一般情况下，要求参与竞争的承包商不得低于 3 个。选定供方后，经谈判，买卖双方签订合同。

在供方选择过程中，除了成本或价格外，可能还有许多其他因素需要评估：

（1）价格可能是有现货供应产品的基本决定因素，但如果事实表明卖方不能及时交付产品，则所建议的最低价格就未必是最低的成本。

（2）建议书往往分成技术（方法）和商务（价格）两部分，两者单独评估。

（3）关键产品可能需要多个供方。

下面介绍的工具和方法可单独使用或合并使用，例如加权分析法（Weighting System）可用在以下两个方面：

（1）选择一个供方，并请其在标准合同上签字。

（2）把所有的建议书按序排列，以确定谈判的顺序。

对于大型采购项目，上述过程可能要重复几次。可根据初步建议先选择一些合格的承包商，然后再根据更详尽、更全面的建议书进行详细的评估。供方选择的过程如图 11-4 所示。

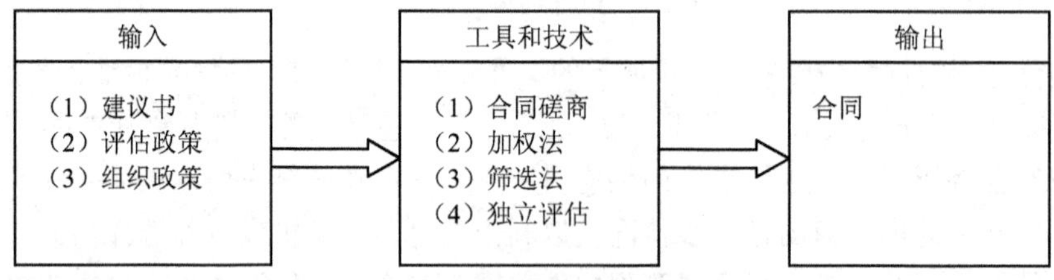

图 11-4　供方选择的过程

在收到潜在的供应商提供的建议书（或标书）后，采购方就要选择一家供应商或取消采购。选择供应商的过程包括评估投标者的建议书、选择一个最佳的投标者、进行合同谈判、签订合同等过程。

价格或费用可能是选择供应商的主要因素，但如果供应商并不能及时或保质保量地交付产品、服务或成果，则供应商声称的最低价格未必就真的具有足够的竞争力。

建议书（或标书）通常分成技术（方案）和商务（价格）两部分，有时还要求加入项目管理部分。

选择供应商是一个费时而又烦琐的过程，询价和评估过程有可能要反复地进行，谈判也会是这样，需要细心而又耐心地面对。在此过程中用到的投标书评价表如表 11-2 所示，供应商评价表如表 11-3 所示。

表 11-2 投标书（建议书）评价样表

标　　准	权重/%	建议 1		建议 2		建议 3	
		分级	评分	分级	评分	分级	评分
技术手段	30						
管理方法	30						
历史绩效	20						
价格	20						
总分数	100						

表 11-3 供应商评价样表

标　　准	可能的分值	供应商 1 的分数	供应商 2 的分数	供应商 3 的分数
项目经理的教育背景和工作经验	10	8	6	9
项目经理具有 PMP 证书	5	5	0	5
管理方法介绍	5	4	3	5
组织的项目管理的方法	10	7	4	9
总分	30	24	13	28

4. 招投标管理的法律法规

项目的招投标有明确的法律法规，它们对招标人、投标人、评标人、中标人的资格、必须遵守的规则和纪律进行了严格的规定。

我国政府颁布的《中华人民共和国招标投标法》是一部法律文件，对项目的招投标过程进行了详细的规定。

5. 招标方式

从世界各国的情况看，招标主要有公开招标和邀请招标等方式。

公开招标是指招标人在指定的报刊、电子网络或其他媒体上发布招标公告，吸引众多的企业单位参加投标竞争，招标人从中择优选取中标单位的招标方式。

邀请招标又称选择性招标，由招标人根据潜在供应商的资信和业绩，选择一定数目的法人或其他组织，向其发出投标邀请书，邀请他们参加投标竞争。

11.4 合同管理和合同收尾

在 IT 项目管理中，项目经理及其团队都应当积极地参与合同的起草、执行和管理，这样每个人都能理解一个好的项目采购管理的重要性。

然而，目前一个突出的问题是，许多技术人员对合同的理解和执行是被动的，许多项目经理对合同管理也缺乏足够的认识。

合同管理包括合同的最终形成与签署、监督合同的执行、合同的修改。

项目经理和关键的项目组成员应当参与合同的起草和管理。

项目经理必须留意那些没有理解的合同条款而可能造成的法律问题。

在处理外部合同时，项目经理和团队应当严格执行变更控制程序。

11.4.1 合同管理

合同管理是确保买卖双方履行合同要求的过程。对于需要多个产品和劳务供应商的大型项目，合同管理的主要方面是管理不同供应商的界面（Interfaces）。执行组织管理合同时要采取一系列行动。合同关系的法律本质性使得执行组织在管理合同时必须准确地理解行动的法律内涵。

合同管理包括对合同关系适用适当的项目管理程序并把这些过程的输出统一到整个项目的管理中。当涉及多个卖方和多种产品时，在各个层次上，总是需要这种统一和协调。

项目管理过程应用在以下几个方面：

（1）项目计划执行（Project Plan Execution）：在适当的时候授权合同方的工作。

（2）执行报告（Performance Reporting）：监控合同方的成本、进度和技术绩效。

（3）质量控制（Quality Control）：检验合同方的产品是否合格。

（4）变更控制（Change Control）：确保变更被正确地批准，以及需要了解情况的人知晓变更的发生。

合同管理还包括资金管理部分（Financial Management Component）。支付条款应在合同中规定。支付条款中，价款的支付应与取得的进展联系在一起。

11.4.2 合同的基本类型

合同的基本类型有固定总价合同、成本补偿合同和单价合同。

（1）固定总价合同：详细定义的产品的固定总价，采购方承担的风险最小。

（2）成本补偿合同：采购方按直接和间接成本向供应方支付合同金额，这种合同采购方要承担一定的风险。

（3）单价合同：采购方向供应方按预定的单位价格进行支付，根据具体合同的内容，采购方承担不同程度的风险。

11.4.3 合同收尾

合同收尾就是按照合同约定，项目组和业主逐项核对，检查是否完成了合同所有的要求，是否可以把项目结束掉，也就是我们通常所说的项目验收。管理收尾是对于内部来说的，把做好的项目文档等归档，对外宣称项目已经结束，转入维护期，把相关的产品说明转到维护组，同时进行经验教训总结。管理收尾与合同收尾的区别如表 11-4 所示。

表 11-4 管理收尾与合同收尾对比表

知识领域	过程	输出
沟通	管理收尾	项目档案
		正式验收
		吸取的教训
采购	合同收尾	合同文件
		正式验收和收尾

合同收尾（Contract Close-out）中的一个内容就是进行产品审核，以验证所有工作是否被正确地、令人满意地完成。另外一个内容是更新反映最终成果的记录和归档将来会用到的信息的管理活动。合同条款也可以为合同收尾规定特定的程序。提前终止合同是合同收尾的特殊情形。合同收尾的过程如图 11-5 所示。

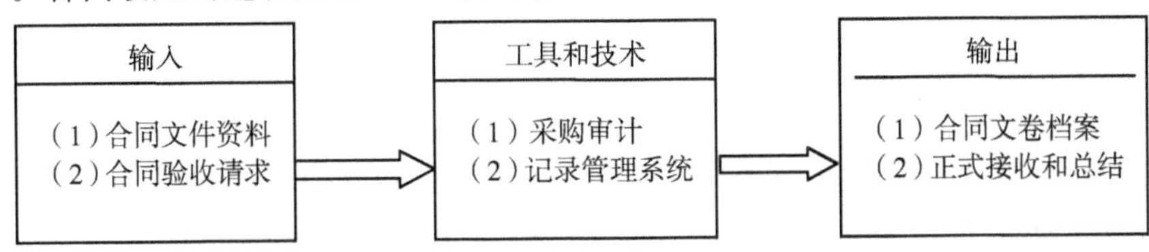

图 11-5　合同收尾的过程

成功的软件项目收尾具有以下特征：

（1）项目通过正式验收。

（2）项目资金落实到位。

（3）项目总结认真。

（4）客户关系保持良好。

（5）为持续发展打下坚实基础。

促使软件项目成功收尾的方法和策略如下：

（1）客户的沟通。

（2）需求变更处理的方法。

（3）公司领导的大力支持。

（4）不失时机地召开庆功座谈会。

有助于软件项目收尾成功的因素如表 11-5 所示。

表 11-5　有助于软件项目收尾成功的因素

内　　容	关　键　词
项目经理的协调	协调
充分有效的客户交流	交流
用户的理解	理解
公司领导的支持	支持
项目组成员的总结	总结

11.5　软件项目的采购

1. 软件产品采购分类

软件产品的采购可以分为两大类：

（1）已经在市场流通的软件产品。

（2）根据需求定制的软件产品。

由于 IT 项目的实施涉及企业的方方面面，其深度和广度与企业的发展战略和应用环境密切相关。管理学大师彼得·德鲁克曾说：“任何企业中仅做后台支持而不创造营业额的工作都应该外包出去，任何不提供向高级发展机会的活动与业务也应该采取外包形式。企业的最终目的不外乎是最优化地利用已有的生产、管理与财务资源。”

组织应该对 IT 项目采购的核心部分——软件项目的采购予以高度的重视，明确地对采购的项目和产品进行分类，以指导项目的采购与管理。

2. **软件项目采购的问题与对策**

软件项目采购与外包中通常存在以下问题：

（1）软件项目的采购与外包管理工作尚未形成完备的管理体制和标准。

（2）软件产品作为一种特殊的产品，具有高度的不可测量性和可变性。

（3）软件企业的运作方式差别很大，人为因素比重大，很难进行量化管理。

（4）由于不确定因素太多，许多软件开发企业难以精确控制项目进度、质量、成本和资源。

（5）采购方与供应方的信息严重不对称。

（6）定制开发的外包软件不能达到企业的要求时，采购方往往会在第一时间把责任推给外包商。

但实际经验告诉人们，很多定制产品失败的原因如下：

（1）采购方对需求不明确，没有确定软件产品范围。

（2）没有做出适当的项目开发与运行环境的评估。

（3）没有认真地审定开发方提交的系统规格说明。

（4）没有制订软件产品的质量标准和系统验收标准与流程。

（5）没有有效的监督项目的开发进度，没有及时地与软件开发商进行沟通与协调。

（6）未在决定软件外包时处理好双方的合作模式与监督机制。

解决软件项目采购问题的建议如下：

（1）要更加关注项目采购与外包的范围、质量与进度。

（2）选择适合的开发商，并不能仅仅以价格来做最终决定。

（3）除了管理自己内部的技术人员和用户群体外，更要关注开发商的开发团队，特别是项目组开发人员。

（4）设立一位项目负责人或项目经理，来负责项目的采购与外包管理。

（5）采购方项目经理的一项首要任务是编制一个详细的、完整的采购项目计划，在计划中应该列出每一项工作，以及需要哪方面的哪些人来共同执行。

案例 22　失败的询价采购

某单位对一套硬件防火墙系统进行询价，品牌定为“金城”（化名），采购预算为 8 万元，询价如期进行，在询价截止时间前共有 5 家供应商前来参加，主持人宣布询价活动开始，采购人代表重申了项目配置、质量要求、服务、付款方式等有关要求，有供应商提出此次采购的防火墙已被控货，价格下不来，正常成本仅为 5 万元左右，但是他们打听的价格却在 10 万元以上。供应商进入报价阶段，突然 A 公司来访，想参加这次询价，采购方感到很奇怪，并未向 A 公司发出询价邀请，A 公司为何消息灵通，不请自到？是受人指使，还是另有所图？采购方感到可能有问题，决定暂停询价。

询价刚刚停止，自称是“金城”厂家的供应商B已找上门来，请求采购其产品，价格好“商量”。原来B在后台操控着此次询价活动，指使A公司来“陪标”，凑足数量，防止不达3家，可见B对政府采购还挺有研究。采购人称“金城”防火墙的价格居高不下，下一步准备采取多品牌询价方式，“金城”可以参与。

以上案例在询价采购中并不鲜见，定牌采购、信息封锁、邀请对象过少是不速之客出现的真正原因，也是询价采购中的症结所在。

（1）定牌询价现象十分普遍。定牌询价是询价采购中的最大弊病，并由此带来操控市场价格和货源等一系列连锁反应，指定品牌询价，给供应商一种非买不可的感觉，供应商之间的竞争表现为虚假性，并未形成品牌之间的实质对抗，采购人难以享受到低价优惠，定牌采购中最低报价的供应商仍然有巨额利润空间。

在询价采购中，定项目定配置定质量定服务而不定品牌，真正引入品牌竞争，将沉重打击陪询串标行为，让“木偶型”不速之客绝迹于询价采购活动。

（2）询价信息公开的范围过窄。从财政部指定的政府采购信息发布媒体上很难发现询价信息，很多询价项目信息不公开，不但外地供应商无从知晓相关的采购信息，而且当地的供应商也会遭遇信息失灵，为暗箱操作提供了极大便利。

因此，要最大程度地公开询价信息。参照公开招标做法，金额较大或技术复杂的询价项目，其采购信息也应在省级、中央级媒体上发布，最起码应当在地级市的党报、采购网、电视台发布，信息发布要保证时效性，让供应商有足够的响应时间，询价结果也应及时公布。通过公开信息从源头上减少“消息迟滞型”不速之客现象的出现。

（3）邀请询价的供应商数量偏少。法律规定从符合相应资格条件的供应商名单中确定不少于三家的供应商，一些采购人和代理机构怕麻烦不愿意邀请过多的供应商，只执行法律规定的下限。被询价对象应由询价小组确定，但是往往被采购人或代理机构代劳，在确定询价对象时会凭个人好恶取舍，主观性较大。询价供应商数量少，导致竞争不够激烈，使询价流于形式，走过场。

因此，要更多地邀请符合条件的供应商参加询价。被询价对象的数量不能仅满足3家的要求，力求让更多的符合条件的供应商参加到询价活动中来，以增加询价竞争的激烈程度。推行网上询价、传真报价、电话询价等多种询价方式，让路途较远不便亲自来现场的供应商也能参加询价。

（4）面对询价采购中的不速之客决不能贸然行事，断然拒绝、随意准入均不可取，询价小组可决定暂时停止询价，深入反思询价前的各项准备工作是否做得很到位，并认真地展开调查，掌握真实情况，慎重处理。如遇到“木偶型”不速之客，纯粹为陪标而来，询价采购方必须中止询价，报监管部门处理。如遇到“消息迟滞型”不速之客，在排除陪标可能后，若询价截止时间未到，可根据具体情况让其参加；若询价截止时间已到，则不得参加。

案例23　供应商协议管理规范

封面（略）

修订履历（略）

目录（略）

1 目的

规范软件采购过程，选择正确的供应商，保证供应商提供符合要求的产品、组件或服务，降低软件项目的风险。

2 范围

有采购（外包和外购）需求的项目，包括交付给客户的产品和组件及软件推广、维护服务，不交付给客户的开发工具和测试环境等。

注意：外包和外购的主要区别在于外购指可直接通过供应商从市场上购买，所有权仍属于供应商；而外包无法直接从市场上买到，根据合约一般所有权归本公司。

3 角色与职责

3.1 软件项目组（包括项目经理）

—计划采购。

—选择软件供应商。

—计划采购项目监控、验收及转移。

—帮助商务人员起草协议。

—按照计划监督供应商进展和产品质量，组织阶段性状态评审。

—对供应商提交的产品组织技术评审。

—组织验收。

—负责整合供应商提交的产品。

—对供应商进行评价。

3.2 商务人员

—起草外包（外购）协议并签订。

—每月了解项目进展，分阶段付款。

3.3 软件供应商

—提交技术方案及项目计划。

—定期提交状态报告。

—按计划执行人物并提交阶段性产物。

—参与阶段性状态评审与技术评审。

—项目管理委员会

—维护软件供应商库。

—选择供应商。

3.5 项目管理委员会

—选择供应商。

4 进入准则

项目需要进行产品、组件或服务的外包和外购。

5 任务

序号	任务名称	角色	任务描述	输入	输出	参考规范及指南
1	计划采购	软件项目组	（1）项目过程中如有下列情况项目组可考虑从外部获取产品、组件或服务： 技术难度比较高，公司无法开发；公司没有相应的经验，而市场上又有较成熟的产品 从成本上考虑外部获取或执行更经济 （2）项目组制订采购管理计划，明确采购过程中项目组需要完成的任务。如果采购的对象或服务只是软件项目组所在项目的范围的一部分，该采购管理计划的所有任务应纳入所在软件项目的项目计划中 （3）明确要采购的对象和供应商要完成的任务内容、要求及采购方式，注意要考虑整个产品生命周期需提供的服务，不仅仅是本项目。例如，供应商需提供的培训，技术支持及售后服务等。填写软件外购（外包）报告	软件采购项目进度计划	软件外包（外购）报告	/
2	选择供应商	公司高层 项目管理委员会 软件项目组 商务人员	供应商的选择可由公司高层、项目管理委员会或项目组执行。选择者从软件供应商列表或其他途径收集合适的供应商资源 如果由公司高层或项目管理委员会选择供应商，项目组须向公司高层或项目管理委员会提供决策支持，例如系统功能要求、项目管理要求等 根据供应商选择准则对供应商进行评价，最后根据评价结果选择合适的供应商，并分析可能的风险。具体的决策过程见决策分析与决定规范，决策的结果由软件项目组记录进软件外购（外包）报告 如果是软件外包，对于供应商的选择，无论是多个供应商还是只有一个供应商，都应进行决策分析 在对外包供应商提供的项目计划进行审核时，如果项目周期超过3个月且风险较大的项目建议采取迭代式开发方式	/	软件外包（外购）报告 决策分析报告	决策分析与决定规范
		供应商	提供技术方案、项目计划、报价资料等			
3	计划监控、验收及转移	软件项目组	在供应商选定后，根据供应商提供的项目计划制订更详细的采购管理计划：采购监控计划、验收计划及转移计划 与供应商就项目管理方式、验收过程、验收标准取得一致	软件采购项目进度计划	软件外包（外购）报告	/

续表

序号	任务名称	角色	任务描述	输入	输出	参考规范及指南
4	签订协议书	软件项目组	软件项目组在确定了供应商之后，通知商务部门起草软件外购（外包）协议 软件项目组填写协议中“项目主要内容与技术经济效果”、“项目实施计划、进度、期限、地点”、“甲方承担的工作内容与责任”、“乙方承担的工作内容与责任”、“验收标准与方法”的内容。在“乙方承担的工作内容与责任”中要注意超出本项目周期的技术支持及售后服务等任务的要求，说明服务的内容、期限及服务的响应时间等 注意：如果是外包，项目管理的相关内容应分别明确在“甲方承担的工作内容及责任”与“乙方承担的工作内容及责任”中，明确乙方阶段性提交可交付成果的要求	/	软件外包（外购）协议	/
		商务人员	商务部门提供最新的协议范本 填写协议中其他条款 在总经理确认后同供应商最终签订协议			
5	执行协议	供应商	按照协议中计划按阶段提供相关产物或进行相关服务 按照要求定期提交状态报告 按阶段参与相关技术评审、状态评审	/	外包（外购）项目状态报告	/
		软件项目组	按照监控计划监督供应商项目状态，根据供应商提交的状态报告项目经理在Alesh系统上提交项目状态报告(参考项目执行与监控规范) 按阶段组织工作产品验收	/	软件外包（外购）报告	项目执行与监控规范 软件开发过程规范
		商务人员	阶段付款前向项目经理了解项目进展 按照进度付款，付款之前必须由项目经理签字确认项目进度	/	外包（外购）项目进度确认书	
6	验收	软件项目组	软件项目组按照验收计划组织对采购的产品、组件或服务进行验收。具体验收过程请根据项目类型参考相应工程过程规范（软件开发过程规范、软件推广过程规范、软件维护过程规范）。 验收中发现的问题由项目经理做出判断后按照以下方式处理： 1)轻微的缺陷要求供应商给出改正方案限期改正； 2)严重的缺陷除要求供应商给出改正方案外还须约定下次验收的时间； 3)若给公司带来损失则依据协议中的违约处理要求供应商赔偿	/	软件外包（外购）报告	软件开发过程规范、 软件推广过程规范、 软件维护过程规范

续表

序号	任务名称	角色	任　务　描　述	输入	输出	参考规范及指南
7	整合进项目	软件项目组	如果采购的对象或服务只是软件项目组所在项目的范围的一部分，在验收合格后，将采购得到的产品、组件或服务整合到现行项目中去	/	/	/
8	结束外包(外购)	软件项目组	对该软件供应商进行总体评价并提交项目管理委员会	/	软件外包(外购)报告	/
		项目管理委员会	维护公司软件供应商库	/	软件供应商列表	/

知识拓展——IT 外包服务

IT 外包服务（IT Outsourcing Managed Service）就是把企业和个人的信息化建设工作交给专业化服务公司来做。

IT 外包服务流程随着 IT 技术和管理思想的不断成熟和发展，IT 外包的概念逐渐在企业的视野占据一席之地。IT 外包服务市场增长速度远高于中国 IT 整体市场增速，中国 IT 外包服务市场将以 28.5%的年均复合增长率（CAGR）快速增长，仍将处于市场规模快速扩张阶段。到 2012 年，中国 IT 外包服务整体市场规模将达到 438 亿元左右。

20 世纪 90 年代管理哲学领域发生了一个重要的变化：为了提高市场渗透力并增强竞争力，组织开始将重点集中于自己的核心业务。为了有效地竞争，企业应该关注：什么是自己做得最好的，以及什么可以增加自身价值。最明显的例子就是大量的软件公司在保留软件的设计、规划、营销功能的同时，将编码（Coding）工作转移给海外（Offshore）的发展中国家或地区，尤其是印度、中国台湾等地的公司。

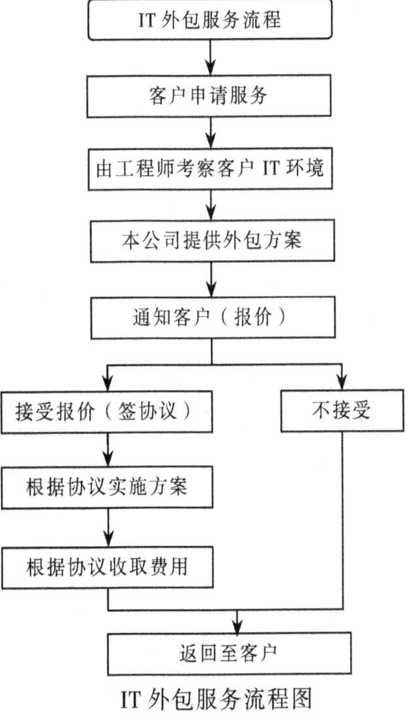

IT 外包服务流程图

最初，外包需要对核心能力概念的理解。核心能力是企业可以真正将自身区别于其他竞争者的能力，也是企业赖以获得现在和未来成功的能力。在客户看来，核心能力也是给组织提供清晰领导地位的能力。关于外包有很多鲜活而生动的例子，比如 21 世纪初的爱立信公司，当时作为全球第三大手机生产商，在经历一系列业务阵痛后，决定将手机制造业务外包，保留产品设计、营销等功能作为自己的核心业务。时至今日，爱立信公司又通过和 SONY 合作等手段，重新确立了自己的市场地位。

其他所有的活动都是"非核心"的，经理人可以思考：自己的公司在进行这些活动时是否是出类拔萃的。如果不是，公司就开始研究怎样外包这些业务可以使公司能够以更低的成本，为客户提供更大的价值。

小　结

项目采购是指从执行组织外部购买或获得完成工作所需的产品、服务或成果。项目外包是指将项目中的工作内容转移给别的项目团队或个人来完成。采购方进行 IT 项目的采购与外包有利于专注核心业务、得到技能和技术、降低费用和提高经营的灵活性。

项目采购包括采购规划、发包规划、询价、供方选择、合同管理和合同收尾等 6 个过程。合同管理包括合同的最终形成与签署、监督合同的执行、合同的修改。软件项目的外包需要选择适合的开发商，建立良好的沟通渠道和监控机制。

习题与思考

1. 简述项目的采购与采购管理定义。
2. 项目采购管理的过程包括哪几个步骤？
3. 什么是项目采购计划？
4. 询价计划包括________、________、________。
5. 简述询价的过程。
6. “供方选择”这个阶段的主要工作内容是什么？
7. 下列________标书将被拒绝。
   A. 超过截止递标时间交来的　　B. 以可调整的价格提交的
   C. 晚于交货时间范围供货的　　D. 没有随附投标保证金的
   E. 计算有错误，又不按时对其进行允许范围内更正
   F. 投标有效期比招标文件规定短的标书
   G. 投标人试图对买方的评标、比较或授予合同的决定进行影响
8. 在批准付最后一批合同款之前，卖方必须执行________管理任务。
   A. 准备合同完成报告　　B. 审计采购过程
   C. 合同记录更新与归档　　D. 付分包合同
9. 在某些情况下，合同终止是指________。
   A. 双方协议的合同收尾　　B. 发货后合同收尾
   C. 以取得成功的绩效为标志的合同收尾　　D. 收到最后付款的证明
10. 一旦签署了，合同就具有法律约束力，除非________。
    A. 一方不愿意履行
    B. 一方没有能力为其承担的工作提供资金
    C. 它违反了所适用的法律
    D. 有一方宣布其无效

11. 有了一份清晰的工作说明，承包商按照规定完成了工作，不过买方对结果不太满意。你认为合同________。

A. 是不完整的，因为买方不满意

B. 是不完整的，因为规范不正确

C. 是完整的，因为承包商很满意

D. 是完整的，因为承包商满足了合同的条款和条件

第12章 项目收尾管理

收尾管理工作是使一个项目圆满成功的重要管理手段，项目完成后，与客户一道进行总结是十分必要的，一方面可以及时了解客户对项目工作的满意程度，同时及时签署相关文件；另一方面对项目中的工作记录需要收集、整理和保存，做好文件记录的移交工作。收尾管理为项目最终收尾提供最基本的数据，只有收尾管理提供的数据越真实、越准确，才能在项目最终收尾时客观地评定项目的最终绩效，总结出有借鉴价值的经验教训。

12.1 项目收尾工作过程

项目收尾工作过程（Project Closing Process）是项目管理过程的最后阶段，当项目的阶段目标或最终目标已经实现（或者项目的目标不可能，也不需要实现）时，项目就进入了收尾工作过程。只有通过收尾工作，项目才能正式投入使用。当客户批准了项目团队提交的最终可交付成果时，就可以开始项目收尾工作。对于非正常收尾项目，可依据项目的实际情况采用更灵活的方式进行收尾。所谓非正常收尾，即某些项目只有商务操作，没有部署和试运行；某些项目由于多种原因中途停止；某些项目回款达到一定的比例，开发已经结束，不需进一步投入资源进行验收等。

1. 项目终止

项目终止的原因如下：

（1）项目目标已经成功地实现。

（2）项目目标已经不可能实现。

（3）项目组织发生重大变化，迫使项目无法继续开展。

（4）项目被迫无限期地延长。

（5）项目目标与组织的目标已经不一致。

（6）项目不再具有实际应用价值，不需要继续进行下去。

项目终止的方式如下：

（1）绝对式终止（Termination by Extinction），又称恐龙式终止。

特点：项目一旦终止，与项目有关的所有实质性活动都将停止，但是大量的管理活动仍在进行。绝对式终止适用于下列情况：

- 项目目标已经成功地实现，如新产品已交付使用。
- 项目实施不成功或者项目被替代，如新产品达不到预期的功能。
- 项目的外部环境发生变化，迫使项目终止。

（2）内含式终止（Termination by Addition），又称附加式终止。它是指项目终止时项目团队被发展成为公司或组织的一个组成部分，即“附加”给公司或组织。

内含式终止适用范围：采取这种终止方式的项目一般都是公司内部的项目，而且都是一些成功的项目。

（3）整合式终止（Termination by Integration），又称集成式终止。它是指当项目终止时，项目的结果被转化为公司或客户运营系统的一个有机组成部分，与公司或客户现有的系统完全融合在一起。

整合式终止适用范围：整合式终止方式多为成功的项目所采用，可以是公司内部的项目，也可以是客户的项目。

（4）自然式终止（Termination by Starvation），又称自灭式终止。自然式终止是一个逐渐终止的过程，一般通过缩减预算来逐渐终止项目。

自然式终止适用范围：多属于不成功的或不能继续实施的项目。项目在实质上已经终止，但项目作为合法的实体仍然存在，待时机成熟，项目仍可继续。

2. **项目收尾**

根据 PMI（美国项目管理协会）的概念，项目收尾包括合同收尾和管理收尾两部分。合同收尾就是按照合同约定，项目组和业主逐项核对，检查是否完成了合同所有的要求，是否可以把项目结束掉，也就是我们通常所说的项目验收。管理收尾是对于内部来说的，把做好的项目文档等归档，对外宣称项目已经结束，转入维护期，把相关的产品说明转到维护组，同时进行经验教训总结。项目收尾管理的目的是项目回款的必要准备，也是项目成功的必要条件和过程。用户的成功验收，是将项目组的劳动转化成商业效益的关键一步。并且良好的收尾将会大大降低项目的维护成本。项目收尾其实是项目整体管理的一部分。

许多软件项目在尚未完成之前就被取消了，但项目收尾仍然是重要的，因为通过项目收尾可以总结出经验教训，能够改进未来的项目。

在项目收尾阶段须完成以下工作：

（1）文档整理。

（2）测试与验收。

（3）项目评估。

（4）项目移交。

（5）培训与售后服务。

12.2　文档整理

在项目开发过程中会发生大量的文档，这是项目十分宝贵的资源。进入项目收尾阶段，需要认真的整理，一方面是项目移交、评估和结算的基础，同时也是产品维护升级的重要依据，还是企业持续发展的原始积累。对项目的验收除了对产品本身进行测试验收外，项目所产生的文档作为项目的提交成果，也是项目验收的重要内容。如果是软件产品，根据《计算机软件产品开发文件编制指南》（GB 8567—88）中主要软件文档，应该按要求整理提

交13种文档，文档编制要求具有针对性、精确性、清晰性、完整性、灵活性、可追溯性。

（1）可行性分析报告：说明该软件开发项目的实现在技术上、经济上和社会因素上的可行性，评述为了合理地达到开发目标可供选择的各种可能实施方案，说明并论证所选定实施方案的理由。

（2）项目开发计划：为软件项目实施方案制订出具体计划，应该包括各部分工作的负责人员、开发的进度、开发经费的预算、所需的硬件及软件资源等。

（3）软件需求说明书（软件规格说明书）：对所开发软件的功能、性能、用户界面及运行环境等做出详细的说明。它是在用户与开发人员双方对软件需求取得共同理解并达成协议的条件下编写的，也是实施开发工作的基础。该说明书应给出数据逻辑和数据采集的各项要求，为生成和维护系统数据文件做好准备。

（4）概要设计说明书：该说明书是概要实际阶段的工作成果，它应说明功能分配、模块划分、程序的总体结构、输入/输出以及接口设计、运行设计、数据结构设计和出错处理设计等，为详细设计提供基础。

（5）详细设计说明书：着重描述每一模块是怎样实现的，包括实现算法、逻辑流程等。

（6）用户操作手册：本手册详细描述软件的功能、性能和用户界面，使用户对如何使用该软件得到具体的了解，为操作人员提供该软件各种运行情况的有关知识，特别是操作方法的具体细节。

（7）测试计划：为做好集成测试和验收测试，需为如何组织测试制订实施计划。计划应包括测试的内容、进度、条件、人员、测试用例的选取原则、测试结果允许的偏差范围等。

（8）测试分析报告：测试工作完成以后，应提交测试计划执行情况的说明，对测试结果加以分析，并提出测试的结论意见。

（9）开发进度月报：该月报系软件人员按月向管理部门提交的项目进展情况报告，报告应包括进度计划与实际执行情况的比较、阶段成果、遇到的问题和解决的办法以及下个月的打算等。

（10）项目开发总结报告：软件项目开发完成以后，应与项目实施计划对照，总结实际执行的情况，如进度、成果、资源利用、成本和投入的人力，此外，还需对开发工作做出评价，总结出经验和教训。

（11）软件维护手册：主要包括软件系统说明、程序模块说明、操作环境、支持软件的说明、维护过程的说明，便于软件的维护。

（12）软件问题报告：指出软件问题的登记情况，如日期、发现人、状态、问题所属模块等，为软件修改提供准备文档。

（13）软件修改报告：软件产品投入运行以后，若发现需对其进行修正、更改等问题，应将存在的问题、修改的考虑以及修改的影响做出详细的描述，提交审批。

整理的文件还包括以下内容：

（1）项目综述（POS）。

（2）备份数据。

（3）项目团队会议的会议记录。

（4）所有状态报告的复制。

（5）所有变更通知的复制。

（6）所有书面沟通的复制。

（7）突出问题报告。

（8）客户验收文档。

（9）项目实施后审计报告。

12.3 测试与验收

对项目所完成的成果进行系统测试是项目验收的重要工作之一。提供完整的系统测试是项目验收的依据。测试是按合同要求检验系统是否确实能提供系统解决方案中指定的功能及性能。项目验收的标准一般包括项目合同书、国际惯例、国际标准、行业标准、国家与企业的相关政策和法规。

对系统测试与验收的过程其实是一个自底向上的回溯过程，每个过程都是具有针对性。对于软、硬件开发项目，对系统测试与验收的过程包括以下内容：

（1）基于程序功能要求的测试与验收。用白盒测试和黑盒测试的方法，对产品的外部特征进行测试与验收，这是软、硬件测试与验收中工作量最大的部分，不仅因为程序数量多，而且需要编写大量的测试用例、驱动程序、桩程序、准备大量的数据来配合测试与验收。

（2）对软、硬件产品进行内部的接口关系以及对业务需求所涉及的各个系统之间的接口配合关系进行测试与验收。

（3）用黑盒方法对业务需求进行测试验收。

（4）测试验收应该对应最初客户确定的包括运行环境在内的业务需求，增加运行环境的因素，先用白盒方法测试软、硬件产品与运行环境的适应性，再用黑盒方法测试包括运行环境因素在内的软、硬件的整体外部特征，进行不同层次的测试。同时由于用户的介入参与，在验收测试中一并测试软、硬件的扩充性、交互性、开放性、稳定性。

从对测试与验收工作内容的分析可以看出，既然测试与验收过程是分析、设计过程的逆向过程，所测试的内容也是分析、设计的结果，所以测试与验收的过程必然要与开发过程密切配合，要对整个过程中的分析、设计的内容有同样深入、细致的理解，需要较多的资源投入。

12.3.1 测试验收的目标及内容

1. 测试验收的目标

（1）确保系统测试验收的活动是按计划进行的。

（2）验证软、硬件产品是否与系统需求用例不相符合或与之矛盾。

（3）建立完善的系统测试缺陷记录跟踪库。

（4）确保软、硬件测试验收活动及其结果及时通知相关小组和个人。

2. 测试验收的流程

测试验收流程如图 12-1 所示。当项目提交的产品完成后，系统测试验收小组就可以提前开始制订测试验收计划和设计测试用例，这样可以提高系统测试验收的效率。

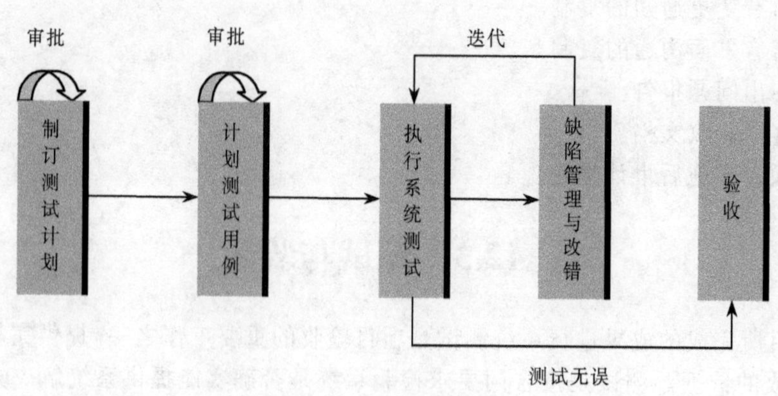

图 12-1　测试验收流程图

测试验收小组的成员主要应来源于：

（1）机构独立的测试验收小组（如果存在）。

（2）邀请其他项目的开发人员参与系统测试验收。

（3）本项目的部分开发人员。

（4）机构的质量保证人员。

3. 测试验收的内容

系统测试验收小组应当根据项目的特征确定测试验收内容。一般情况下，测试验收的主要内容包括：

（1）功能测试验收，即测试软、硬件系统的功能是否正确，其依据是需求文档，如《产品需求规格说明书》。由于正确性是软、硬件最重要的质量因素，所以功能测试验收必不可少。

（2）稳定性测试验收，即测试软、硬件系统在异常情况下能否正常运行的能力。稳定性有两层含义：一是容错能力，二是恢复能力。

（3）性能测试，即测试软、硬件系统处理事务的速度，一是为了检验性能是否符合需求，二是为了得到某些性能数据供人们参考。

（4）用户界面测试，重点是测试验收软、硬件系统的易用性和视觉效果等。

（5）安全性测试验收，是指测试软、硬件系统防止非法入侵或防各种干扰的能力。

项目测试验收过程所产生的主要文档有《系统测试验收计划》、《系统测试验收用例》、《系统测试验收报告》、《缺陷管理报告》等。

12.3.2　系统测试验收的规程

1. 目的

对项目最终软、硬件产品进行全面的测试与验收，确保最终软、硬件系统满足产品需求并遵循系统设计。

2. 角色与职责

项目经理组建系统测试小组，并指定一名成员任测试组长。系统测试验收小组各成员共同制订测试计划、设计测试用例、执行测试，并撰写相应的文档。测试验收组长管理上述事务。开发人员及时消除测试验收人员发现的缺陷。

3. **启动准则**

产品需求和系统设计文档完成之后。

4. **输入**

产品需求和系统设计文档，各种测试数据、用例。

5. **主要步骤**

（1）制订系统测试验收计划。系统测试验收小组各成员共同协商测试计划。测试组长按照指定的模板起草《系统测试验收计划》。该计划主要包括测试范围、内容、测试方法、测试环境与辅助工具、测试完成准则、人员与任务表、验收小组（或委员会）审批《系统测试验收计划》。

（2）设计系统测试验收用例。测试验收组长邀请开发人员和同行专家，依据《系统测试验收计划》和指定的模板，审定测试人员设计（撰写）《系统测试验收用例》。

（3）执行系统测试验收。系统测试验收小组各成员依据《系统测试计划》和《系统测试验收用例》执行系统测试验收。将测试结果记录在《系统测试报告》中，用"缺陷管理工具"来管理所发现的缺陷，并及时通报给开发人员。

（4）缺陷管理与改错。任何人发现软、硬件系统中的缺陷时都必须使用"缺陷管理"。该管理将记录所有缺陷的状态信息，并产生《缺陷管理报告》。开发人员及时消除已经发现的缺陷。开发人员消除缺陷之后应当马上进行回归测试，以确保不会引入新的缺陷。

6. **输出**

消除了缺陷的最终软、硬件系统、系统测试用例、系统测试验收报告、缺陷管理报告。

7. **结束准则**

对于非严格系统可以采用"基于测试用例"的准则：

（1）功能性测试用例通过率达到 100%。

（2）非功能性测试用例通过率达到 80%时。

（3）对于严格系统，应当补充"基于缺陷密度"的规则。

（4）相邻 n 个 CPU 小时内"测试期缺陷密度"全部低于某个值 m。例如 $n>10$，$m\leqslant 1$。

8. **度量**

测试人员和开发人员统计测试和改错的工作量，文档的规模，以及缺陷的个数与类型，并将此度量数据汇报给项目经理。

12.3.3 系统测试验收的过程

（1）项目负责人将情况通报给测试验收组长，测试验收组长指定测试工程师对该项目进行系统测试跟进和执行。

（2）测试工程师将所有收集到的测试需求汇总，并根据测试需求定义测试策略，并进行工作量估计。

（3）测试验收组长根据项目的测试情况，进行总体测试工作任务分派。

（4）测试工程师根据《系统测试验收计划》中的测试环境要求搭建测试环境。特别技术的要求需要项目组及其他相关职能部门的配合。

（5）测试工程师检查测试执行入口条件，并获取测试版本，执行系统测试并记录测试结果。

（6）测试工程师对整个系统测试过程进行总结和评价，形成《软件缺陷清单》、《系统测试验收评估摘要》《系统测试验收总结报告》，并将系统测试过程的文档报送给项目组和测试验收组长。

（7）若根据系统测试结果，产品得以批准通过，系统测试工程师进行环境初始化后，系统测试验收结束。

12.3.4 项目验收

项目验收要对项目外部交付产品（设备、图样、设计文件、数据、程序等），对项目团队的上级部门提交的内部交付物（会议记录、检查表、各类记录等）进行清点验收。

（1）项目验收时关注以下3个方面：

① 要明确项目的起点和终点。

② 要明确项目的最后成果。

③ 要明确各子项目的成果的标志。

（2）项目验收的标准，一般包括项目合同书、国际惯例、国际标准、行业标准、国家与企业的相关政策和法规。

（3）项目验收的依据如下：

① 工作成果（项目验收的重点）。

② 成果说明（如项目验收文档、相关技术文件、图纸等）。

（4）项目验收程序如下：

① 做好项目的收尾工作。

② 准备验收材料，包括要验收的项目产品和文件资料。

③ 项目团队负责项目产品的试运行，进行自检并提交验收申请。办理好项目产品的验收手续。

④ 验收工作组检查验收材料。

⑤ 对项目的完成情况进行初审。

⑥ 正式验收。

⑦ 签订验收鉴定书。

⑧ 做好项目验收后的文件归档。

12.4 项 目 评 估

项目评估是指对已经完成的项目的目的、实施过程、效益、作用、影响和持续性所进行的系统的客观的分析。通过对项目的评估，确定投资预期的目标是否达到，项目或规划是否合理有效，项目的主要效益指标是否实现，通过分析评价总结经验教训，并通过及时有效的信息反馈，为未来项目的决策和提高与完善投资决策管理水平提出建议，同时也为被评项目实施运营中出现的问题提出改进建议，从而达到提高投资效益的目的。

项目评估具有现实性、全面性、反馈性、合作性的特点。

项目评估工作是一个搜集大量信息，并对信息进行分析的系统过程。项目评估涉及政治、经济、科技、法律等多个领域，针对不同的评估对象，要采取不同的方法。项目评估方法具有一定的规律性，评估方法与评估对象之间存在一定的对应关系。具体来说，项目评估的许多方法可以归纳为以下 3 种形式：

（1）定性的评估方法，如资料收集法、同行评议，决策者行政指令，回溯分析，市场预测法、经验趋势外推、Delphi 法等。

（2）定量的评估方法，如现金流 NPV 法、GP、AHP、多指标多决策者的 MCDM 模型，指标计算法、指标对比法、各种预测与决策模型等。

（3）定性与定量相结合的方法，即综合集成评估方法。如同行评议与 MCDM 的结合、Delphi 法、AHP 和 GP、因素分析法、统计分析法等相集成的方法。

综合集成评估方法是项目评估方法发展的新趋势，它将定量方法和定性方法有机结合，能较好地满足项目评估时各方的需求，并考虑到诸多因素。综合集成的评估方法比单个评估方法在时间、成本、复杂性等方面提出了更高的要求；同时，也具有更大的适应性，因为它可以将两种以上的方法结合起来，而每种单一方法又可以提供一类分析数据，这为综合分析提供了基础。

12.4.1 项目评估的步骤

项目评估是一项时间性强，涉及面广，内容复杂的工作，因此，在开展项目评估工作时，一定要合理地组织和有计划地进行。项目评估一般分为评估前准备、组织评估小组、制订评估计划、调查收集资料、分析测算和编写评估报告 6 个阶段。

1. 评估前准备

根据签订的合同开展评估前准备活动，主要是熟悉项目情况，分清评估的重点和难点，与业主建立沟通渠道，指定项目负责人和联络人等。

2. 成立评估小组

根据项目的行业特征和繁简程度，由项目经理选择专家组成评估小组。一般包括市场分析人员、负责项目市场分析等评估内容，工程技术人员、负责建设条件、技术设计、工程建设与设备安装、环境保护等评估内容，财务、经济分析人员，负责项目的投资估算、财务分析、资金来源和经济评价等评估内容，其他辅助人员。

3. 制订评估计划

评估小组成立后首先应制订一个详细的项目评估计划，以指导评估工作的正常进行。评估计划包括以下内容：

（1）评估内容。按照项目的特点、性质，提出需要解决的问题，明确评估的目的。

（2）评估重点。根据项目的具体情况，提出评估的重点，如产品市场及发展趋势、原材料供应的保障、投资估算、资金落实情况、工艺技术的先进适用性、主要设备选择的合理性、财务及经济效益等。

（3）资料清单。包括产品市场分析资料、投资估算依据、工艺及技术资料、财务和经济分析的基础数据，项目的有关原材料供应、资金来源，环保等的证明、保函、协议和合同文件资料，调研的地点、部门和内容等。

（4）进度安排。按照业主的要求，制订出各个工作环节的时间和步骤。

4. **调查收集资料**

围绕评估计划和人员分工情况，分头对评估所需的资料和信息进行调查和收集，并加工处理。通常收集的资料有市场资料，包括产品和原材料的供求现状、趋势、价格、来源和销售方向等；可行性研究报告或解决方案、研制报告等文件中的各项原始数据及必要的旁证和补充资料；有关制度、规定、规范和办法等。在调查和收集过程中，应注意数据资料的可靠性、准确性和完整性。

5. **分析测算**

在对调查资料进行加工整理的基础上，对项目进行全面的分析和测算，主要包括市场分析、技术分析、财务分析、不确定性分析和社会评价。同时对项目风险及对策进行评估，主要分析不确定性因素及项目可能出现的各种风险因素，提出规避风险的对策。一般采用盈亏平衡分析、敏感性分析、风险（概率）分析等方法，提出规避风险的对策，以及建议相关部门应采取何种办法来减少风险等。

6. **编写评估报告**

评估报告是对项目评估分析的结果，按照一定的格式和要求形成的文字报告。在报告中应大量运用比较分析的方法，提供有说服力的评估结论。报告要求结构简明、清晰，语言简洁、明确。

12.4.2　项目评估的内容

1. **项目目标评价**

项目目标评价是指对项目目标的实现程序进行评价，对照原计划的主要指标，检查项目的实际情况，找出变化，分析发生改变的原因，并对项目决策的正确性、合理性和实践性进行分析评价。

2. **项目实施过程评价**

项目的实施过程评价是将可行性研究报告或实施方案中所预计的情况和实际执行的过程进行比较和分析，找出差别，分析原因。

项目的实施过程评价主要关心是否在预算的时间和成本的约束下达到客户的满意。

3. **项目影响评价**（检查成功的标准）

项目影响评价包括经济影响评价、环境影响评价、社会影响评价和项目持续性影响评价。

12.4.3　项目评估的级别

项目评估的级别一般分为不合格、合格、良好、优秀。常常根据项目的评估指标和相关条款，采取定量、定性或定量与定性相结合的方法，对项目进行级别评定。

对项目中采用的关键技术也常常给以级别划分，一般分为达到国内先进水平、达到国内领先水平、达到国际先进水平、达到国际领先水平。

12.5 项 目 移 交

工程项目竣工和移交是两个不同的概念。

所谓竣工是针对承包单位而言，它有以下几层含义：

（1）承包单位按合同要求完成了工作内容。

（2）承包单位按质量要求进行了自检。

（3）项目的工期、进度、质量均满足合同的要求。

项目移交则是由监理工程师对项目的质量进行验收之后，协助承包单位与业主进行移交项目所有权的过程。能否移交取决于承包单位所承包的工程项目是否通过了竣工验收。因此，移交是建立在竣工验收基础上的时间过程。项目建成后的所有权属应在合同中有明确的规定。

12.5.1 项目移交层次

1. 承包单位向建设单位的移交

一般是项目竣工并通过监理工程师的竣工验收之后，由监理工程师协助承包单位向建设单位进行项目所有权的移交，即交“钥匙”。

2. 建设单位向承包单位的移交

通常是在建设单位接受竣工的项目并投入使用一年之后，由多方组成验收工作小组在全面检查项目的质量和使用情况之后进行验收，并履行项目移交的手续。即将工程项目的所有权移交给建设单位。

12.5.2 项目移交手续

移交手续应及时办理，以便项目早日投入使用，充分发挥投资效益。在办理项目移交前，施工单位要编制竣工结算书，以此作为向建设单位结算最终拨付的工程价款。而竣工结算书通过相关部门审核、确认并签证后，才能通知银行与施工单位办理工程价款的拨付手续。

竣工结算书的审核，是以工程承包合同、竣工验收单、设备清单和源程序设计代码、施工图纸、设计变更通知书、施工变更记录、材料预算价格、取费标准等为依据，分别对工程量、设备定额、单价、取费标准及费用等进行核对，确定与工程实际是否相符合，所增减的预算费用有无根据、是否合法。

在工程项目移交时，还应将成套的工程技术资料进行分类整理、编目建档后移交给建设单位。同时，施工单位还应将施工中所有的设备按归属进行清理，保证所有的设备良好，并全部予以移交。

移交工作完成后，需填好项目移交表。表格样式如表 12-1 所示。

表 12-1 项目移交表

项目名称			
客户名称			
项目描述			
关键部门和客户人员			
	姓名	电话	E-mail
财务经理			
部门经理			
计划经理			
客户方负责人			
主要用户联系人			
主要技术联系人			
项目初始信息（提交项目管理部门）			
项目开始日期		项目移交日期	
项目收入		项目成本	
已签合同	是□	否□	
合同与协议附在该表　是□　否□			
项目收尾信息（由项目经理提交）			
指标	计划	实际	偏差
项目开始日期			
项目结束日期			
项目收入			
项目成本			
满足合同条款　是□　否□			
用户满意结果			
正式移交协议附与该文件　是□　否□			
与客户完成项目收尾验收　是□　否□			
验收日期			
验收地点			

12.6 培训与售后服务

12.6.1 项目的培训

1. 培训方案

在项目收尾阶段，必须制订用户满意的培训方案，并进行不同层次的培训。一般培训的要素包括培训目标、培训内容及教材、培训对象、培训形式、培训日期和时间、培训场所与设备以及培训方法。培训要素的有机结合构成了完整的培训方案。

根据培训需求确定培训目标，培训目标分为 3 个方面：知识目标、行为目标及结果目标。知识目标是指培训后受训者将知道什么，行为目标是指受训者将在工作中做什么，结果目标是指通过培训要获得的最终结果是什么。

培训内容及教材的设计，基本依据以下 4 个原则：由浅入深循序渐进，根据对象接受能力设置内容和提供教材，联系项目实际现况，理论与案例的生动结合。换言之，可接受性、亲近性和可操作性是规划培训内容及教材的主要要点。

项目验收以后，对项目业主的培训对象可以分为管理类、技术类以及操作维护类，范围则包含了岗位深化培训、技术管理培训、公共基础知识培训、专业管理培训。

2. **培训方法**

培训方法要注意以下几点：

（1）注重知识传授与行为改变相结合。

（2）讲授与让学员自学相结合。

（3）灌输式与互动式相结合。

（4）报告讲座式、交流研讨式与体验式相结合。

（5）集中式与个别辅导相结合。

（6）课件讲述式与多媒体交互式相结合。

培训费用应该作为合同的规定条款，计入项目的总费用。

12.6.2 售后服务

工程项目在竣工验收交付使用后，按照合同和有关的规定，在一定的期限，进入项目的售后服务期，即回访保修期（例如一年左右的时间），在此期间应由项目经理部组织原项目人员主动对交付使用的竣工工程进行回访，听取用户对工程的质量意见，填写质量回访表，报有关技术与生产部门备案处理。

回访一般采用 3 种形式：

（1）季节性回访。发现问题，采取有效措施及时加以解决。

（2）技术性回访。主要了解在工程施工过程中可采用的新材料、新技术、新设备等的技术性能和使用后的效果，发现问题及时加以补救和解决，同时也便于总结经验，获取科学依据，为改进、完善和推广创造条件。

（3）保修期满前的回访。这种回访一般是在保修期即将结束之前进行回访。在保修期内，属于施工单位施工过程中造成的质量问题，要负责维修，不留隐患。设备出现不是人为的故障，必须在约定的时间内排除故障，保证设备的正常运行。

一般施工项目竣工后，各承包单位的工程款保留 5%左右作为保修金，按照合同在保修期满退回承包单位。在保修期内，设备出现非人为的不可修理故障，必须根据合同的规定，由承建方负责解决。如属于设计原因造成的质量问题，在征得甲方和设计单位认可后，协助修补，其费用由设计单位承担。

施工单位在接到用户来访、来信的质量投诉后，应立即组织力量维修，发现影响安全的质量问题应紧急处理。项目经理对于回访中发现的质量问题，应组织有关人员进行分析，制订措施，作为进一步改进和提高质量的依据。对所有的回访和保修都必须予以记录，并提交书面报告，作为技术资料归档。项目经理部还应不定期听取用户对工程质量的意见。对于某些质量纠纷或问题应尽量协商解决，若无法达成统一意见，则由有关仲裁部门负责仲裁。

案例 24　××信息技术有限公司售后服务体系

××信息技术有限公司以高度严谨、认真负责的态度，对所销售的网络安全系列产品进行全方位的售后服务，为广大用户提供优质的服务。

1　产品试运行期服务

××信息技术有限公司销售的产品一般试运行期为 1 个月。在试运行期内提供如下服务：

（1）密切关注产品的运行情况，定期回访（E-mail、电话、传真等）。

（2）如产品发生问题，经上述方式仍不能解决，进行现场服务。

（3）确保有一位技术工程师作为项目负责人，负责产品调试和维护服务。

2　产品保换、保修服务

2.1　对于软件类产品

保换期限：乙方对所提供的软件产品介质实行 1 年免费保换服务。

起始日期：产品到达甲方的确认日期。

在保换期间，发生的产品介质损坏，均在保换范围。但自保换起始之日起，因甲方人为因素造成的产品损坏不在免费更换范围之内。

联系方式：乙方须将具体联络方式提供给甲方。

更换方式：对于本地用户，实行 2 小时内做出响应，24 小时内上门更换；对于异地客户，实行 2 小时内做出响应，1 周内解决问题（视国内快运的具体情况而定）。

乙方对所出售的软件产品介质，在产品的寿命周期内实行终身维护。如果保修期后需要更换的，收取一定的介质费用和运输成本。

2.2　对于硬件类产品

期限：乙方对所提供的硬件产品实行 3 个月保换，1 年保修服务。

起始日期：设备到达甲方的确认日期。

在保换期间，发生的产品损坏，均在保换范围，乙方须予以更换。但自保换起始之日起，因甲方人为因素造成的产品损坏不在免费更换范围之内。

对于本地用户，实行 2 小时内做出响应，24 小时内上门更换：对于异地客户，实行 2 小时内做出响应，一般 1 周内解决问题（视国内快运的具体情况而定）。

在保修范围之内，设备发生故障，乙方须给予维修。乙方须接到甲方通知后 2 小时内做出响应，给予积极解决，30 天内解决问题。如确实且必要更换产品，甲方承担费用负责将原产品运至乙方指定地点。

不在保换范围及保换期限内，产品产生故障后，乙方应该尽快解决，维修周期不得超过 30 天。乙方若确实无法修复，乙方应予以更换与返修产品一致的产品。如果无法提供与返修产品一致的产品，乙方应通知甲方，在征得甲方同意后，提供给甲方替代品进行测试，在不影响整机性能及产品性能下，方可使用替代产品予以更换。费用按照当时的市场报价收取。

3 产品事件库、病毒库及软件版本升级服务

3.1 事件库、病毒库的升级

对于黑客入侵检测与预警系统和网络漏洞扫描系统等产品，为了对最新的入侵方式和漏洞做出反应，需要对事件库进行及时更新。

对于防网络防病毒系统产品，需要及时更新病毒库，以便对最新的病毒进行查杀。

（1）更新期。事件库每月更新一次，病毒库每周更新一次，但以下特殊情况除外：

① 经国家计算机病毒应急处理中心的《最新病毒疫情通告》中发布最新病毒。

② 影响客户所使用的操作系统、应用软件的安全漏洞在特殊情况下，我们将以最快的时间及时通知客户，指导客户升级事件库或病毒库，修补系统漏洞。

（2）升级方式。××信息技术有限公司通过以下方式提供免费的事件库、病毒库的升级服务：

① E-mail。

② 网站下载（www.asdfg.com.cn）。

③ 光盘速递（EMS）。

对于连接 Internet 比较方便的客户，建议从网站上直接下载。对于连接 Internet 有困难的客户，将在第一时间将升级光盘以 EMS 方式寄出。

3.2 软性产品的版本升级

（1）免费升级期限：乙方对所提供的软件产品提供 1 年的免费升级。

（2）免费升级范围：乙方对所提供的软件产品提供 1 年的免费升级。但合同开始生效后，应甲方要求对产品增加或删减功能的，收取响应的费用，如须甲方现场升级的，按第 5 条款原则收取升级费用。

（3）免费升级起始日期：产品到达甲方的确认日期。

（4）升级方式：××信息技术有限公司通过以下方式之一提供升级服务。

① E-mail。

② 网站下载。

③ 光盘速递（EMS）。

对于连接 Internet 比较方便的客户，建议从网站上直接下载。对于连接 Internet 有困难的客户，将在第一时间将升级光盘以 EMS 方式寄出。

在对产品进行升级时，我们的服务支持工程师提供在线指导。若需现场实施升级服务，则按第 5 条款所定原则收取服务费用。一年的免费升级期后，产品升级版本收费视市场情况而定。

4 技术支持及应急服务

4.1 技术支持

4.1.1 技术支持时间

我们承诺 7×24 小时的服务。

正常上班时间：周一至周五 9:00—17:30。

其余时间（包括节假日）：手机热线为 139×××××××。

4.1.2 支持方式

电话支持：010-621×××××-122；800-810-××××。

传真支持：010-621×××××。

接收者：客户服务部。

网站支持：www.asdfg.com.cn。

Mail 支持：super12@163.com。

信函支持：1000341，北京市海淀区中关村×号×信箱，客户服务部收。

现场支持：遇到突发事件和重大技术问题，我们将派技术支持工程师进行现场工作。

收费原则：电话、传真、网络、E-mail、信函等支持方式为免费技术支持；上门现场服务在产品送达一年内免费服务一次，然后每次按每人每天 500 元收取费用。

4.2 扩容服务

我们的各项产品具有优秀的可扩展性，适应客户网络规模的扩展，保护客户前期投资。当客户对网络扩容时，具体产品的扩展方式如下：

（1）黑客入侵检测与预警系统：由于采用层次化控制方式，增加的子控制中心和引擎数量，可以满足对网络扩容的需要。

（2）网络漏洞扫描系统：根据新增加的网络的 IP 范围，更换 License，可以满足对网络扩容的需要。

（3）防网络防病毒系统：由于采用层次化控制方式，增加防客户端的数量，更换 License，可以满足对网络扩容的需要。

（4）个人主机保护系统：由于采用层次化控制方式，增加客户端的数量，可以满足对网络扩容的需要。

采购各软件扩容的单项费用，将不高于前期的相应的单项费用。

4.3 配套软件支持

黑客入侵检测与预警系统、网络扫描系统、防网络防病毒系统和个人主机保护系统采用配套软件是 Windows/9X/XP/Vista、Windows NT 或 Windows 2000。

客户可以选择从我方购买或于其他处购买。客户在使用配套软件的过程中遇到的问题时，我们提供免费在线支持。如果问题是由于配套软件本身的瑕疵所造成的，请向供货商寻求帮助。

因其他软件和硬件原因造成乙方产品故障的，在解决造成故障的原因之后，重新运行乙方产品，需要乙方提供技术支持的，乙方提供免费在线支持，若需现场服务的，按第 5 条款所定原则收取费用。

4.4 响应与应急措施

4.4.1 产品故障解决时限。

产品故障解决时限如下表所示。

产品故障解决时限表

故障级别	解决时限	承诺安排
第一级：重大的系统故障	1～24 小时内	服务主管、技术专项工程师
第二级：严重的系统故障	1～36 小时内	服务主管、技术专项工程师
第三级：一般系统故障	1～48 小时内	技术专项工程师
第四级：某些功能不会使用或操作问题	1～7 天	编写说明书，或交付前进行现场培训
第五级：增加新功能	1～3 个月或不能提供	双方协商

注意：解决时限将视客户距离××信息技术有限公司远近而略有差别。

4.4.2 产品故障级别划分说明

第一级：重大的系统故障。

在运转期间：任何严重产品服务中断，以致影响并中断网络正常服务功能。

第二级：严重系统故障。

在运转期间，且可以短暂容忍的情况下用户服务及维护人员操作。

第三级：一般系统故障。

产品部分主要功能失效，以至影响网络在运转期间，在可以容忍而没有严重影响的情况下，产品部分非主要功能失效，影响网络用户及维护人员操作。

第四级：某些功能不会使用或操作问题。

在运转期间，有某些功能不会使用或者由于操作上的问题造成轻微故障网络用户的业务。

第五级：增加新功能。

提出增加的设备或设备（包括软件）功能的要求不受影响，按第5条款所定原则收取费用。

技术支持流程如右图所示。

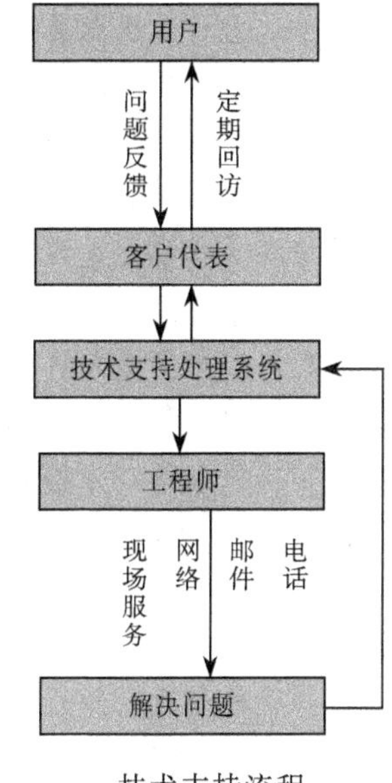

技术支持流程

5 服务收费标准

（1）产品版本升级：对于各种网络安全产品新发布的版本收取产品升级费用。

（2）现场服务：依据双方合同内容，决定是否免费升级或在免费服务条款之外，需要乙方现场服务的，按2 500元每人/每天的标准收取服务费。北京、上海地区免收交通费，其他地区按实际发生收取交通费。

（3）应急服务：除上述服务条款内容之外的事件（如甲方人为因素造成的软、硬件不能工作，非乙方负责的工作等），但甲方需要乙方服务的，按2 500元每人/每天收取服务费，交通费由甲方承担。

知识拓展——企业知识管理与学习型组织

1. 知识管理

知识管理是企业通过有计划、有目的地构建企业内部知识网络进行内部学习、构建企业外部知识网络进行外部学习，有效地实现显性知识和隐性知识的互相转换，并在转换过程中创造、运用、积累和扩散知识，从而最终提高企业的学习能力、应变能力和创新能力的系统过程。

知识管理的激励机制主要由知识运行、知识明晰、知识绩效和知识奖惩等机制组成。

知识运行机制的主要作用是促进知识创新、更新与应用；知识明晰机制要将企业知识管理目标和员工的知识成果明晰化，知识绩效机制的作用是对员工申报的知识管理成果进行审查和评定，确定其业绩和效果；知识奖惩机制将员工的绩效具体化为员工愿意接受的收益，并对不能实现企业知识管理目标的员工进行处罚。

进行知识管理的基础设施建设，主要是指建设知识信息管理系统，它是企业实施知识管理的支撑。

知识管理信息系统由3个层次组成：最底层是计算机网络和知识库层，用于知识的存储和共享，为计算机服务层提供服务；第二层是计算机服务层（系统软件层），属于管理平台，用于支持不同部门的管理需求；第三层是应用软件层，基于第二层管理平台的二次开发软件，属于应用平台，用于面向用户具体知识的分类、传播、共享和应用。

内部学习的主导方式是行为学习，不是常规学习。行为学习是以学习者为中心由学习者、传授者在工作现场通过实时互动方式，主动吸纳随时能被验证和运用于工作实践的具有不确定内容和形式知识的过程，通过行为学习方式获得的大多是不能通过语言、文字、符号等媒介进行交流的隐性知识。

企业通过构建外部知识网络进行外部学习的方式主要有：向战略伙伴学习，向竞争对手学习，向供应商、分销商、客户学习，通过资料学习，通过培训学习。

对企业的知识流程进行重组的目的是使企业的知识资源更加合理地在知识链上形成畅通无阻的知识流，让每个员工在获取与业务有关知识的同时，都能为企业贡献自己的知识、经验和专长。一个企业的知识链通常包括知识的识别、知识的获取、知识的开发、知识的分解、知识的储存、知识的传递、知识的共享以及知识产生价值的评价等环节。

2. **学习型组织**

学习型组织是指在共同愿景的导引下，通过培养弥漫于整个组织的学习气氛，充分发挥员工的创造性思维能力而建立起来的具有持续学习的能力的组织。

特征：组织成员拥有一个共同的理想境界；组织是由多个创造性个体组成的团队（团队是最基本的学习单位）；不断学习（学习型组织的本质特征）；自主管理；领导者的新角色（设计组织发展的基本理念）；建立知识联盟。

建立学习型组织的意义：可以有效地获取知识资本；是适应激烈竞争环境的前提；是组织生存和发展的前提和基础。

不断学习的含义是终身学习、全员学习、全过程学习、团体学习。

构建学习型组织的方法是（进行五项修炼）自我超载、改善心智模式、建立共同愿景、团队学习、系统思考。

自我超载：学习型组织的精神基础。组织内的每一个成员集中精力，培养耐心，全身心投入，不断突破个人能力的极限。

其要旨是组织中的个人要学会如何在生命中产生和延续创造性能力。

其含义是弄清什么是最重要；不断学习如何更清楚地看清目前的真实情况。

心智模式：人们根深蒂固于心中的对周围世界如何运行的看法，是人们内心深处的思维逻辑。

改善心智模式：反思（放慢思想过程来发觉自己的心智模式如何形成，以及如何影响自己的行为）探询（企业内部个人之间相互了解对方解决问题的各种假设）。

建立共同愿景：远景（企业组织未来发展的目标）、愿望（组织成员的共同愿望）。包括共同目标、价值观、使命三要素。

团队学习：学习型组织最基本的学习形式，是构建学习型组织的基本过程。

系统思考：建立学习型组织最重要的修炼，是五项修炼的核心。系统思考以系统而非片段的方法来观察分析事物。

系统思想在构建学习型组织中具有核心作用：用系统思想的语言和方式可以指导自我超越和修炼；管理者必须学习如何反思他们现有的心智模式，学会用系统的方法改变原来根深蒂固的思维方式，全面地思考问题；系统思考是建立共同愿景的基础；系统思考的工具对于团队学习是至关重要的。

小　结

本章主要介绍了项目收尾阶段的文档整理、测试与验收、评估、项目移交的相关工作过程和内容、规范。同时对 IT 项目收尾后对客户的培训和售后服务提供了一个典型案例。项目收尾阶段的工作十分繁杂，但又非常重要，必须克服头重脚轻，虎头蛇尾，这就要求项目管理人员对验收提交的文档，测试目标、内容、过程进行有效而规范的工作，并对评估及移交的步骤、内容和项目必须提供的服务有充分的认识。

习题与思考

1. 项目终止的原因是什么。
2. 项目终止的方式是什么。
3. 项目收尾包括哪两部分，有何意义。
4. 在项目收尾阶段须完成的工作是什么。
5. 在项目收尾阶段须整理的文档有多少种。
6. 文档编制要求具有________、________、________、________、________、________。
7. 项目验收的标准一般包括什么。
8. 测试验收的目标是什么。
9. 项目测试验收过程所产生的主要文档有哪些。
10. 项目验收的含义及程序。
11. 项目评估的内容与步骤。
12. 项目移交的含义。
13. 项目的培训费用从何而来。
14. 项目在竣工验收交付使用后，按照合同和有关的规定，在一定的期限，进入项目的________；一般施工项目竣工后，各承包单位的工程款保留________左右作为保修金，按照合同在保修期满退回承包单位。

IT 项目管理自测试题

IT 项目管理自测试题 1

课程名称 IT 项目管理　　　　考试时量 100 分钟

题　次	一	二	三	四	合　计
标准分数	20	20	30	30	100

一、单选题（2×10=20）

1. 项目团队在项目结束后解散，这反映出项目的（　　）属性。

　A. 独特性　B. 组织的开放性　C. 时限性　D. 目标的确定性

2. 项目需求分析处于项目生命周期的（　　）阶段。

　A. 第一　B. 第二　C. 第三　D. 第四

3.（　　）是活动持续时间估计常用的方法，它是一种群体技术，集中利用一个群体的知识来获得一种估计。

　A. 专家评估法　B. 类比估算法　C. 模拟法　D. 德尔菲法

4. CPM 中的关键路径不具备以下（　　）特点。

　A. 关键路径上的活动是总时差最小的活动

　B. 关键路径上的任何一个活动的延迟都会导致整个项目完成时间的延迟

　C. 关键路径上的活动总是技术含量最高的活动

　D. 关键路径是项目网络图中耗时最长的路线

5. 增强项目团队凝聚力属于 PMBOK 中 9 大知识领域的（　　）。

　A. 进度管理　B. 资源管理　C. 范围管理　D. 沟通管理

6. 项目成本估算、项目资源计划、项目进度计划的依据都离不开（　　）。

　A. 财务图表　B. 工料清单法　C. WBS　D. OBS

7. 变更控制系统必须包括除了（　　）外的所有内容。

　A. 文书工作　B. 跟踪系统　C. 授权核准的级别　D. 成功谈判的动机

8. 最严重的风险通常出现在（　　）项目生命周期阶段。

　A. 概念形成和计划阶段　B. 计划和执行阶段

　C. 执行和收尾阶段　D. 概念形成和收尾阶段

9. 一旦签署了，合同就具有法律约束力，除非（　　）。

A. 一方不愿意履行　　B. 一方没有能力为其承担的工作提供资金

C. 它违反了所适用的法律　　D. 有一方宣布其无效

10. 在项目队伍会议上，一名队伍成员建议增加工作范围，而该范围超出了项目章程的范围。项目经理指出：项目队伍应该完成所有工作，而且只完成要求的工作。这是（　　）的一个例子。

A. 极权行为　　B. 范围管理　　C. 项目章程　　D. 范围分解

二、多选题（2×10=20）

11. 需要很多谈判技巧的3种项目情形是（　　）。

A. 与职能经理一起，确保项目可以使用资源；向项目队伍成员提供执行绩效评估报告。

B. 制订WBS，确定主进度计划和管理项目变更。

C. 使用分包商，制订项目范围说明书，项目开始后管理变更。

D. 确保上级管理层支持项目，与职能经理一起工作，建立项目队伍。

12. 作为一个项目沟通管理过程，管理收尾是由项目结果核实和归档，客户正式验收项目产品等组成。管理收尾活动产生的输出由（　　）组成。

A. 项目档案，正式验收和教训

B. 变更请求，项目记录和教训

C. 教训，执行绩效报告和变更请求

D. 沟通管理计划，变更请求和项目档案

13. 请判断以下所举的例子中，属于项目的是（　　）。

A. 每天上班　　B. 现有设备改造

C. 同一型号电冰箱的生产　　D. 提高产品质量

14. 项目的成功主要依赖于（　　）。

A. 进度计划、成本控制和项目的质量

B. 客户满意度

C. 定义客户需求时客户的妥协

D. 通过“镀金”超越客户的要求

15. 下列（　　）是项目生命期的一个过程。

A. 计划（Planning）　　B. 启动（Initiating）

C. 收尾（Closing）　　D. 项目可行性研究（Project feasibility study）。

16.（　　）对于许多跨职能部门的活动，（　　）组织结构最有效。

A. 平衡矩阵型　　B. 项目型　　C. 职能型　　D. 强矩阵型

17. 工作分解结构编号系统应该允许项目人员（　　）。

A. 估计工作分解结构要素的成本　　B. 证明项目的合理性

C. 确定具体工作分解结构要素的层次　　D. 用于项目管理软件

18. 自由浮动时间（Free Float）与总浮动时间（Total Float）的区别在于（　　）。

A. 自由浮动时间是总浮动时间中对结束日期没有影响的那部分，而总浮动时间是自由浮动时间的累计值

B. 自由浮动时间只影响紧后活动的最早开始时间

C. 自由浮动时间常常指“时差”，而总浮动时间常常指“浮动时间”

D. 一项活动的自由浮动时间等于关键路径总浮动时间减去该项目活动的总浮动时间

19. 缓解包括通过（　　）进行风险转移（Transfer of Risk）。

A. 承包给其他方　　B. 制订备用的进度计划

C. 灾难计划与应对　　D. 在项目经理之下设立职能机构处理风险事件

20. 项目变更的 3 个最主要因由是（　　）。

A. 项目经理或关键项目队伍成员有所变更，高级管理层相互地位的改变，履约出现困难

B. 时间、资源或成本相对重要的改变，以及可交付成果的新知识及技术不确定性

C. 最初评估怎样达到项目目标时的失误和有关可交付成果的新信息和新的委派

D. 未能获取职能经理所承诺的资源、成本超支和客户更改要求

三、分析题（10×3=30）

21. 从项目管理的角度以“大学生心理健康测评系统”为例，分析该项目各生命期的主要任务，做出 2 级 WBS 树形图。

22. 根据下面的活动描述，做出双代号网络图。

活动	描述	工期	紧前活动
A	产品概念设计	30	
B	市场研究计划	20	
C	生产流程规划	15	A
D	制造产品原型	25	A
E	制作市场宣传手册	8	A
F	估算成本	5	C
G	测试产品原型	5	D
H	进行市场调查	10	B,E
I	定价和销售预测	4	H
J	最终报告	5	F,G,I

23. 以自己实际做过的一个项目为例，写出该项目的目标以及一次变更的过程。

四、论述题（15×2=30）

24. 为什么要制订一份项目计划？从自己经历的项目实践中谈谈制订项目计划的好处。

25. 如何理解进度、资源、质量三者之间的关系，你在项目管理过程中是如何平衡它们之间的关系的？

IT 项目管理自测试题 2

课程名称 IT 项目管理　　　　**考试时量** 100 **分钟**

题　次	一	二	三	四	合　计
标准分数	20	20	30	30	100

一、单选题（2×10=20）

1. 可行性研究应在项目管理生命期的（　　）阶段完成。
   A. 启动阶段　　B. 计划阶段　　C. 实施阶段　　D. 收尾阶段
2. 项目的先期调查是项目启动的基础，这要求项目先期调查分析人员必须（　　）。
   A. 了解相关的专业知识，熟悉市场动向，掌握各种预测技术和获知情报的能力
   B. 是市场研究专家，以便能够快速、系统的获取和收集情报
   C. 是项目团队成员，了解项目的开发流程和项目的各个细节
   D. 以上说法都正确
3. 项目管理的基本要素是（　　）。
   A. 范围、成本、时间、质量、组织、客户满意度
   B. 成本、时间、质量、风险、计划、沟通
   C. 团队、范围、进度、成本、整合、项目负责人
   D. 成本、时间、质量、需求分析、解决方案、采购
4. 下列关于关键路径法说法错误的是（　　）。
   A. 关键路径法中的关键路径指的是项目网络图中最长的或耗时最多的活动路线
   B. 关键路径上的活动持续时间决定项目的工期，关键路径上所有活动的持续时间加起来就是项目的工期
   C. 关键路径上的活动是总时差最大的活动
   D. 关键路径是整个项目的主要矛盾，是确保项目能否按时完成的关键
5. 最严重的风险通常出现在下面的（　　）项目生命周期阶段。
   A. 概念形成和计划阶段　　B. 计划和执行阶段
   C. 执行和收尾阶段　　D. 概念形成和收尾阶段
6. 一旦签署了，合同就具有法律约束力，除非（　　）。
   A. 一方不愿意履行　　B. 一方没有能力为其承担的工作提供资金
   C. 它违反了所适用的法律　　D. 有一方宣布其无效
7. 不属于项目资源管理主要内容的是（　　）。
   A. 技术管理　　B. 资金管理　　C. 劳动力管理　D. 风险管理
8. 增强项目团队凝聚力属于 PMBOK 中 9 大知识领域的（　　）。
   A. 进度管理　　B. 资源管理　　C. 范围管理　　D. 沟通管理
9. 项目成本估算、项目资源计划、项目进度计划的依据都离不开（　　）。
   A. 财务图表　　B. 工料清单法　C. WBS　　D. OBS

10. 项目是指在一定资源约束下，为完成某一独特的产品或服务所做的彼此相互关联的任务或活动的一次性过程。从以上项目的定义中判断不属于项目属性的是（　　）。

A. 项目的独特性　　B. 项目目标的确定性

C. 项目活动的整体性　　D. 项目的周期性

二、多选题（2×10=20）

11. 工作分解结构（WBS）是制订进度计划、资源需求、成本预算、风险管理计划和采购计划的重要基础，其主要用途包括（　　）。

A. WBS是一个描述思路的规划和设计工具

B. WBS是一个清晰地表示各项目工作之间的相互联系的结构设计工具

C. WBS定义了里程碑事件，可以向高级管理层和客户报告项目完成情况，作为项目状况的报告工具

D. WBS是一个展现项目全貌，详细说明为完成项目所必须完成的各项工作的计划工具

12. 请判断以下所举的例子中，属于项目的是（　　）。

A. 学生每天上课　　B. 增加设备提高产量

C. 新型号电视的研发　　D. 提高产品质量

13. 下列（　　）是项目生命期的一个过程。

A. 计划　　B. 启动　　C. 收尾　　D. 项目可行性研究

14. 为了使成本预算能够发挥它积极的作用，在编制成本预算时应掌握的原则是（　　）。

A. 项目成本预算要与项目目标相联系　　B. 项目成本预算要以项目需求为基础

C. 项目成本预算要切实可行　　D. 项目成本预算应当有一定的弹性

E. 项目成本预算应以估算为基础

15. 群体凝聚力来源于（　　）方面。

A. 奖金和福利　　B. 群体活动　　C. 共同的目标　　D. 人际关系

16.（　　）组织结构适用于跨多个职能部门的活动。

A. 平衡矩阵型　　B. 项目型　　C. 职能型　　D. 强矩阵型

17. 风险管理过程包括（　　）。

A. 风险识别　　B. 证明项目的合理性

C. 风险分析评价　　D. 风险回避

18. 常用进度控制方法有（　　）。

A. PERT　　B. CMP　　C. TQM　　D. WBS

19. 德尔菲法可用于PMBOK的是（　　）。

A. 范围管理　　B. 时间管理　　C. 资源管理　　D. 风险管理

E. 沟通管理

20. 变更控制系统必须包括（　　）内容。

A. 文书工作　　B. 跟踪系统

C. 授权核准的级别　　D. 成功谈判的动机

三、分析题（10×3=30）

21. 美国项目管理专业资质认证委员会主席 Paul Grace 曾说“在当今社会中，一切都是项目，一切也将成为项目。”以自己实际做过（经历）的一个项目为例，简述项目的属性并分析项目各阶段的主要活动和存在的风险。

22. 根据下面的活动描述，做出单代号网络图，并标明关键路径。

活动	描述	工期	紧前活动
A	产品概念设计	30	
B	市场研究计划	20	
C	生产流程规划	15	A
D	制造产品原型	25	A
E	制作市场宣传手册	8	A
F	估算成本	5	C
G	测试产品原型	5	D
H	进行市场调查	10	B,E
I	定价和销售预测	4	H
J	最终报告	5	F,G,I

23. 以“大学校园餐饮服务网”为例，做出该项目的活动 WBS。

四、论述题（15×2=30）

24.“凡事预则立，不预则废”，项目计划对于项目的实施至关重要，请说出项目计划包含哪些主要内容？任选两个计划，说明它们的制订过程和方法。

25. 谈谈你对目标大三角关系和目标小三角关系的理解。

IT 项目管理自测试题 3

课程名称 IT 项目管理　　　　考试时量 100 分钟

题　次	一	二	三	四	合　计
标准分数	28	12	40	20	100

一．单项选择题（2×14=28）

1．项目管理的基本要素是（　　）。

A．范围、成本、时间、质量、组织、客户满意度

B．成本、时间、质量、风险、计划、沟通

C．团队、范围、进度、成本、整合、项目负责人

D．成本、时间、质量、需求分析、解决方案、采购

2．项目是指在一定资源约束下，为完成某一独特的产品或服务所做的彼此相互关联的任务或活动的一次性过程。从以上项目的定义中判断不属于项目属性的是（　　）。

A．项目的独特性　　B．项目目标的确定性

C．项目活动的整体性　　D．项目的周期性

3．可行性研究应在项目管理生命期的（　　）阶段完成。

A．启动阶段　　B．计划阶段　　C．实施阶段　　D.收尾阶段

4．PMO 在项目管理中扮演的角色不包括（　　）。

A．项目管理的支持者　　B．项目的实施者

C．项目的控制者　　D．项目战略的管理者

5．项目的先期调查是项目启动的基础，这要求项目先期调查分析人员必须（　　）。

A．了解相关的专业知识，熟悉市场动向，掌握各种预测技术和获知情报的能力

B．是市场研究专家，以便能够快速、系统的获取和收集情报

C．是项目团队成员，了解项目的开发流程和项目的各个细节

D．以上说法都正确

6．项目终止时项目团队发展成为公司或组织的一个组成部分，该种项目终止方式是（　　），采取这种终止方式的项目一般是成功的企业内部项目。

A．绝对式终止　B．内含式终止　　C．整合式终止　　D．自然式终止

7．以下标准体系不涉及项目质量计划的是（　　）。

A．ISO9001　　B．CMM　　C．CPM　　D.PMBOK2000

8．根据如下项目网络图，如果该项目是在 2011.11.8 开始实施，那么“服务器系统安装和调试”最早可以于 2011.11.11 开始，待“网络设备的安装和调试”完成最迟是哪天（　　）。

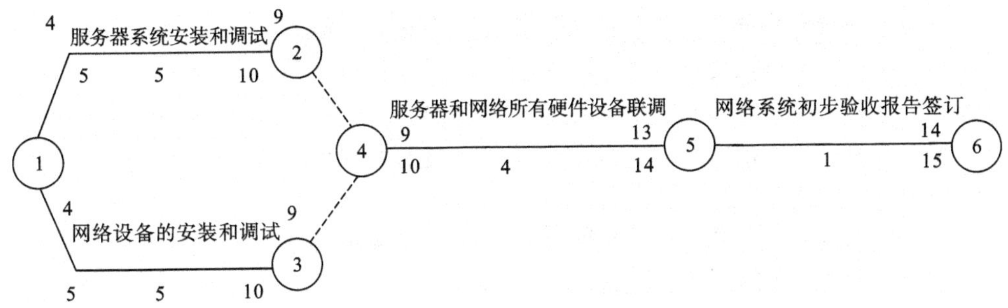

A. 2011.11.17　　B. 2011.11.16　　C. 2011.11.15　　D. 2011.11.14

9. 下列关于关键路径法说法错误的是（　　）。

A. 关键路径法中的关键路径指的是项目网络图中最长的或耗时最多的活动路线

B. 关键路径上的活动持续时间决定项目的工期，关键路径上所有活动的持续时间加起来就是项目的工期

C. 关键路径上的活动是总时差最大的活动

D. 关键路径是整个项目的主要矛盾，是确保项目能否按时完成的关键

10. 不属于项目资源管理主要内容的是（　　）。

A. 技术管理　　B.资金管理　　C.劳动力管理　　D.风险管理

11.（　　）测试又叫功能性测试或数据驱动型测试，其完全不考虑程序内部结构和内部特性只检查程序功能是否按照需求正常运行。

A. 黑盒测试　　B. 白盒测试　　C. 灰盒测试　　D. 用例测试

12. 常见的风险预测和识别的方法有德尔菲方法、头脑风暴法、情景分析法、情景预测法、层次分析法，其中（　　）简便易行并且具有一定的科学性和实用性，可以避免会议讨论时因害怕权威而随时附和、固执己见等弊病。

A. 德尔菲方法　　B. 头脑风暴法　　C. 情景分析法　　D.层次分析法

13. 买卖双方在签订采购合同时都希望承受最小的风险，下述（　　）合同类型卖方承受的风险最大。

A. 单位价格合同　　B. 固定价格合同　　C. 成本补偿合同　　D. 计量合同

14. 项目范围变更的流程是（　　）。

A. 客户提出、项目组实施、用户满意　　B. 客户提出、授权、评审、客户满意

C. 授权、审核、评估、确认　　D. 授权、项目组实施、评估、确认

二、多项选择题（2×6=12）

15. 工作分解结构（WBS）是制订进度计划、资源需求、成本预算、风险管理计划和采购计划的重要基础，其主要用途包括（　　）。

A. WBS是一个描述思路的规划和设计工具

B. WBS是一个清晰地表示各项目工作之间的相互联系的结构设计工具

C. WBS定义了里程碑事件，可以向高级管理层和客户报告项目完成情况，作为项目状况的报告工具

D. WBS是一个展现项目全貌，详细说明为完成项目所必须完成的各项工作的计划工具

16. 项目经理需具备的素质包括（　　）。

A．优秀的领导能力、沟通能力、组织能力和激励能力
B．很强的工作能力和良好的人际关系
C．精通成本核算和相当的专业知识技能
D．快速的决策能力和综合能力以及相当的专业知识技能

17．常见的合同类型有（　　）。
A．购销合同　B．成本补偿合同　C．固定价格合同　D．单位价格合同

18．项目范围管理的基本内容包括（　　）。
A．确定产品范围与工作范围　B．项目范围的界定与项目范围的确定
C．作好范围规划与范围分解　D．项目范围变更的控制

19．为了使成本预算能够发挥它积极的作用，在编制成本预算时应掌握的原则是（　　）。
A．项目成本预算要与项目目标相联系　B．项目成本预算要以项目需求为基础
C．项目成本预算要切实可行　D．项目成本预算应当有一定的弹性
E．项目成本预算应以估算为基础

20．在项目收尾阶段须完成的工作有（　　）。
A．系统联调　B．文档整理　C．测试与验收　D．备份数据
E．项目移交　F．培训与售后服务

三、问答题（10×4=40）

21．简述需求分析的具体内容。
22．简述制订项目计划的目的，项目计划包括哪些基本要素。
23．试举例说明如何平衡进度、成本、质量三者之间的关系。
24．在IT项目中，一般存在哪些风险。

四、分析题（20）

25．某项目是为一个单位完成网络布线，该单位需建一个具有3层结构的网络平台，并包括具有提供不停电电源的机房建设。试做出该项目的三级WBS分解。

IT 项目管理自测试题参考答案

IT 项目管理自测试题 1

答案：1～10：C、A、D、C、B、C、D、A、C、B

11～20：ACD、A、BD、AB、ABC、D、CD、ABC、AC、BCD

21～25：参见各章习题与思考，习题指导详见博客 http://yyysmzx.blog.163.com。

IT 项目管理自测试题 2

答案：1～10：A、A、A、C、A、C、D、B、C、D

11～20：ABCD、CD、BAC、ABCD、BCD、AD、AC、AB、BD、ABC

21～25：参见各章习题与思考，习题指导详见博客 http://yyysmzx.blog.163.com。

IT 项目管理自测试题 3

答案：1～14：A、D、A、B、A、B、C、B、C、D、A、A、C、C

15～20：ABCD、AD、BCD、BD、ABCD、BCEF

21～25：参见各章习题与思考，习题指导详见博客 http://yyysmzx.blog.163.com。

参 考 文 献

[1] 布鲁克斯. 人月神话（32 周年中文纪念版）[M]. 汪颖，译. 北京：清华大学出版社，2007.

[2] 林锐. 软件工程与项目管理解析[M]. 北京：电子工业出版社，2003.

[3] 王如龙. IT 项目管理—从理论到实践[M]. 北京：清华大学出版社，2008.

[4] 吴文钊. 企业信息化行动纲领–中国企业信息化方法论[M]. 北京：机械工业出版社，2003.

[5] 托马斯 · 弗里德曼. 世界是平的[M]. 何帆等译. 长沙：湖南科学技术出版社，2006.

[6] 威格斯. 软件需求[M]. 2 版. 刘伟琴等，译. 北京：清华大学出版社，2004.

[7] 余世维. 有效沟通：管理者的沟通艺术[M]. 北京：机械工业出版社，2006.

[8] 姜汝祥. 中国一流企业离世界一流企业有多远[M]. 北京：机械工业出版社，2003.

[9] 谭武梁，毛志雄，曾鸿. IT 项目管理[M]. 北京：中国铁道出版社，2007.

[10] 毛志雄. IT 项目管理习题与指导[M]. 北京：中国铁道出版社，2008.

[11] 卢有杰，卢家仪. 项目风险管理[M]. 北京：清华大学出版社，1998.

[12] 左美云，邝孔武. 信息系统的开发与管理教程[M]. 北京：清华大学出版社，2001.

[13] 萨师煊，王珊. 数据库系统概论[M]. 3 版. 北京：高等教育出版社，2001.

[14] 小塞谬尔 · J 曼特尔，等. 项目管理实践[M]. 林树岚，译. 北京：电子工业出版社，2002.

[15] [美]凯西施瓦尔. IT 项目管理[M]. 王金玉等，译. 北京：机械工业出版社，2002.

[16] 许江林，刘景梅. IT 项目管理最佳历程[M]. 北京：电子工业出版社，2005.